Grenzwissenschaften

Kurt Allgeier

Du hast schon einmal gelebt

Wiedergeburt? Erinnerungen in der Hypnose

Wilhelm Goldmann Verlag

Made in Germany · 12/79 · 1. Auflage · 1110

Umschlagentwurf: Atelier Adolf & Angelika Bachmann, München
Umschlagfoto: Hubertus Mall, Stuttgart
Satz: Otto W. Zluhan, Bietigheim
Druck: Mohndruck Graphische Betriebe GmbH, Gütersloh
Verlagsnummer: 11717
Lektorat: Renate Richter · Herstellung: Lothar Hofmann
ISBN 3-442-11717-8

Inhalt

Statt eines Vorwortes

Schon immer und zu allen Zeiten haben Menschen von sich behauptet: »Ich habe schon einmal gelebt. Ich kann mich an ein früheres Leben erinnern.« Viele von ihnen konnten tatsächlich zahlreiche und präzise Einzelheiten nennen, in längst vergessenen Sprachen reden oder sich durch Muttermale am Ort früherer Verletzungen »ausweisen«.

Einige Menschen haben kurz vor ihrem Tod angekündigt: »Ich komme wieder. Ihr werdet mich wiedererkennen.« Und sie nannten Zeichen, die ihre Wiedergeburt beweisen sollten. Hinterher gab es dann wirklich auch die Behauptung: »Es hat alles gestimmt. Er ist zurückgekehrt. Wir haben ihn, wie vereinbart, ‚wiedererkannt'.«

Eine Reihe solcher »Reinkarnationen« ist wissenschaftlich exakt überprüft worden.

Geblieben ist stets die uralte, ungelöste Frage: Was steckt wirklich dahinter?

Geblieben ist in den christlichen Ländern unserer Erde die entschiedene Ablehnung: »Die Wiedergeburt gibt es nicht. Also muß sich für alles eine andere Erklärung finden lassen.«

In unseren Tagen nun passiert etwas Ungeheuerliches. Eine stets wachsende Zahl von Ärzten, Psychiatern, Psychotherapeuten und Parapsychologen behauptet: »Jeder Mensch kann die Reise in seine Vergangenheit antreten. Das Gedächtnis geht über den Augenblick der Geburt, ja sogar über den Moment der Zeugung hinaus. Und dann tauchen frühere Leben aus dem dunklen auf. Leben mit Fleisch und Blut. Genau abgegrenzte Schicksale.«

Viele hundert Menschen haben inzwischen diese Rückführung in ein früheres Leben mitgemacht. Sie fanden nicht nur eine Inkarnation, sondern manchmal sieben, acht oder gar 15 Leben.

15mal geboren werden. 15mal wachsen und welken.

15mal lieben und hassen, bangen und zagen.

Das Aufregende an diesen Geschichten: Mit dem erneuten Erleben der einstigen Freuden und Leiden können angeblich gegenwärtig psychische Probleme und Erkrankungen geheilt werden. Neuerdings ist sogar die Behauptung aufgestellt worden: Alle psychischen Erkrankungen hätten ihre Ursache in einem früheren Leben.

Die Psychoanalyse Sigmund Freuds blieb nicht länger auf Erlebnisse in der Jugend und Kindheit beschränkt — sie wird ausgeweitet auf das ganze Leben. Auf Empfindungen, Erfahrungen, Erlebnisse im Mutterleib, auf Ängste, Komplexe, Verstrickungen, Leiden und Versagen in früheren Inkarnationen.

Sollte es tatsächlich möglich sein, daß wir heute leiden müssen, weil wir früher einmal versagten?

Damit ist die Frage nach dem Leben vor dem Leben in ein ganz neues Stadium getreten. Und sie stellt sich drängender als jemals zuvor: Sind wir alle miteinander mehr als dieses gegenwärtige Leben? Können wir uns selbst finden, indem wir das tief in unserer Seele verborgene »Gedächtnis« aufwecken?

Dieses Buch ist kein Versuch, die Wiedergeburt zu beweisen.

Noch scheint dies mit letzter Sicherheit nicht möglich zu sein. Hier wird aber wohl zum erstenmal aus allen Richtungen zusammengetragen, was sich heute zur Frage der Wiedergeburt sagen läßt. Was von den verschiedensten Seiten unternommen wird im Bemühen, sich einen Schritt näher an das Problem heranzutasten.

Zeugen und Zeugnisse sollen für sich sprechen und Anregungen zu eigenen Überlegungen geben. Ihre Gesamtschau ist sicher deutlicher als der Einzelfall.

Mit Rücksicht auf Patienten und Versuchspersonen sind deren Namen in fast allen Fällen verändert worden. In drei Fällen versagten auch Ärzte, die sich mit der Reinkarnation befassen und uns ihr Material zur Verfügung stellten, die Erlaubnis, ihren Namen zu nennen. In Verbindung mit Reinkarnation, so fürchteten sie, könnte ihr guter Ruf Schaden leiden. Noch sind wir nicht soweit, daß die Beschäftigung mit der Frage der Wiedergeburt etwas Selbstverständliches wäre.

Information über das Thema Wiedergeburt — das hat nichts mit Neugierde, auch nichts mit Frevel, schon gar nichts mit Ketzerei zu tun. Es geht letztlich um die drängendste Frage unserer Existenz: Wer sind wir?

1. Kapitel

Zeuge der eigenen Geburt

»Nein. Ich will nicht. Ich will nicht hinaus. Mama, laß mich doch bei dir bleiben. Warum drückst du mich nach draußen? Oh, das tut weh. Nein — Nein — Ich kriege keine Luft mehr. Mama — Nein. Hilf mir doch. Ich ersticke — Ich ersticke —«

Eine junge Frau, 23 Jahre alt, benimmt sich wie ein Baby, das gerade geboren wird. Friederike Häussermann windet sich auf der großen schwarzen Liege. Sie kauert sich zusammen, zieht die Knie zum Bauch und verschränkt die Arme auf der Brust. Ihre Stimme ist dünn und zerbrechlich wie die eines kleinen Kindes. Friederike ringt nach Luft, als wäre sie in diesem Augenblick wirklich am Ersticken. Das Gesicht verfärbt sich blau, der Mund ist weit aufgerissen, die Lippen beben in maßloser Angst.

Dann geht es plötzlich wie ein Ruck durch den verkrampften Körper. Friederike streckt sich. Sie läßt die Arme fallen. Ihr Hilferuf wird zu einem leisen, kläglichen Wimmern. »Es ist so kalt. Bitter kalt. Ich will hier nicht sein. Oh, dieses grelle Licht! Sie heben mich in die Höhe — Ich schreie — Mama, warum hast du mich hergegeben? — Papa schaut mich nicht einmal an. Er mag mich nicht — Er hat nie gewollt, daß ich sein Kind werde — Und du auch nicht. Ich weiß es, Mama. Du hast mich nicht lieb — Du wolltest kein Kind mehr haben — Jetzt bin ich aber da. Du mußt mich lieb haben —«

Friederike stammelt. Die Sätze kommen stockend, fast lallend, aber so flehentlich, als hinge das Leben davon ab. Die junge Frau wirft den Kopf von einer Seite auf die andere. Tränen rinnen über die Wangen, die vor Aufregung glühen.

In diesem Augenblick greift der Hypnosearzt ein, der neben der Liege sitzt. Mit ruhiger, fast sanfter Stimme spricht er zu Friederike Häussermann.

»Wir verlassen jetzt den Augenblick der Geburt. Wir gehen noch weiter zurück. Die Zeit spielt für uns keine Rolle. Alles, was wir sehen und erleben, ist von Bedeutung. Deshalb versuchen wir, uns daran zu erinnern. Aber wir lassen uns nicht erschrecken. Wir gehen einfach weiter. Denn wir wollen herausfinden, warum Sie glauben, von Vater und Mutter nicht geliebt und erwünscht zu sein. Suchen wir einen Augenblick, der uns einen Einblick gestattet. Gehen wir zurück, bis das Gedächtnis etwas findet. Was sehen Sie?«

»Es ist schön. Warm. Ich fühle mich wohl — Ein bißchen eng. Aber gut. Es rauscht. Und gluckst. (Friederike lacht, ihr Gesicht ist glücklich.) Mutters Herz klopft ganz ruhig. Es ist wirklich gut — Aber jetzt —« Ihre Miene verändert sich schlagartig.

»Was ist jetzt?«

»Mama ist aufgeregt. Ihr Herz klopft ganz wild. Mama hat Angst. Furchtbare Angst—«

»Wovor hat sie Angst?«

»Ich weiß es nicht — Vor mir. Sie will mich nicht —«

»Gehen wir noch weiter zurück. Was ist jetzt?«

»Ich bin winzig klein. So klein, daß ich in einer Hand Platz habe.«

»Und noch weiter. Erzählen Sie, was Sie sehen.«

Friederike Häussermann richtet sich in der Liege auf und umklammert die Lehnen. Ihr Atem geht heftig. »Ich bin da — Ich bin wieder da —«

»Wo bist du?«

»In einem ... in einem neuen Körper. Bei meiner neuen Mutter.«

»Warum sagst du ‚neue' Mutter? Gibt es denn auch eine alte?«

»Das weiß ich nicht. Aber ich mußte zu diesen Eltern. Und sie mögen mich nicht. Mama sagt: ‚Hoffentlich ist nichts passiert. Wir haben nicht aufgepaßt.' Und Vater meint:

‚Mach dir keine Sorgen. Nach so langer Pause ist das Risiko nicht mehr so groß. Und wenn schon, dann haben wir eben drei Kinder.‘ Mama schüttelt den Kopf: ‚Aber wir sind schon zu alt für ein Kind. Und die Wohnung ist auch zu klein. Was sollten nur Britt und Lotti von uns denken? Die beiden sind bald erwachsen! Papa macht sich jetzt auch große Sorgen, daß ‚etwas passiert‘ sein könnte. Er blickt zur Decke, die Hände unter dem Kopf verschränkt. ‚Warten wir's ab‘, sagt er. ‚Wenn es eben passiert ist, dann sehen wir weiter. Vielleicht ist es ja auch ein Junge, dann wäre alles halb so schlimm.‘«

Friederike weint. »Ich bin kein Junge. Ich bin ein Mädchen. Aber ich kann doch nichts dafür. Mama, du mußt mich lieb haben, sonst kann ich nicht leben —«

So hört sich die Tonbandaufzeichnung einer Hypnosesitzung an. Friederike Häussermann läßt die Sitzungen über sich ergehen, weil sie nicht mehr weiter wußte. Die Medizinstudentin im vierten Semester, hochaufgeschossen, bildschön, langes blondes Haar, rätselhaft eindrucksvolle, graue Augen, wird umschwärmt. Die Verehrer drängen sich in ihre Nähe. Doch nach zwei, drei Begegnungen wenden sie sich ebenso rasch entschlossen wieder von ihr ab. Einer wie der andere.

»Mit der ist nichts anzufangen. Friederike ist verklemmt. Sie steckt voller Probleme und Komplexe«, sagen sie bedauernd.

Die Eltern halten ihre Tochter für ungewöhnlich verschlossen und scheu und tun alles, sie glücklich zu sehen. In den 23 Jahren fiel nicht ein einziges böses Wort. Es gab niemals eine Zurechtweisung. Keine Bitte des Kindes blieb unerfüllt. Friederike wurde jeder Wunsch von den Augen abgelesen. Mit beispielloser Geduld. Doch alles Bemühen schien das Kind nur verstockter zu machen. Zwischen den Eltern und Friederike stand eine unüberwindliche Mauer. Beide Seiten wußten das — und alle litten darunter.

»Mit mir stimmt etwas nicht. Ich fürchte, ich bin seelisch

krank. Und ich will endlich wissen, was dahintersteckt«, sagte Friederike eines Tages und vertraute sich einem erfahrenen Psychoanalytiker an.

»Ich liebe meine Eltern über alles. Was hindert mich nur daran, es ihnen zu zeigen? Warum laufen alle jungen Männer vor mir davon?« fragte sie den Arzt und bat um Hilfe.

Schon in der dritten Sitzung erlitt sie einen Schock. »Ich hasse meine Mutter«, brach es heftig aus ihr hervor. »Ja, jetzt weiß ich es ganz klar: Ich hasse sie. Und meinen Vater kann ich auch nicht ausstehen. Aber warum nur? Sie sind doch so wunderbar zu mir. Bin ich undankbar? Oder gar böse?«

Der Arzt gab ihr zu verstehen: »In der Kindheit muß irgend etwas vorgefallen sein, das diesen Haß — oder was immer es sein mag — ausgelöst hat. Wir müssen dieses Ereignis finden. Versuchen Sie sich zu erinnern.«

Tatsächlich fielen Friederike nach und nach einige längst vergessene Zwischenfälle ein. Bedeutungslose ‚Bagatellen', die sich jetzt aber wie Meilensteine aneinanderreihten. Merkwürdigerweise paßten sie auch alle zusammen:

Da war plötzlich jener Tag wieder lebendig, an dem der Vater mit ihr und einem Jungen aus der Nachbarschaft Fußball spielte. Ganz deutlich hörte sie ihren Vater sagen: »Eigentlich schade, daß du nur ein Mädchen bist«, wobei er sie einfach stehen ließ, um dem fremden Jungen über den Wuschelkopf zu streichen.

Oder jener Augenblick, als die Mutter mit ihrer Schwester über die Abtreibung diskutierte und mit erhobener Stimme ausrief: »Ich kann junge Frauen verstehen, die nach Holland reisen. Lieber kein Kind als eines, das man nicht liebt und nur als Last empfindet.«

Und schließlich ein Gespräch der Mutter mit der Nachbarin, in dem die Sätze fielen: »Manchmal gehen die Kinder einem doch ganz schön auf die Nerven. Keine Minute hat man mehr für sich. Man ist schrecklich angebunden.«

Waren das die gesuchten Ereignisse, die — ohne daß Friederike so recht darum wußte — den Haß gegen die Eltern in ihr Herz gepflanzt hatten? Zuerst sah es ganz danach aus. Doch dann wurde Friederike noch eigenartiger. Sie bekam Kopfschmerzen, vernachlässigte ihr Studium und brach die Sitzungen beim Psychiater ab. Das alles, so empfand sie, hatte irgendwie an etwas ganz Wichtiges gerührt, dabei aber die ganze Sache nur noch schlimmer gemacht. Sollte sie niemals das Rätsel ihrer Bedrückung lösen können?

In dieser recht verzweifelten Situation hörte Friederike von sehr merkwürdigen umstrittenen Hypnoseexperimenten. Bei manchen Ärzten und Psychotherapeuten, so sagte man ihr, könne man nicht nur erfahren, was in frühester Kindheit passierte, dank der Hypnose wäre es sogar möglich, über die Schwelle der Geburt hinauszugehen und sich ganz deutlich an das zu erinnern, was man als Baby im Mutterleib erlebte und empfand.

»Einfach lächerlich«, sagte Friederike spontan. »Ein Embryo kann weder denken noch empfinden.« Doch dann siegte die Neugierde in der angehenden Ärztin. Sie ging zum Hypnosearzt und erzählte ihm von ihrer Bedrängnis und von den bisherigen Bemühungen, sie loszuwerden.

Der Arzt erklärte ihr: »Was Sie bisher an Zwischenfällen in Ihrer Kindheit gefunden haben, das sind tatsächlich nur kleine Begebenheiten, die jedes unbelastete Kind sehr wohl verkraften könnte. Bei Ihnen war offensichtlich schon ein Schock vorhanden. Und an diesen haben sich die Bemerkungen von Mutter und Vater angeheftet wie eine neue, zusätzliche Bekräftigung: ‚Also stimmt es doch, daß sie mich nicht mögen.' Nun müssen wir diesen allerersten Schock finden. Vermutlich liegt er sehr weit zurück.«

So kam es also zu den Hypnosesitzungen — zu jener Sitzung schließlich, in der Friederike ihre eigene Geburt und zuletzt sogar die eigene Zeugung schilderte.

Wirklich schilderte, so wie es damals gewesen ist — oder nur zusammenphantasierte?

Es war mehr, viel mehr als Phantasie. Denn Friederike erlebte in der Hypnose die schlimmen Augenblicke so intensiv wieder, daß der Arzt an ihrer Seite um ihren Zustand besorgt war.

Doch etwas anderes ist noch wesentlich interessanter: Nach dieser Sitzung war Friederike gesund. Die junge Frau, bleich, angegriffen von dem soeben Erlebten, lächelte und sagte zu dem Arzt: »Wenn ich jetzt nach Hause komme, werde ich zum erstenmal in meinem Leben meine Mutter ohne jeden Vorbehalt in die Arme schließen können. Jetzt weiß ich, woher mein Haß stammte. Jetzt bin ich frei davon.«

Doch an dieser Stelle begann erst das eigentliche Abenteuer. Friederike wurde zwei Sätze aus der Hypnosesitzung nicht mehr los. Sie hießen: »Ich bin wieder da.« Und: »Ich muß zu meiner neuen Mutter.«

Wieso wieder? War sie schon zuvor dagewesen? Wieso neue Mutter? Hatte sie früher, zu einer anderen Zeit, schon einmal eine Mutter gehabt? Hatte sie schon einmal gelebt? Gibt es die Wiedergeburt?

Friederike besaß vielleicht einen »Beweis«: Sie konnte ihre Mutter fragen, ob sich damals wirklich alles so abgespielt hat, wie es in der Hypnose zutage trat.

Die Mutter wurde verlegen. Sie versuchte auszuweichen. Aber Friederike schilderte ihr den Zauber von Florenz in der Blütenpracht. Sie erzählte ihr, wie das verstaubte, aber märchenhaft prächtige Hotelzimmer ausgesehen hat: »Erinnerst du dich an den fast blinden Spiegel in der Ecke? An die schweren blauen Brokatvorhänge? An die Lampe aus buntem venezianischen Glas, das ständig wie ein Dutzend silberner Glöckchen klingelte? Und die vielen, betäubend süß duftenden Blumen, die überall aufgestellt waren und die Papa noch spät in der Nacht vor die Tür transportierte? Weißt du noch, wie lästig der dicke alte Kellner war, der alle paar Minuten an die Tür klopfte? Und das Marmormosaik über dem Bett, das so nahtlos zusammengefügt war, daß beinahe ein Streit darüber ausgebrochen wäre, ob es wirklich echte Steine sind oder ob es sich um ein Gemälde handelt?« Friederike wurde eindringlich: »Mama, ist es wahr, daß du damals zu Papa gesagt hast: ‚Hoffentlich ist nichts passiert?‘ Hat er nicht geantwortet: ‚Wenn es ein Junge wird, ist alles halb so schlimm?‘ Sag mir, ist es so gewesen?«

Sprachlos starrte Frau Häussermann ihre Tochter an. Dann nickte sie. »Es stimmt. Ich wollte damals kein Kind haben. Ich fühlte mich zu alt. Und es ging uns finanziell auch nicht gerade gut. Ich machte mir Sorgen. Vater tat das auch. Aber Kind, woher weißt du das alles? Wie kommst du nur darauf?«

»Ich bin dabeigewesen. Ich habe euch zugehört«, sagte Friederike wie geistesabwesend.

Im selben Augenblick wurde ihr aber bewußt, was sie da gesagt hatte: Wenn sie dabeigewesen ist und alles sehen und hören konnte, dann war sie ja schon im Augenblick der Zeugung als fertiger, empfindender, denkender Mensch gegenwärtig.

Ein Mensch, der Wissen besaß? Erfahrungen? Erinnerungen?

Ist die Hypnoseerfahrung und die darauffolgende spontane Heilung von Friederike Häussermann ein Beweis dafür, daß ein Mensch mehrfach zur Welt kommen kann?

Nein. So einfach ist das nicht. Doch dieser und viele hundert ähnliche Fälle, die in diesen Tagen bekannt werden, zwingen uns, über die Frage der Wiedergeburt ganz anders als bisher nachzudenken.

»Sie nimmt mir den ganzen Platz weg«

Der Münchner Psychotherapeut Thorwald Dethlefsen (1) schildert zwei Hypnoseexperimente, bei denen sich zwei Frauen ebenfalls an Erlebnisse im Mutterleib erinnern konnten:

Frau Inge S., 28 Jahre alt, aus Nürnberg, haßte alle schwangeren Frauen. Sobald sie einer werdenden Mutter begegnete, verspürte sie den heftigen Drang, sie schlagen zu müssen, weil, wie sie dem Therapeuten sagte, »jede Schwangere eine Mörderin« sei.

Thorwald Dethlefsen führte Frau Inge in Hypnose zurück in die Kindheit, ins Säuglingsalter — und schließlich in die Zeit vor der Geburt. Und plötzlich erlebte Frau Inge den Augenblick, in dem ihre Mutter beschloß, das Kind abzutreiben. Die ganze Todesangst wurde jetzt, fast 29 Jahre später, noch einmal lebendig. Die Gefühle der ohnmächtigen Angst und der Verzweiflung regten sich wieder. Frau Inge bettelte ihre Mutter: »Laß mich am Leben. Bring mich nicht um. Ich will leben.« Nach diesem Hypnoseerlebnis war Frau Inge gesund. Jetzt konnte sie Schwangeren ohne Aggression und feindliche Gefühle begegnen.

Fräulein A., 32 Jahre alt, kam als winzig kleines Baby zur Welt, das kaum Überlebenschancen besaß. Sofort nach der Geburt mußte das Mädchen in die Klinik gebracht werden. Sechs Wochen lang blieb es dort im Brutkasten, schwankend zwischen Leben und Tod. Unerklärliche Angstzustände führten Fräulein A. 32 Jahre später zu Thorwald Dethlefsen. In der Hypnose läßt er seine Patientin die Zeit vor der Geburt erleben. Als der siebente Monat der Schwangerschaft erreicht ist, stößt man auf den Augenblick, als die Mutter von Fräulein A. von ihrem Arzt erfuhr, sie werde Zwillinge bekommen.

In diesem Augenblick gerät Fräulein A. in große Aufregung: »Mutter will nicht, daß ich da bin. Aber ich bin da. Sie will überhaupt kein Kind, aber wir sind zwei. Sie will keine zwei.« (Fräulein A. beginnt zu weinen.) »Mutter ist verzweifelt, weil wir zwei sind. Ich könnte schreien.« (Sie weint heftiger.) »Mami, ich bin da. Ich bin trotzdem da.« (Sie schlägt mit den Fäusten um sich.) »Ich bin bös, ich bin ganz bös. Mami, ich könnte dich umbringen. Du hast mich nicht lieb. Ich brauche dich doch. Ich hasse dich.«

Schließlich sagt sie unter Schluchzen: »Ich will nichts mehr essen. Ich will nichts mehr von dir.«

Thorwald Dethlefsen fragt: »Warum?«

»Weil sie mich auch nicht will. Meine Schwester kann ja alles haben. Ich will nichts mehr.«

Als sie das sagt, krümmt sich die Patientin auf der Liege ganz klein zusammen und dreht sich zur Seite. Sie preßt ihr Gesicht fest auf die Liege. »Ich möchte weg. Ich will nicht mehr. Meine Schwester nimmt mir den ganzen Platz weg.« Doch dann, nach einer Weile, sagt sie: »Ich muß auf die Welt kommen. Ich will leben. Ich muß. Ich muß durchkommen. Ich will nicht sterben.«

Fräulein A. kam nach ihrer Schwester zur Welt. Jene war kräftig und gesund, sie selbst kaum lebensfähig.

Was ist von solchen Tonbandprotokollen zu halten?

Spiel mit unbekannten Kräften?

Eines ist sicher: Sie sind echt. Betrug, Taschenspielertricks, Gaukeleien können ausgeschaltet werden. Die Experimente wurden inzwischen von einigen hundert Ärzten und Psychotherapeuten wiederholt und wissenschaftlich exakt überprüft. Keiner, der jemals unmittelbar als Zeuge bei einer Hypnosesitzung dabei war, ein Tonband darüber hörte oder eine Filmaufzeichnung sah, kann sich den überzeugenden Aussagen entziehen: Weder der Hypnotiseur noch der Hypnotisierte spielen Theater. Eine bewußte Täuschung liegt gewiß nicht vor.

Die Frage ist nur: Lassen sich vielleicht die beteiligten Akteure selbst täuschen? Spielen sie mit Kräften, die der Mensch noch nicht kennt und schon gar nicht beherrscht?

Wir wissen in der Tat noch zuwenig über die Hypnose und über das, was in ihr passiert. Bekommt der Hypnotiseur über sein »Opfer« möglicherweise so viel Einfluß, daß dieses willenlose Geschöpf Dinge erzählen muß, die er hören will — möglicherweise sogar suggeriert?

Könnte es sein, daß Friederike Häussermann in der Hypnose die Fähigkeit bekam, Sorgen, Erinnerungen der Eltern telepathisch »anzuzapfen«? Wurde sie in der Hypnose zur Hellseherin?

Wäre es möglich, daß alle jemals gedachten Gedanken auf alle Ewigkeit wie Radiowellen die Welt erfüllen — und daß der sie empfangen kann, der es schafft, seine »Antenne« richtig auf diese »Gedankenwellen« einzustellen?

Haben Friederike, Frau Inge und Fräulein A. also nicht ihre eigenen, sondern fremde Erinnerungen wiedergegeben — und bilden sie sich nur ein, es wären ihre eigenen? Aber wieso wurden sie dann dabei geheilt?

Sind die »Erinnerungen« nichts anderes als ein böser Alptraum, den man im Augenblick, da er abläuft, ja auch für ein wahres Geschehen hält? Wie könnte ein solcher Traum genau mit den Tatsachen übereinstimmen?

Fragen über Fragen, die in den folgenden Kapiteln von allen Seiten beleuchtet und immer mehr eingekreist werden sollen.

Für Millionen ist es selbstverständlich

Für rund ein Fünftel der Weltbevölkerung ist die Wiedergeburt eine Selbstverständlichkeit. Buddhisten, Hindus, Jainisten, Taoisten und einige nordamerikanische Indianerstämme sind davon überzeugt, daß sich ihre Seelen nach dem Tod des Körpers eine neue Verkörperung suchen. Der Leib ist für sie nichts anderes als eine Wohnung auf Zeit, die eben mit dem Tod verlassen und gegen ein neues Heim eingetauscht wird.

Auch unsere Vorfahren — Germanen und Kelten — haben ähnlich wie altgriechische Philosophen an die Seelenwanderung geglaubt. In vielen Gegenden unserer Heimat ist es heute noch Sitte, den Kindern die Vornamen der verstorbenen Großeltern zu geben. Einst steckte dahinter nicht nur der Versuch, die Erinnerung an die Alten möglichst lebendig zu

Halten, sondern die feste Überzeugung, daß die Verstorbenen in der Familie wiedergeboren werden: In meinem Sohn lebt mein Vater wieder, in meiner Tochter die Mutter oder die Tante.

Noch hundert Jahre nach Christi Geburt schreibt der römische Geschichtsschreiber Appian, die »Hoffnung auf die Wiedergeburt« sei »in den Herzen der Germanen fest verwurzelt«. Und schon Cäsar berichtete seinen erstaunten Landsleuten, die Germanen seien wohl deshalb so tugendhaft und so todesmutig, weil sie an die Wiedergeburt glaubten und deshalb keinerlei Angst vor dem Sterben hätten. Eine Parallele dazu findet sich in den Berichten der Eroberer Amerikas über die Indianer. Sie gingen, so schrieb ein englischer Offizier seiner Regierung, geradezu mit Freuden in den Tod, weil sie damit das jetzige Leben beenden und ein möglicherweise besseres beginnen könnten.

Die christlichen Religionen waren ursprünglich der Reinkarnation gegenüber keineswegs ablehnend eingestellt. Zur Zeit, als Jesus von Nazareth auftrat, war der Glaube an die Wiedergeburt unter den Juden weit verbreitet. Selbst im Neuen Testament finden sich Stellen, denen man entnehmen kann, daß die Autoren mit dem Wiedergeburtsgedanken vertraut waren.

So erzählt der Evangelist Matthäus völlig unbefangen, Jesus habe den Täufer für eine Wiedergeburt des Propheten Elias gehalten: »Wenn ihr es glauben wollt: Er ist Elias, der da kommen soll. Wer Ohren hat zu hören, der höre.«

Auf dem Konzil zu Konstantinopel im Jahre 553 allerdings wurde unumstößlich der Glaubenssatz verkündet:

> Wer daran glaubt, die Seele existiere schon vorher (vor dem Körper) und erfahre später eine neue Verleiblichung, der sei verflucht.

Damit war der Glaube an die Wiedergeburt im christlichen Abendland ausgelöscht. Einige namhafte Leute, die gegen das Verbot aufstanden, haben im Mittelalter wegen ihres Glaubens an die Wiedergeburt ihr Leben auf dem Scheiterhaufen lassen müssen.

Erst die Zeit der Aufklärung brachte das Thema Seelenwanderung wieder hoch. Der französische Philosoph Voltaire verblüffte seine Zeit mit der Aussage:

Zweimal geboren zu werden, ist nicht wunderbarer als einmal. Auferstehung ist das ein und alles der Natur.

Johann Wolfgang von Goethe glaubte in vielen Menschen, die ihm begegneten, Bekannte oder gar Verwandte aus früheren Inkarnationen zu erkennen. In einem Gespräch meinte er sogar einmal, er habe wohl schon tausendmal existiert und hoffe, noch tausendmal wiederzukommen.

Und heute? Der amerikanische Psychiater Professor Jan Stevenson, Direktor der parapsychologischen Abteilung der Virginia-Universität, hat 1623 Fälle von Inkarnation untersucht. 226 stammen aus Burma, 208 aus Indien, 813 aus dem übrigen Asien. In Europa fand der Wissenschaftler 241 Fälle. Allein 36 in Frankreich.

Professor Stevenson sagt: »Jeder fünfte Westeuropäer glaubt an eine Seelenwanderung.«

Nach einer Umfrage halten drei von zehn Frauen und zwei von zehn Männern eine Wiedergeburt zumindest für möglich. Die meisten Befragten gaben allerdings an, daß sie sich über dieses Thema bisher keine Gedanken gemacht haben.

Und was sagt die Wissenschaft?

Der Physiker und Psychologe, Professor für Erziehungswissenschaften an der Technischen Universität in München, Rainer Fuchs — früher Mitarbeiter von Wernher von Braun —, erklärte kürzlich die Haltung des Wissenschaftlers, der es gewohnt ist, nur auf bewiesene Erfahrungen aufzubauen. Er meinte in etwa:

Der Wissenschaftler geht davon aus, daß ein Gedanke, also auch eine Erinnerung, nur entstehen kann, wenn die körperlichen Voraussetzungen dafür vorhanden sind. Das heißt: Nur wenn im Gehirn von Zelle zu Zelle Ströme fließen, kann ein Mensch denken. Eine vom Körper losgelöste Seele wäre dazu also ebensowenig fähig wie ein Baby oder ein Embryo, bei dem die Gehirnzellen noch nicht entwickelt sind.

Seele und Geist wären demnach das Ergebnis biologischer Vorgänge. Ohne Körper einfach undenkbar.

Der Kölner Psychologe Professor Dr. Udo Undeutsch vom Psychologischen Institut der Universität Köln meint:

Für die Vermutung, daß die Seele eines Menschen in früheren Zeiten mit einem anderen Körper verbunden war, gibt es keinerlei Belege. Die Psychologie geht immer noch von der untrennbaren Einheit von Seele und Körper aus.

Professor Fuchs geht einen Schritt weiter:

Sollte bewiesen werden, daß unsere Erfahrungen nur ein Teil der Wahrheit sind, müßten wir allerdings umdenken. Als Wissenschaftler bin ich offen, neue Tatsachen anzuerkennen. In der Wissenschaft darf es keine unumstößlichen »Glaubenssätze« geben.

Seiner Meinung nach fand man bisher eine ganze Reihe von Zeugnissen, die ganz nahe an einen wissenschaftlichen Beweis der Reinkarnation heranführen. Ein letzter Rest aber sei noch offen.

Professor Dr. G. Hutchinson von der amerikanischen Yale-Universität und Mitglied der Akademie der Wissenschaften schimpft gar:

Der Grund dafür, daß so viele Wissenschaftler die Resultate der Reinkarnationsforschung nicht anerkennen, ist einfach der, daß sie diese nicht wahrhaben wollen und daß sie der Anerkennung ausweichen, indem sie die Berichte über die betreffenden Versuche nicht einmal prüfen.

Daran kann es keinen Zweifel geben: Wenn sich ein Mensch wirklich an das Befinden im Mutterleib erinnern kann, wenn es sich bei den Hypnoseprotokollen also um echte, eigene, unverfälschte Erinnerungen handelt, dann ist der Beweis dafür gefunden, daß Gedanken und Empfindungen eben nicht nur das Ergebnis von biochemischen und elektrischen Vorgängen in einem intakt funktionierenden Gehirn sind, sondern daß im Körper eine Seele existiert, die von Anfang an »wahrnehmen« kann.

Dann müßten vor allem auch die Eltern umdenken. Sie könnten das heranwachsende Leben nicht länger als unfertig, unverständig, embryonal betrachten, sondern hätten plötzlich die Chance, sich von Anfang an mit ihrem Kind zu unterhalten, ihm Mut zu machen, ihm Zuneigung und Liebe zu erklären. Das Baby könnte zwar nicht antworten, aber alles sehr wohl verstehen. Welch eine Möglichkeit, die Menschheit glücklicher zu machen, Angst und psychische Erkrankungen auszuräumen!

Draußen und drinnen zugleich

Recht interessant ist bei vielen Erlebnissen der Geburt in Hypnose die immer wieder beobachtete zweifache Schilderung der Vorgänge: Der Hypnotisierte berichtet einmal, als befände er sich irgendwo im Zimmer oder im Kreißsaal als mehr oder weniger unbeteiligter Zuschauer. Er sieht den Arzt, die Hebamme, den Vater. Er riecht die Arzneien und hört, was gesprochen wird.

Schon im nächsten Augenblick befindet er sich aber im Mutterleib, um den ganzen Schrecken der »Austreibung« noch einmal mitzumachen. Er ist also sowohl »draußen« als auch »drinnen«.

Ein Phänomen, das haargenau gleich noch einmal auftaucht. Dann nämlich, wenn ein Mensch im Sterben liegt.

Auch in diesem Augenblick, so berichten übereinstimmend Männer und Frauen, die bereits klinisch tot waren, durch die Kunst der Ärzte aber wieder ins Leben zurückgerufen wurden, verläßt das »Ich« die nicht mehr funktionierende Hülle wie durch einen langen, dunklen Gang, um frei im Raum zu schweben und zuzusehen, was unten mit dem zerschundenen, toten Körper passiert.

Es tut nichts mehr weh. Die befreite Seele fühlt sich rundum wohl — und ist alles andere als glücklich, wenn da unten das Herz wieder zu schlagen anfängt und sie somit zur Rückkehr in die bereits verlassene Wohnung gezwungen wird. In diesem Fall ist wohl auszuschließen, daß die Erinnerung eines anderen Menschen »angezapft« wird. Man mag darüber denken, wie man will. Die naheliegendste und einleuchtendste Erklärung bleibt auf jeden Fall: Die Seele hat den Körper verlassen.

Der Hypnosearzt Dr. Claus Bick aus Dahn in der Pfalz — er besitzt eine eigene Privatklinik, in der mit Hilfe der Hypnose vor allem psychische und psychosomatische Leiden behandelt werden — hat seine Patienten in 165 Hypnoanalysen 76mal den Augenblick der Geburt in die Erinnerung zurückgerufen. Er fand immer wieder bestätigt, daß viele Beschwerden und Belastungen wie Kopfschmerzen, Atembeschwerden, Angstzustände tatsächlich auf Erlebnisse im Mutterleib zurückgehen und oftmals spontan verschwunden sind, sobald der Schock von damals bewußt wurde.

»Ein Baby im Mutterleib«, so sagt der Arzt, »kann offensichtlich auch die Angst oder einen Schock seiner Mutter miterleben und später darunter leiden.«

Ein Thema, das ungeheure Perspektiven im Hinblick auf unsere Gesundheit eröffnet.

Die amerikanischen Psychotherapeuten Dr. Morris Netherton aus Los Angeles und Dr. Nancy Shiffrin von der Neuropsychiatrischen Klinik der Universität von Kalifornien, ebenfalls in Los Angeles, berichten über ihre jahrzehntelangen Erfahrungen mit der Reinkarnationstherapie (2):

Die pränatale Phase ist mehr als in einer Hinsicht einzigartig. Aber vielleicht am entscheidendsten ist, daß nur in diesen Monaten das

Unbewußte längere Zeit allein funktioniert, ohne Unterstützung beziehungsweise Bevormundung durch das Bewußtsein. An anderer Stelle habe ich das Unbewußte mit einem Tonbandgerät verglichen, das alles unterschiedslos aufzeichnet und Informationen speichert, ohne sie zu analysieren. Tatsächlich registriert der Fötus alle Gedanken der Mutter, alles, was zur Mutter und von ihr und in ihrer Gegenwart gesagt wird, als ob es an ihn gerichtet wäre.

Oftmals identifiziert sich das Kind im Mutterleib mit der Mutter demnach so sehr, daß ihre Empfindungen und Gedanken zu seinen eigenen werden. Eine Frau, die Psychiater nennen sie Ann Boyd, 34 Jahre alt, wurde von dem einen beherrschenden Gedanken gequält: »Kein Mann wird mich jemals lieben.«

Während der Rückführung in die Zeit vor der Geburt erzählte sie bald so, als würde ihre Mutter sprechen, um dann, im selben Augenblick, aber das eigene Empfinden wiederzugeben. Mutter und Tochter gehen unmittelbar ineinander über: »Sie ist traurig. Es ist meine Mutter. Sie liegt im Bett. Sie liegt auf dem Rücken. Aber das Baby ist so schwer. Sie hat das Gefühl, erdrückt zu werden. Sie denkt: ‚Ich bin schwanger. Wie sinnlos. Von einem Mann, den ich nicht liebe. Wir sind beide groß und schwerfällig. Das Baby wird auch so sein. Niemand wird es je lieben — Meine Rippen werden gequetscht. Ich werde erdrückt.‘ Eine Stimme sagt: ‚Große, wunderschöne Augen.‘ Aber alles, was ich fühle, ist dieser Druck. Ich kann nicht atmen — Es wird jetzt leichter. Es geht sehr schnell. Ich habe Angst. Es ist der Kreißsaal. Ich bin gerade geboren.«

Dr. Netherton deutet das so:

Der Fötus ist während seiner Entwicklung völlig von den Empfindungen seiner Mutter beherrscht, die ihn trägt. Er hält die Gefühle der Mutter für seine eigenen. Als Anns Mutter glaubte, sie würde von dem Gewicht des wachsenden Babys erdrückt, hatte dieses das Gefühl, es würde selber erdrückt.

Und ein anderer Fall, der beinahe noch deutlicher ist. Auch über ihn berichtet Dr. Netherton:

Chuck, 11 Jahre alt, war die personifizierte Unruhe. Er konnte keine Sekunde ruhig auf einem Fleck sitzen. Die Eltern wußten sich nicht mehr zu helfen und gingen mit ihm zum Psychotherapeuten.

Als Chuck in der Sitzung in die Zeit vor seiner Geburt zurückgeführt wurde, wiederholte er plötzlich immer nur den einen Satz: »Laßt mich bloß in Ruhe.« Und dann geriet er in Panik, begann zu weinen und stammelte: »Meine Mutter sagt es — Ich bin ein ganz kleines Baby. Ich bin noch nicht wirklich ein Baby — Ich sehe nur Grau um mich herum. Ich bin drei Monate da — Mutter weint. Großmutter sagt: ‚Du mußt etwas tun —' Ich glaube, sie haben gerade herausgefunden, daß ich da bin. Alle sind sehr aufgebracht.«

Dann erzählt Chuck, wie die Großmutter versucht, seine Mutter zu einer Abtreibung zu bewegen. Wie die Mutter, seinerzeit noch Schülerin, von ihren Mitschülern ausgelacht wird, »weil ich in ihr bin«. Schließlich sagt das Kind — wohlbemerkt ein elfjähriger Junge! — außer sich vor Aufregung: »Ich bin immer noch in meiner Mutter — Mein Vater ist da. Er kitzelt Mutter. Er hält sie fest und kitzelt sie überall. Sie haßt das. Sie schreit: ‚Aufhören! Aufhören!' — Ich kann das nicht aushalten — wir, es ist das gleiche, sie und ich, werfen uns herum. Ganz verrückt. Völlig hysterisch und zitternd —«

Während Chuck diese Szene beschreibt, eine Szene, die wirklich so stattgefunden hat, wie die Mutter bestätigt, zieht und zerrt er am Bezug des Sofas. Er hat die Knie bis zum Kinn hochgezogen und schlägt mit den Füßen krampfartig aus.

Über den Augenblick der Geburt sagt Dr. Netherton:

Die Geburt prägt vor allem die spätere Belastbarkeit des einzelnen, stellt sie doch die erste »bewußte« Situation dar, in der wir Belastung erfahren — Wenn die Mutter die Situation mit Disziplin und Liebe zu dem Kind, das zur Welt kommen soll, bewältigt und die Ärzte,

Krankenschwestern und der Vater (falls er dabei ist) sich ruhig und zuversichtlich verhalten, wird das Kind aller Wahrscheinlichkeit nach ähnlich positiv eingestellt sein, wenn es eines Tages gilt, mit Belastungen, welcher Art auch immer, fertig zu werden. Wenn dagegen die Entbindung schwierig verläuft und die Mutter das Kind innerlich ablehnt, wird Streß ein lebenslanges Problem für das Kind darstellen.

Wenn das tatsächlich auch nur in etwa stimmen sollte ...!

Auf der Suche nach der Wahrheit zum Thema Wiedergeburt ist mit der Erforschung des Lebens im Mutterleib nur ein erster zaghafter Schritt getan. Die eigentlichen, aufregenden Abenteuer stehen uns noch bevor. Die Grenze der Geburt ist überschritten. Wie ist es mit dem Augenblick der Zeugung? Kann die Erinnerung auch über diesen ersten Anfang hinausgehen?

2. Kapitel

Der Fall Bridey Murphy

Die aufregende Geschichte der modernen Reinkarnationsforschung beginnt mit einem Partyspaß. Die Hauptrolle spielen nicht Wissenschaftler, sondern ein cleverer Geschäftsmann und eine einfache, biedere Hausfrau, die eigentlich mit der ganzen Sache nichts zu tun haben möchte.

Morey Bernstein, vielbeschäftigter Besitzer einer großen Warenhauskette in Pueblo in Colorado, ist zufällig dabei, als ein junger Mann der gelangweilten Gesellschaft sein »Hobby« vorführt: Hypnose. Für Mister Bernstein ist es die erste Begegnung mit der Hypnose, und er ist so stark beeindruckt, daß er nie mehr davon loskommen wird. »Ich muß wissen, was dahintersteckt«, sagt er spontan. In den folgenden Tagen, Wochen, Monaten, Jahren studiert er in jeder freien Minute Bücher und Schriften, die sich mit der Hypnose befassen. Zehn Jahre lang gibt es für ihn kein anderes wichtiges Thema mehr. Bernstein reist kreuz und quer durch Amerika, spricht mit jedem, der etwas von Hypnose versteht — und macht schließlich selbst die ersten praktischen Erfahrungen.

Er entdeckt dabei, daß er andere Menschen sehr rasch und zuverlässig in Tiefschlaf versetzen kann. Er erfährt, daß man Hypnotisierte besonders gut beeinflussen kann. Sie lassen sich viel leichter überzeugen, überreden und damit von seelischen Verklemmungen befreien.

Aus dem Partyspaß ist eine sehr ernste, große Sache geworden. Morey Bernstein heilt Stotterer, Gelähmte, Menschen mit krankhaften Angstgefühlen, Süchtige, Impotente, indem er sie zuerst in hypnotischen Schlaf versetzt und ihnen dann, in diesem veränderten Bewußtseinszustand, suggestiv einredet, sie wären von diesem Augenblick an völlig gesund und fühlten sich wohl und unbelastet. Diese Heilweise ist heute weithin anerkannt. Es gibt Spezialkliniken, in denen nur mit Hypnose behandelt wird.

Für Amerika werden die Experimente von Morey Bernstein der Anstoß zu einer riesigen Hypnosewelle, die das ganze Land überschwemmt. Jeder, der etwas auf sich hält, möchte wenigstens einmal im Leben hypnotisiert werden. Ärzte, spiritistische Zirkel, Magier und Zirkusartisten — alle bedienen sich der »Zauberwaffe« Hypnose.

Morey Bernstein ist aber bereits einen Schritt weiter. Er gibt sich mit Hypnoseheilungen nicht zufrieden. Der Privatgelehrte spürt, daß er mit der Hypnose auf etwas Ungeheuerliches gestoßen ist. Auf eine Schicht der menschlichen Seele, die normalerweise verschüttet ist, die man mit Hilfe der Hypnose aber wenigstens teilweise freilegen kann. Eine Schicht, die offenbar über enorme Kräfte und Fähigkeiten verfügt, so gut wie alles weiß und alles in einem lückenlosen Gedächtnis gespeichert hat. Bernstein will diese Macht in der eigenen Brust unbedingt näher kennenlernen. Koste es, was es wolle.

Es ist unglaublich, was dieser sonst doch so nüchterne, berechnende Geschäftsmann alles unternimmt, selbst hypnotisiert zu sein, um damit den Zustand der befreiten Seele, das veränderte Bewußtsein, zu erleben.

Doch es klappt nicht. Kein Hypnotiseur vermag, Morey Bernstein in Trance zu versetzen.

Eines Tages geht er deshalb zu einem befreundeten Arzt und bittet ihn: »Ich möchte eine Elektroschockbehandlung.«

Er weiß, was das ist. Und natürlich hat er auch Angst davor: Man schickt Stromstöße durch Gehirn und Nerven und versucht damit, psychisch kranke Menschen nervlich zu entspannen. Eine Methode, die so brutal ist, daß sie heute nicht mehr angewendet wird.

Morey Bernstein läßt sich auf den Krankentisch schnallen, die Stromanschlüsse an Kopf und Glieder kleben und ein Gummistück zwischen die Zähne schieben, damit er sich im Krampf die Zähne nicht ausbeißt. Vier starke Männer drücken ihn auf das Bett, als der Arzt den Strom einschaltet. Bernstein beginnt fürchterlich zu zucken, wird von Krämpfen hochgerissen und zurückgeschleudert. Doch von alledem spürt er nichts. Er ist bewußtlos.

Als er wieder zu sich kommt, hat er Mühe, sich an den eigenen Namen zu erinnern. Der Versuch ist gründlich mißlungen. Keine Hypnose. Keine Befreiung der Seele. Nichts.

Bei einem späteren Experiment mit Giftgasen, die er einatmet, kann Bernstein in letzter Sekunde vor dem qualvollen Erstickungstod gerettet werden. Er erleidet schreckliche Todesangst. Doch aus der Selbsthypnose wird wiederum nichts.

Zu diesem Zeitpunkt erfährt Morey Bernstein von den Experimenten des englischen Psychiaters Sir Alexander Cannon und dessen sensationellen Erfahrungen.

Dieser Seelenarzt ließ seine Patienten in Hypnose ihre Vergangenheit noch einmal erleben. Allerdings: Bei der Geburt und auch beim Augenblick der Zeugung machte er nicht halt. Er ging weiter. Immer weiter zurück, bis irgendwo aus dem Dunkel ein neues Leben an einem anderen Ort zu einer anderen Zeit auftauchte. Sir Cannon behauptete:

> Jeder Mensch hat schon einmal gelebt und kann sich in der Hypnose an sein früheres Leben erinnern ... Jahrelang sah ich in der Theorie der Wiedergeburt nichts als eine Gespenstergeschichte. Ich gab mir alle Mühe, sie zu widerlegen, und warf sogar Medien vor, sie schwatzten Unsinn. Aber im Laufe der Zeit berichtete ein Medium nach dem anderen genau dasselbe, und zwar trotz großer Unterschiede in der individuellen Weltanschauung. Inzwischen habe ich mehr als tausend Fälle untersucht und muß zugeben, daß es so etwas wie Seelenwanderung tatsächlich gibt.

Alles würde Bernstein staunend hinnehmen. Doch gegen die Vorstellung der Wiedergeburt bäumt er sich auf. »Das ist kompletter Unsinn«, sagt er immer wieder. Menschen, die an die Reinkarnation glauben, sind ihm ein Greuel. Er duldet sie nicht in seiner Nähe.

Doch wieder einmal ist die Wißbegierde stärker als alle Vorbehalte. »Wenn es so etwas wie die Wiedergeburt tatsächlich geben sollte, dann müßte ich in der Hypnose Spuren davon entdecken können«, sagt er zu sich.

Und so kommt es zu jener Hypnosesitzung, die Geschichte machen wird:

Der »Morgen-Jig« vor dem Kaminfeuer

In der Villa des Unternehmers Morey Bernstein in Pueblo sitzen zwölf Leute im engen Halbkreis vor dem Kamin. Die Nacht ist unruhig und kalt. Draußen pfeift ein eisiger Wind von den Bergen.

Das Feuer flackert und wirft gespenstische Schatten an die Wand. Außer den Flammen gibt es nur ein gedämpftes Licht im Hintergrund und eine brennende Kerze auf dem Tisch. Nur das Knistern und Krachen der großen Holzscheite im Kamin durchbricht die Stille.

Es ist Samstag, der 22. Januar 1953.

Die kleine Gesellschaft fröstelt. Nicht der Kälte wegen. Die Ärzte, Wissenschaftler, Geschäftsleute fürchten sich auch nicht vor Gespenstern und Geistern. Doch das, was sie hier erleben, das bringt sie aus der Fassung. Es ist einfach unglaublich.

In der Mitte des Halbkreises liegt auf der Couch eine junge Frau. Virginia Tighe. 29 Jahre alt. Braune lange Haare, lustige Stupsnase. Ihr Mann Rex sitzt unmittelbar neben ihr. Aber er ist gar nicht mehr so sicher, ob das wirklich seine Frau ist. Manchmal spricht sie wie ein kleines Mädchen, plappert unbekümmert drauflos. Manchmal hört sich die Stimme an wie die einer alten, müden Frau. Und dann fallen Ausdrücke in einer fremden Sprache, die keiner in der Runde jemals gehört hat.

»Ich bin Bridey Murphy«, sagt Virginia Tighe. Sie behauptet: »Ich habe rote Haare, bin 1798 in Cork in Irland geboren und 1864 in Belfast gestorben.«

Was geht hier vor? Sind Virginia Tighe und Bridey Murphy ein und diesselbe Person? Hat die Amerikanerin, Frau Tighe, vor mehr als hundert Jahren schon einmal als Frau Murphy in Irland gelebt?

Eindringlich klingt die Stimme von Morey Bernstein: »Wir sind jetzt wieder in der Gegenwart. Sie werden jetzt aufwachen ... Sie werden sich an den Tanz erinnern, von dem Sie uns soeben erzählt haben und den Sie in Irland immer so gerne tanzten. Den Morgen-Jig. Das wird ganz leicht sein ...«

Virginia Tighe öffnet die Augen. Sie ist aus der Hypnose erwacht. Unbekümmert plaudert sie mit den Freunden in der Runde, als hätte sie nur eben ein kleines Nickerchen gemacht. An das, was in der letzten Stunde passiert ist, kann sie sich nicht erinnern. Sie weiß auch nicht, daß sie sich selbst Bridey Murphy nannte und von einem völlig fremden Land erzählte.

Morey Bernstein unterbricht ihr Gespräch nach einer Weile und bittet sie: »Nun, treten Sie bitte in die Mitte des Raumes, und tanzen Sie für uns den Morgen-Jig.«

Virginia runzelt die Stirn und blickt fragend auf.

»Was soll ich?« Hilfesuchend blickt sie von einem zum anderen. Morey Bernstein wiederholt seine Bitte und sagt schließlich: »Virginia, bitte stellen Sie sich dorthin. Dann werden Sie den Wunsch verspüren, den Jig zu tanzen. Versuchen Sie es.«

Zögernd steht Virginia auf, stellt sich in die Mitte des Raumes — und hebt ratlos die Hände. Es ist so still, daß man eine fallende Nadel hören könnte.

Plötzlich geht ein Ruck durch Virginias Körper. Ein glückliches Lächeln liegt auf ihrem Gesicht. Sie wirft das Haar schwungvoll zurück, ihr Körper strafft sich.

Und dann wirbelt Virginia in raschen, sehr lebhaften Bewegungen über das Parkett. Die Tanzschritte werden immer präziser, immer schneller. Die Arme fliegen, der Körper dreht und wiegt sich rhythmisch. Noch ein hoher, kühner Sprung — dann bleibt Virginia ruckartig stehen. Sie streckt und reckt sich, als wäre sie eben aus dem Bett gestiegen. Sie reißt den Mund auf, als würde sie herzhaft gähnen, und klatscht mit der Hand dagegen, als müßte sie sich des Gähnens wegen schämen.

Nun steht sie regungslos da. Angestarrt von den verwirrten Zuschauern. Und sie weiß nicht, was los ist. Fast bestürzt fragt sie ihren Mann: »Was war das? Bitte sag's mir doch! Was habe ich eben gemacht? Bin ich verhext? Wieso habe ich getanzt?« Weder Rex noch sonst einer der Zuschauer hat jemals einen solchen Tanz mit so fremdartigen Schritten und seltsamen Bewegungen gesehen.

Was ist passiert?

Weder Morey Bernstein noch sein »Medium« Virginia Tighe, noch einer der Zeugen der Hypnosesitzung könnte auf diese Frage eine Antwort geben, obwohl es eigentlich nur eine einzige logische Erklärung gibt: Die junge Amerikanerin konnte sich in Hypnose an ein früheres Leben erinnern.

Oder vielleicht doch nicht? Hat Virginia das, was sie erzählt, vielleicht irgendwo einmal gehört oder gelesen?

Eine »aufregend« langweilige Geschichte

Kaum. Die Geschichte der Bridey Murphy ist so undramatisch, so ohne jedes bedeutsame Ereignis, daß sie so sicherlich niemand aufgeschrieben oder erzählt hätte.

Zuerst berichtet Virginia mit weinerlicher Kinderstimme: »Ich habe die Farbe von meinem Bett abgekratzt. Es war ganz neu gestrichen, das Bett. Ein Metallbett. Ich habe alle Farbe davon abgekratzt. Mit den Fingernägeln habe ich alle Pfosten bearbeitet, ganz kaputtgemacht. Schrecklich!«

Die fast alltägliche Geschichte eines kleinen Mädchens, das nach einer kleinen Missetat ins Bett geschickt wurde und sich nun auf seine Weise für die Strafe rächte: Es zerkratzte sein Bettchen, das der Vater eben mit viel Mühe neu angestrichen hatte. Und hinterher ist das Mädchen bestürzt über das, was es angestellt hat; und es hat Angst vor der neuen Strafe. Ein Ereignis, das ein Kind schon mächtig beschäftigen kann und das im Gedächtnis entsprechend haften bleibt. Aber keine große Sache. Gewiß nicht.

Ähnlich belanglos sind weitere Schilderungen: eine kleine Landpartie, ein Einkauf, die Fahrt mit dem Hochzeitswagen, der eigene Tod. Keine Sensationen.

Bridey, so fügt sich das Bild Steinchen um Steinchen in sechs Hypnosesitzungen zusammen, kam am 20. Dezember 1798 in Cork in Irland zur Welt. Ihr Vater Duncan war ein Bauer. Der kleinere Bruder stirbt an »etwas Schwarzem«, als Bridey vier Jahre alt ist. Bridey heiratete 1818 einen Buchhaltert, läßt sich seiner Familie zuliebe erst protestantisch, später heimlich noch einmal katholisch trauen. 1864 stirbt Bridey 66jährig, kinderlos, nachdem sie auf der Treppe gestürzt war und sich das Becken gebrochen hatte. Ein langweiliges, unerfülltes Leben. Ohne jede Besonderheit.

Und gerade das faszinierte die Wissenschaftler. Bei einem Betrug, so sagten sie sich, hätten der Hypnotiseur, das Medium oder beide zusammen sich eine wesentlich interessantere Geschichte ausgedacht.

Wäre in der Hypnose anstelle echter Erlebnisse nur die Erinnerung an einen gelesenen Roman oder an eine gehörte Geschichte lebendig geworden, dann hätte darin doch ebenfalls ein bißchen mehr passieren müssen.

Gerade die Langweiligkeit der Erzählungen ließ Brideys Geschichte echt erscheinen.

»Weißt du eigentlich, daß du da eine Bombe in der Hand hast?« fragte ein Freund von Morey Bernstein den Geschäftsmann, nachdem er die Tonbandprotokolle der Hypnosesitzungen gehört hatte. Und er fügte hinzu: »Du kannst anstellen, was du willst, und noch so vorsichtig sein: In Kürze wird man über das da reden. Einige Leute werden dich für einen harmlosen Irren halten. Andere aber werden dich für einen

Fanatiker, Unruhestifter, Spinner oder Besessenen erklären. Du wirst mit Briefen und Anrufen überschüttet werden, von Medien, Hypnosebegeisterten und Steckenpferdreitern. Und zur Krönung des Ganzen wird eine Menge Leute den falschen Eindruck gewinnen, du wolltest ihren religiösen Gefühlen zu nahe treten.«

Der Freund gab Bernstein den Rat, möglichst viele Fakten zu sammeln, um gerüstet zu sein, wenn der Sturm der Begeisterung und Entrüstung über ihn hereinbrechen wird.

Und der kam, schlimmer als vorausgesagt. Die Reporter stürmten Morey Bernsteins Haus. Über 50 amerikanische Zeitungen schrieben über den »Fall Bridey Murphy«. Zu Dutzenden reisten Wissenschaftler und Journalisten nach Irland, um dort, an Ort und Stelle, nachzuforschen, ob es Bridey Murphy tatsächlich gegeben hat. Ob diese in Hypnose aufgetauchte Gestalt mehr ist als nur ein Gespenst. Der Redakteur der *Denver Post*, William J. Barker, legte in drei Wochen über 20000 Kilometer zurück, um herauszufinden, »ob das geisterhafte irische Mädchen existierte, oder ob es nur eine besondere Art von Hirngespinst, das raffinierte Phantasieprodukt einer neurotischen jungen Frau war«, wie er selbst schrieb.

In Amerika und nach und nach auch in Europa, Japan, Südamerika wurde eine wahre Massenhysterie ausgelöst, nachdem Morey Bernstein seine Experimente in einem Buch (3) veröffentlicht hatte. Die Menschen wollten nun alles wissen über Leben und Tod und über eine mögliche Rückkehr in einen anderen Körper.

In der kleinen Stadt Shorne in Oklahoma erschoß sich der 19jährige Zeitungsjunge Richard Swink, weil er es, wie er in einem Brief hinterließ, nicht abwarten konnte, die Wahrheit zu erfahren und die Wiedergeburt zu erleben.

Von Bernsteins Buch — man verglich es mit der Wirkung des Atombombenabwurfs über Hiroshima — wurden in kurzer Zeit über eine Million Exemplare verkauft. Schallplatten mit den Sitzungsprotokollen waren lange Zeit die ganz großen Hits. Es wurden sogar Bridey-Murphy-Songs komponiert: »Bridey tanzte schon vor hundert Jahren Rock'n'Roll. Hallo, Bridey Murphy.« ... Die Paramount Filmgesellschaft erwarb die Rechte für einen Dokumentarfilm.

Das beliebteste Partyspiel hieß bald: Wer war ich in meinem früheren Leben? Kostümpartys, bei denen jeder das anziehen sollte, was er in seinem früheren Leben trug.

Man trank »Reinkarnationscocktails« und ergötzte sich im Nachtclub an Wiederverkörperungsnummern.

Und über die ganze Welt schwirrten die Bridey-Witze:

»Wie geht es deiner Frau?« — »Danke gut. Ich habe sie ins 17. Jahrhundert versetzt — und dort gelassen.«

Oder eine Frau zur anderen im Supermarkt: »Stelle dir vor, mein Mann nennt mich neuerdings Bridey Murphy. Er sagt, niemand kann in einem einzigen Leben so schlecht kochen lernen, wie ich das kann.«

Der »Fall Bridey Murphy« war in aller Munde. Und zum erstenmal in der Geschichte der Menschheit sahen sich alle Seiten genötigt — auch Wissenschaftler —, den Spuren einer Reinkarnation gewissenhaft nachzugehen und Beweise zu sammeln.

Die Ergebnisse waren teilweise verblüffend und überzeugend — teilweise ebenso enttäuschend.

Die Jagd nach Bridey Murphy

Zunächst: Der Name Murphy ist in Irland so häufig wie bei uns Meier oder Müller. Geburtsregister aus jener Zeit waren in der Ortschaft Cork nicht mehr aufzutreiben. Ob Bridey also tatsächlich gelebt hat oder nicht, wird sich niemals mit letzter Sicherheit sagen lassen.

Auch viele andere Fragen müssen offenbleiben, weil sich keine Bestätigungen für Brideys Aussagen finden ließen.

Wohl aber stieß man dann doch auf eine ganze Reihe von Dingen, die mit Brideys Erzählungen voll übereinstimmten.

So gab es tatsächlich den Onkel. Und er war auch wie angegeben bei der Universität beschäftigt.

Sodann stellte sich heraus, daß im 19. Jahrhundert in Cork eine Tabakfabrik und eine Seilerei existierten. Es gab kaum mehr jemand, der sich daran erinnern konnte, aber Bridey hatte sie erwähnt und richtig beschrieben.

Am überzeugendsten war schließlich das, was Bridey über Brauchtum, über Heimatsagen und Tänze berichtet hatte. Viele dieser Einzelheiten waren inzwischen so gründlich in Vergessenheit geraten, daß sie erst nach intensiven Forschungen in Archiven und Bibliotheken wieder ausgegraben werden konnten. So beispielsweise ein paar Dialektausdrücke, die Bridey verwendete, Kinderlieder, die sie sang — und nicht zuletzt der Morgen-Jig, ein früher gebräuchlicher Tanz, den heute in Irland niemand mehr kennt.

Und gerade das sprach wiederum für die Echtheit der Bridey Murphy: Sie war in ihren Erinnerungen auf Eigenheiten gestoßen, die sie auch bei fleißigsten Studien weder in den USA noch im heutigen Irland hätte finden können.

»Immerhin«, so schrieb der Journalist William J. Barker abschließend über seine Forschungen in Irland, »behielt Bridey recht in wenigstens zwei Dutzend Punkten, über die sich Virginia Tighe nicht hätte informieren können — auch dann nicht, wenn sie sich systematisch Jahre hindurch mit dem Studium entlegener Fakten aus dem Irland des 18. und 19. Jahrhunderts befaßt hätte. Wenn man das ganze Material von und über Bridey im Zusammenhang sieht, stellt man fest, daß es das Signum der Wahrheit trägt — was immer diese Wahrheit letztlich bedeuten mag.«

Viele, wohl die meisten Amerikaner waren nicht einmal bereit, William J. Barker und seinen Mitarbeitern so weit zu folgen. Sie hielten das alles für einen aufgelegten Schwindel. Die Auseinandersetzungen um den »Fall Bridey Murphy« tobten über Monate hinweg äußerst heftig. Die US-Presse spaltete sich in Blätter, die Bridey für echt hielten, und andere, die sie leidenschaftlich, ja gnadenlos bekämpften. Die Leser der Zeitungen und Zeitschriften, unter ihnen viele Wissenschaftler, bekriegten sich in ungewöhnlich heftigen Leserbriefen, ohne der Wahrheit auch nur einen winzigen Schritt näherzukommen. Das Gebiet, auf das man sich begeben hatte, war einfach zu neu, zu unbekannt, zu unerforscht. Alle, Gegner wie Befürworter der Seelenwanderung, standen mehr oder weniger ratlos vor den Hypnoseprotokollen des Morey Bernstein.

Die eigentlich Leidtragenden des erbarmungslosen »Glaubenskrieges« waren Virginia Tighe und ihr Mann Rex. Obwohl Morey Bernstein für sein Medium ein Pseudonym gewählt hatte, entlarvten Reporter Ruth Simmons als Virginia Tighe. Und fortan hatte sie keine ruhige Minute mehr. Man durchwühlte ihr Leben und suchte nach Anhaltspunkten, die eine andere Erklärung als die der Wiedergeburt nahelegten. Und natürlich fand man solche »Indizien«.

In sogenannten »Enthüllungsstorys« ging man nicht gerade zimperlich mit den Tatsachen und schon gar nicht mit den beteiligten Personen um.

So stieß man auf eine Mrs. Marie Burns, eine Tante von Virginia. Bei ihr hatte sie als 18jähriges Mädchen vorübergehend gewohnt. Diese »Tante Marie, so irisch wie die Seen von Kilkenny«, habe, so konnte man lesen, das Kind »mit Erzählungen aus Irland ergötzt«.

Frau Burns war tatsächlich schottisch-irischer Abstammung, jedoch in New York geboren. Sie hatte Irland niemals besucht. Virginia beteuerte vergebens, daß sie sich mit »Tante Marie« auch nicht über Irland unterhalten hat.

Man fand dann heraus, daß Virginia einmal Unterricht im Aufsagen von Gedichten hatte und dabei auch tanzen lernte. Auch das stimmte. Mit 12 Jahren ging Virginia ab und zu mit anderen Kindern zu einer wohlhabenden Frau in der Nachbarschaft, die Spaß daran hatte, den Kindern Gedichte beizubringen. Aber irische Dialekte waren nicht darunter. Die einzigen Tänze, die Virginia lernte, waren Black Bottom und Charleston.

Die überzeugendste Enthüllung: Gegenüber dem Haus, in dem Virginia in Chicago gelebt hatte, soll eine Irin gewohnt haben, eine geborene Bridey Murphy. Von ihr, so schrieb eine Zeitung, habe Virginia ihre »Traumfigur« entlehnt und das Wissen bekommen.

Mrs. Corkell stammte nun tatsächlich aus Irland, allerdings aus einer ganz anderen Gegend. Sie hieß auch Bridey, ein Name, der in Chicago damals sehr häufig vorkam, aber nicht Murphy. Seltsamerweise war Mrs. Corkell die Mutter eben jenes Reporters, der diese Enthüllung unters Volk brachte. Sie selbst weigerte sich hinterher hartnäckig, zu der Geschichte irgend etwas zu sagen. Virginia versicherte dagegen, daß sie mit der Frau nicht ein einziges Mal gesprochen hat.

Das endgültige »Todesurteil« über Bridey Murphy sprachen schließlich Psychoanalytiker und Psychologen, die weder Morey Bernstein noch Virginia Tighe jemals wirklich begegnet sind. Ihre »Ferndiagnose« veröffentlichten sie in der Zeitschrift *Scientific Report* als »letztes Wort« über den Fall. Da hieß es denn: Virginia Tighe fühle sich ganz einfach in der Hypnose sehr eng mit dem Hypnotiseur verbunden, gleichsam als seine Braut. (Bridey bedeutet in der englischen Sprache Braut.) Bei Virginia handle es sich um eine kranke, gespaltene Persönlichkeit, die an ihrer Sehnsucht, wirklich geliebt zu werden, letztlich gescheitert sei.

Virginia Tighe, die sich von Anfang an gegen Morey Bernsteins Experimente gesträubt hatte und nur mit großer Überredungskunst zu den sechs Sitzungen gebracht werden konnte — sie zeigte für das Problem der Wiedergeburt keinerlei Interesse und fühlte sich von dem, was dabei herauskam, auch in keiner Weise berührt, war danach nicht mehr bereit, sich noch einmal hypnotisieren zu lassen. Ihre Familie mußte schließlich sogar Pueblo verlassen, weil dort ein vernünftiges, normales Leben für sie nicht mehr möglich war.

Was blieb von Bridey?

Bridey Murphy geriet in Vergessenheit. Morey Bernsteins Hypnoseexperimente aber haben eine Tür aufgestoßen, die hineinführt in eine bisher nur erahnte, phantastische Welt der Seele.

Der Geschäftsmann aus Pueblo konnte das Rätsel der sogenannten »age regression«, der hypnotischen Rückführung eines Menschen in ein zurückliegendes Lebensalter oder gar in ein früheres Leben, nicht lösen. Dazu fehlte ihm wie uns heute auch noch die Einsicht in das Wesen der menschlichen Seele.

Bernstein wußte nicht, wie das Gedächtnis funktioniert. Und er hatte auch keine Ahnung, ob das, was in der Hypnose zum Vorschein kommt, dem Hypnotisierten schaden könnte oder nicht.

So ist er beispielsweise immer dann, wenn Virginia irgendwelche Gemütsregungen zeigte, wenn sie Schmerz oder Unbehagen äußerte, sofort und hastig zu einem anderen, erfreulicheren Augenblick weitergeeilt, ohne daran zu denken, daß ja nur jene Momente im Gedächtnis eines Menschen haftenbleiben, die ihn wirklich bewegen, erschüttern, betroffen machen. Viele Fragen konnte Virginia von vorneherein allein deshalb nicht beantworten, weil sich Bridey als einfache, ungebildete Frau zeitlebens auch nicht darum gekümmert hätte. Große politische Ereignisse wären einer Frau ihres Standes im 18./19. Jahrhundert kaum zu Ohren gekommen, zumal im abgelegenen, damals relativ ruhigen Nordirland.

Ein paar grundsätzliche, typische Wesenszüge der Hypnoanalyse hat Morey Bernstein aber doch schon erkannt. Und sie stimmen auch heute noch:

Der Mensch wird in der Hypnose kein anderer. So sagt er, wenn er das sonst auch nicht täte, nicht plötzlich unbedingt die Wahrheit. Er flunkert, er schämt sich, gewisse peinliche Fragen zu beantworten. Und er beschönigt gewisse Umstände, ganz einfach, um ein wenig anzugeben — je nach Wesen und Veranlagung.

So erzählte Bridey hartnäckig, ihr Vater wäre Rechtsanwalt gewesen, der auch »ein bißchen geackert hat«. In den Interviews tat sie alles, das Ansehen ihrer Familie anzuheben. Erst in der sechsten Sitzung ließ sie sich dann mit einer Fangfrage zu dem Eingeständnis zwingen, daß der Vater eben doch nur ein kleiner Bauer gewesen ist.

Ihren Mann machte Bridey zum Schriftsteller, dessen Artikel in der Zeitung erschienen. Auch er wurde zunächst als Rechtsanwalt bezeichnet, schrumpfte aber nach und nach zu einem kleinen Schreiber zusammen, der den Geschäftsleuten in der Umgebung die Bücher führte.

Diese kleinen, man möchte fast sagen liebenswerten Menschlichkeiten machen die Überprüfung der Angaben natürlich schwierig. Aber sie sprechen wiederum für die Echtheit: Nur wer etwas ganz Persönliches preisgibt, wer Angst hat, er könnte sich verraten oder bloßstellen, braucht derartige Versteckspiele. Andererseits zeigen solche Mogeleien aber auch, daß der Einfluß des Hypnotiseurs doch nicht so groß sein kann, wie manchmal befürchtet wird. Wer den Hypnotiseur anlügen kann, ist ihm mit Sicherheit nicht willenlos ergeben.

Sodann geraten die Erinnerungen in der Hypnose, ebenso wie die bei vollem Bewußtsein, gelegentlich durcheinander. Virginia veränderte ihre Persönlichkeit völlig, sobald sie Bridey war. Sie sprach dann anders. Bald mit dem dünnen Stimmchen eines kleinen, erschreckten Mädchens, bald mit der zittrigen, kraftlosen Stimme der alten, lebensmüden Frau – je nachdem, in welcher Szene Bridey gerade war. Sie sprach irische Dialekte und sogar gälisch.

Manchmal war sie so sehr in der damaligen Zeit, daß sie nicht mehr wußte, was ein Auto ist, weil es zu Brideys Lebenszeit noch keine Autos gab. Sie wußte dann auch nicht mehr, wer sie befragte und reagierte mitunter recht heftig und ungeduldig: »Wer bist du? Warum willst du das wissen? Das habe ich doch schon erzählt.«

Manchmal war es aber auch so, als sähe sie das frühere

Leben aus heutiger Sicht und mit den Erfahrungen dieses Lebens. Und dann konnte es sogar passieren, daß beide Leben, das von Bridey und das von Virginia, ineinander verflossen. Sie wurden eins. Untrennbar.

Gerade dieses Einswerden aber eröffnet ungeahnte, neue Möglichkeiten: Sollte es möglich sein, daß Menschen in diesem Leben leiden müssen, weil sie in einem früheren Leben Leid erfuhren? Weil sie damals einen Schrecken erlebten, gequält wurden, eine Angst durchlitten, mit der sie nicht fertig wurden?

Kann man — falls das so ist — solche Patienten von ihrer Angst, ihren Phobien, von Kopfschmerzen und Schlaflosigkeit und schlimmeren Übeln heilen, indem man sie zurückführt in das frühere Leben und sie noch einmal erleben läßt, was damals passierte, damit sie fortan die Ursache ihrer Beschwerden kennen und damit auch die Panik davor verlieren?

Der Begründer der Psychoanalyse, der Wiener Arzt Sigmund Freud, entdeckte, daß belastende Erlebnisse in der frühen Kindheit an vielen psychischen Erkrankungen erwachsener Menschen schuld sind. Hypnoseärzte wissen heute, daß man oft noch weiter zurückgehen muß. Auch eine verletzende Erfahrung während des Aufenthalts im Mutterleib kann Spuren hinterlassen und lebenslang bedrücken und quälen, ebenfalls ohne daß man bewußt um die Ursache weiß. Ganz tief, unerreichbar tief in der Seele ist der Schrecken verborgen.

Sollte die Bildung von Komplexen noch weiter zurückreichen? Etwa in ein früheres Leben? Kann mein jetziges Glück mit einer jahrhundertealten Hypothek belastet sein?

3. Kapitel

Das Strafgericht am Himmelfahrtstag

»Nehmen Sie mir die Angst. Diese entsetzliche Angst. Sie drückt mir die Kehle zu. Ich kann das nicht mehr aushalten. Bitte, helfen Sie mir!«

Die junge Frau läßt sich auf einen Stuhl fallen. Sie ist außer Atem. Erschöpft wie ein Wild, das man gehetzt hat. Die nackte Angst steht ihr ins Gesicht geschrieben. Unruhig und voller Argwohn huschen ihre Augen durch das Behandlungszimmer des Psychotherapeuten.

»Helfen Sie mir.« Leise, fast gehaucht klingt die Bitte.

Frau Lilo Kohler aus Augsburg, 22 Jahre alt, verheiratet, ist am Ende. Seit sie sich erinnern kann, wird sie geplagt von dieser grundlosen, unfaßbaren Angst vor Menschen. Vor jedem Blick, der sie treffen könnte, vor jeder Geste und vor jedem Wort, das an sie gerichtet wird.

Angst, für die es keine Erklärung gibt, von der man nicht einmal weiß, wovor und warum.

Schon als kleines Mädchen wehrte sich Lilo mit Händen und Füßen dagegen, in die Schule gehen zu müssen. Sie weinte, versteckte sich im Kleiderschrank und wurde schließlich sogar ernsthaft krank. Ein Nervenfieber schüttelte das zarte Geschöpf. Die Eltern und der Arzt waren ratlos.

Sie konnten nicht ahnen, was für ein schreckliches Erlebnis hinter dieser Angst steckte. Welche Schande Lilo erfahren hatte.

Nicht in diesem Leben, sondern — vor fast 500 Jahren. Lilo selbst konnte sich nicht daran erinnern. Natürlich nicht. Sie wußte zwar, daß manche Menschen und ganze Völker an eine Wiedergeburt glauben. Doch für sie war so etwas einfach unvorstellbar.

Sie hatte einiges gelesen über die unfaßbaren Kräfte der Seele, die den Körper krank und gesund machen können. Sie kannte Berichte über das Jenseits, über Kontakte mit Verstorbenen und dergleichen mehr. Doch das alles hielt sie für Phantastereien. Für reines Wunschdenken. Eine Sehnsucht vielleicht, für die es keinerlei stichhaltige Beweise gab. Wenn tatsächlich noch etwas anderes hinter diesem irdischen Leben existieren sollte, dann war es zumindest bisher dunkel, verborgen, unzugänglich geblieben.

Und doch: Irgendeine Erinnerung, das spürte Lilo, schlummerte in ihr. Ganz vage, dumpf wußte sie, daß irgendwann etwas Grauenvolles mit ihr passiert war. Aber was? Und wann?

Jetzt sollte die Erinnerung geweckt werden. Lilo sollte erfahren, warum sie als kleines Mädchen nicht mit anderen Kindern spielen wollte, sondern sich in ihrem Zimmer verkroch. Warum die Mutter sie fast mit Gewalt vor die Tür schieben mußte. Warum ihr Herz wie rasend zu pochen begann und sich in ihrem Gesicht feuerrote Flecken bildeten, sobald sie fremde Menschen traf. Jetzt sollte ihr so mancher geheimnisvolle Zwischenfall plötzlich verständlich werden.

Etwa jener Tag, an dem Berti, ein Schulkamerad, mit ihr ins Kino gehen wollte:

Mit 14 Jahren war Lilo ein auffallend schönes Mädchen. Sie trug das schwarze, glatte Haar streng und straff um das schmale Gesicht, das nur aus zwei riesengroßen Augen zu bestehen schien. Augen, erschrocken wie der Blick eines Babys und gleichzeitig wissend, erfahren wie der einer Frau, die das Leben von allen Seiten kennt.

Die Mitschüler rissen sich darum, Lilo auf dem Schulweg begleiten zu dürfen. Sie nannten sie die »schwarze Madonna«. Die Bewunderung in ihren Blicken und Äußerungen konnte Lilo nicht verborgen bleiben. Man mochte sie.

Das war ein wundervolles Gefühl. Zum erstenmal schien die krankhafte Scheu nachzulassen.

Und dann kam jener erste und einzige Kinobesuch mit Berti. Lilo stand zitternd vor dem Eingang. Ihre Hände waren eiskalt und feucht. Ihr Atem flog. »Bitte, laß uns wieder gehen«, stammelte sie. »Ich kann nicht.« Aber Berti lachte nur, packte sie an der Schulter und schob sie ins Foyer. Er hielt sie an der Hand, als er die Eintrittskarten löste. Ein paar Freunde drehten sich um, kamen näher und machten ihre Bemerkungen. »Sieh an, unsere ‚schwarze Madonna' ist da. Mensch, Berti, du bist ein Glückskind. Dürfen wir uns neben euch setzen?«

So ging das ein Weilchen weiter. Das alles war völlig harmlos. Doch Lilo spürte plötzlich, wie die Panik in ihr wuchs. Ihr Herz schlug im Hals, sie rang nach Atem. Das Gesicht brannte. Die Leute begannen, sich vor ihren Augen zu drehen. Da schlug Lilo zu. Sie trat Berti mitten ins Gesicht — und rannte davon. Hinterher saß sie zu Hause und fragte sich verzweifelt: Warum nur? Warum habe ich mich so unmöglich benommen?

Oder der peinliche Augenblick nach der Trauung in der Kirche.

Mit 19 heiratete Lilo. Und diese Hochzeit war wiederum eine einzige Flucht vor den Menschen. Sie klammerte sich an Sebastian Kohler, einen Freund ihres Vaters und fast doppelt so alt wie sie selbst. Bei ihm fühlte sie sich geborgen. Am Hochzeitstag war Lilo unsagbar glücklich. Bis zu dem Augenblick, als sie am Arm ihres Mannes aus der Kirche trat. Da standen seine Freunde vom Tennisklub. Sie hatten ein Spalier gebildet, wobei sie die Schläger zu einem Triumphbogen in die Höhe hielten. Lilo stockte der Atem. Sie blieb stehen, brach in Tränen aus und lief davon.

Fortan lebten Sebastian und Lilo in einem kleinen Häuschen vor der Stadt. Man sah die »schwarze Madonna« nicht mehr. Sie versteckte sich. Und die Angst begann erneut zu wachsen.

Sebastian gab sich viel Mühe, seiner Frau zu helfen. Immer wieder paukte er ihr ein: »Es gibt nichts, wovor du dich fürchten müßtest. Nichts. Also ist deine Angst unsinnig.«

Lilo nickte: »Und genau das macht sie so unheimlich. Wenn ich bloß wüßte, warum ich vor Menschen erschrecke.«

Als alles Reden nichts half, wollte Sebastian seine Frau zwingen, mit ihm zusammen unter Menschen zu gehen. Doch er konnte es dann doch nicht ertragen, sie derart leiden zu sehen. Lilo versteckte sich und begann sich zu vernachlässigen. Sie machte sich nicht mehr hübsch, trug nur noch alte Kleider und ließ die Haare strähnig um den Kopf hängen. Nun konnte es keinen Zweifel mehr geben: Lilo war ernsthaft krank. Sie mußte in psychiatrische Behandlung.

Die Diagnose lautete: Phobie. Zwangsneurose. Der Arzt erklärte seiner jungen Patientin, daß diese unbegründete, zwanghafte Angst ihre Ursache vermutlich in einem traumatischen Erlebnis der früheren Kindheit habe. Lilo mußte immer wieder von ihren Kindheitserlebnissen erzählen.

Sie bekam beruhigende Medikamente. Doch nach zwei Jahren hatte sich so gut wie nichts geändert. Die Ursache der Angst blieb unentdeckt.

Weder Lilo noch der Psychiater konnten ahnen, daß sie nicht in der Kindheit hätten suchen sollen, sondern viel weiter zurück. Jahrhunderte weiter.

Lilo weigerte sich, die Behandlung fortzusetzen.

Das war der Zeitpunkt, als Sebastian von dem Münchner »Institut für Außerordentliche Psychologie« erfuhr, in dem eine ganz neue Methode praktiziert wird, eine Art Hypnose, in der das Leben vom gegenwärtigen Augenblick aus rückwärts aufgerollt wird, bis der Punkt gefunden ist, der die Angst auslöst. Ein Punkt, der möglicherweise vor der Geburt, in einem früheren Leben liegt.

Die Rückwanderung durch das bisherige Leben, durch die Kindheit, die Zeit im Mutterleib — über den Augenblick der Zeugung hinaus bis zu einem Zeitpunkt, da aus dem Dunkel plötzlich neue Erinnerungen auftauchen, ist keineswegs so ganz leicht und auf Anhieb zu schaffen. Frau Lilo Kohler brauchte 13 Sitzungen, rund 25 Stunden Hypnose, bis es endlich soweit war. Wie die meisten Patienten sperrte sie sich zunächst ganz entschieden gegen die Hypnose und war so verkrampft, daß es ihr unmöglich war, sich einfach fallenzulassen. Der Hypnotiseur mußte sie erst mit einem Entspannungstraining Schritt um Schritt vorbereiten.

Die Zeit existiert nicht mehr ...

Doch dann kam der große Augenblick. Lilo Kohler lag ganz ruhig in dem bequemen Entspannungssessel. Vom Tonband kam leise elektronische Meditationsmusik. Die monotone Stimme des Hypnotiseurs lullte sie in die Hypnose: »Sie schlafen — ganz tief. Ganz fest. Ihr Schlaf wird immer tiefer — immer tiefer — immer tiefer wird Ihr Schlaf. Sie fühlen sich wohl. Ihr Körper ist entspannt. Sie atmen ruhig und gleichmäßig. Sie schlafen tief und fest. Tief und fest. Sie werden so lange schlafen, bis ich Ihnen den ausdrücklichen Befehl gebe aufzuwachen. So lange schlafen Sie tief und fest. Erst wenn ich den Befehl gebe aufzuwachen, werden Sie wieder Ihre Augen öffnen. Vorher nicht. Sie können im Schlaf alles hören, was ich Ihnen sage. Alles — Sie spüren jetzt, wie es wärmer wird, immer wärmer, immer wärmer. Es wird heiß — noch heißer — Sie beginnen zu schwitzen. Der Schweiß läuft Ihnen von der Stirne — Sie versuchen, sich Kühlung zu verschaffen — Jetzt wird es kühler, kühler und immer angenehmer. Jetzt fühlen Sie sich wohl — wunderbar wohl — Sie schlafen ganz tief, ganz fest. Wir gehen nun in Ihrem Leben zurück, die Zeit spielt für uns keine Rolle. Sie sind 20 Jahre alt. Wir gehen weiter. Jetzt sind Sie 15 Jahre — Sagen Sie, was Sie sehen!«

Lilo Kohler atmet schwer. Sie Stimme kommt zögernd, fast so wie die eines leicht Betrunkenen. »Ich gehe zur Schule — Es ist kalt —«

Der Hypnotiseur führt die Patientin immer weiter in die Kindheit zurück. Er läßt sie im Abstand von etwa fünf Jahren in zwei, drei Sätzen berichten, was sich gerade ereignet.

Dann taucht der Augenblick der Geburt auf, zwei, drei Eindrücke vom Leben im Mutterleib werden sichtbar. Und danach ist plötzlich nichts mehr da.

»Was sehen Sie jetzt?« fragt der Hypnotiseur.

»Nichts — Nichts«, kommt die Antwort. Lilo schüttelt den Kopf.

»Wir gehen noch weiter zurück. Können Sie etwas sehen?«

Wieder veneint Lilo Kohler. »Es ist alles dunkel.«

»Wir gehen so weit zurück, bis es hell wird. Immer weiter zurück. Sehen Sie etwas?«

Und dann ist der Augenblick gekommen, in dem die junge Frau, die auf der Liege des Psychotherapeuten liegt, plötzlich behauptet, nicht mehr Lilo Kohler zu sein, geboren am 11. Mai 1953 in Augsburg, sondern eine junge Französin. Sie lebt in diesem Augenblick — aber nicht in München, sondern in dem kleinen Dorf Beaufort. Und es ist jetzt auch nicht mehr der 4. Juni 1975, sondern der 19. Mai 1496. Das Fest der Himmelfahrt.

Aber beide, Lilo Kohler und die junge Französin, die vor fast 500 Jahren lebte, sind ein und dieselbe Person. Wenigstens sagt das Lilo Kohler. Alles, was die Zwanzigjährige vor so langer Zeit an jenem Feiertag vor der Kirche durchmachen mußte, erlebt Lilo Kohler jetzt noch einmal. Sie windet sich auf der Liege, zittert vor Pein, wird abwechselnd rot und wachsbleich vor Scham. Ihr Gesicht ist angstverzerrt, schweißgebadet. Der Puls jagt. Die Stimme klingt gepreßt. Die Worte kommen stockend, gehetzt, stoßweise, als würde tatsächlich alles genau in diesem Augenblick passieren:

So etwas vergißt man nie …

»Sie schneiden mir die Haare ab — Die Leute lachen mich aus — Ich mag das nicht, wie mich alle anstarren und auslachen — Ein alter Mann legt ein dickes Seil um meinen Hals — Er tut so, als ob er mich erwürgt, aufhängt — Er schlägt mich — Stößt mich vorwärts — Die Leute machen eine Gasse — Ich muß hindurch — Sie reißen mir die Kleider vom Leib — Ich schäme mich so — Ich habe nur noch das Hemd an — Halbnackt — Nein, ich bin ganz nackt — Nur ein Kettchen mit einem kleinen Herz hängt noch an meinem Hals — Und alle gaffen — Stoßen mich — Lachen — Ich muß hindurch — Ich renne, weg — Ich laufe — Laufe — Für mich wird es nur noch Schande geben — An meinem Körper wird immer etwas Schmutziges bleiben — Immer etwas hängenbleiben — Wenn man mich aufgehängt hätte, das wäre nicht so schlimm — So etwas ist viel schlimmer. Das trägt man immer mit sich herum. Vergißt man nie — Nie — Nie —«

Die ganze Geschichte, die Lilo nach und nach auf der Liege erzählt: Das junge französische Mädchen war dabei erwischt worden, wie es sich im Wald von einem verheirateten Mann verführen ließ. Zur Strafe mußte es am 19. Mai 1496, einem hohen Festtag, vor der Kirche des Dorfes Beaufort splitternackt Spießruten laufen. Man stieß es durch die versammelten, gaffenden Kirchgänger, verspottete das arme Ding, machte schmutzige Bemerkungen, schlug es und ergötzte sich an seiner panischen Angst. Auch der Liebhaber stand in der Menge.

»Es steht noch jemand da, den ich kenne: der Mann, den ich liebte. Er schaut nur hin. Nicht böse, nein, das nicht. Nur so. Ein leerer Blick. Keine Liebe. Kein Haß. Schrecklich. Schrecklich. Wenn ich allein mit ihm war, hat es mir doch nichts ausgemacht. Da sieht er mich nackt. Aber jetzt! Ich habe ihn noch lieb. Ich weiß, wir werden uns niemals wiedersehen. Niemals.«

Bevor Lilo Kohler in der Hypnose zurückgeführt wird

zum 4. Juni 1975, bekommt sie vom Hypnotiseur den posthypnotischen Befehl: »Sie werden sich an alles, was Sie eben erlebt haben, erinnern, wenn Sie wieder wach geworden sind. Sie werden deswegen nicht mehr erschrecken, sondern frei sein.«

Und dann wird sie aufgeweckt — liegt da und strahlt. Atmet auf wie eine, die ein riesiges Abenteuer glücklich hinter sich gebracht hat. Frau Kohler ist noch bleich, angegriffen von den durchgemachten Strapazen, aber sie fühlt sich erlöst, erleichtert.

»Jetzt weiß ich endlich, warum ich so große Angst vor Menschen hatte. Jetzt ist mir alles klar: das Gefühl der Schande von damals. Wird man ein so schreckliches Erlebnis tatsächlich nie wieder los? Auch in einem späteren Leben nicht?«

»Sie sind es los«, versichert der Hypnotiseur — und er behielt recht. Frau Kohler ist vom selben Augenblick an gesund, wenngleich sie selbst auch noch nicht so recht daran glauben kann. Doch jeder neue Tag, jeder neue Schritt auf die Straße zeigt ihr: »Ich habe keine Angst mehr.« Sie kann unbehindert ins Kino gehen und Theater besuchen. Sie ist frei.

Ohne Zweifel, das alles klingt reichlich mysteriös und unglaubhaft. Die erste Regung, liest man einen solchen Bericht, muß doch sein: Das ist alles Unsinn. Quatsch. Ein Hirngespinst. Es widerspricht ganz einfach all unseren Vorstellungen.

Aber: Welche andere Erklärung als die der Wiedergeburt könnte man finden?

Und was steckt wirklich dahinter?

Eines ist ganz sicher: Lilos Geschichte stammt nicht aus Indien, wo die Menschen seit Jahrtausenden ganz selbstverständlich an die Seelenwanderung glauben. Sie wird uns auch nicht von irgendeinem Sagenerzähler aus grauer Vorzeit berichtet.

Lilos Heilung ereignete sich mitten unter uns. In München, im Jahre 1975. Das, was Lilo als »ihr« eigenes Erlebnis vor 500 Jahren schilderte, ist festgehalten auf einem Tonband, nachzulesen in dem Buch von Thorwald Dethlefsen (1). Das Tonband ist wesentlich ausführlicher. Hier konnte es nur stark gerafft wiedergegeben werden.

Man kann das Ganze auch nicht einfach als Phantastereien abtun. Schließlich ist Frau Kohler durch das, was sie selbst für eine Erinnerung hält, geheilt worden.

Einige hundert Ärzte und Psychotherapeuten haben aus der »age regression« längst eine Heilmethode gemacht, die sich, ihren Berichten zufolge, immer wieder aufs neue als sehr heilsam erweist. Der Münchner Therapeut Thorwald Dethlefsen nennt die neue Heilmethode *Reinkarnationstherapie.*

Wie viele andere, so hat auch er mit der Hypnose zunächst gespielt. Das war eine Attraktion, die man Freunden bei geselligem Zusammensein bieten konnte. Etwas, das jeden fesselte.

Im Juni 1968 war es wohl auch nicht viel mehr als Neugierde, die Dethlefsen veranlaßte, das Spielchen auf die Spitze zu treiben.

Die Freunde lauschten atemlos. Ein junger Mann hatte unter Hypnose aus seiner Kindheit erzählt und auch ein paar Eindrücke aus der Lebenszeit im Mutterleib wiedergegeben.

Da wagte Dethlefsen den folgenschweren Schritt über dieses jetzige Leben hinaus. Er sagte: »Wir gehen jetzt noch weiter zurück. Und zwar so lange, bis du auf ein Ereignis stößt, das du genau schildern und beschreiben kannst. So lange gehst du in der Zeit zurück ...«

Und tatsächlich, das Experiment gelang. Der Hypnotisierte wurde unruhig, veränderte seine Sprache und erinnerte sich daran, im 19. Jahrhundert der Stallknecht Guy Lafarge in einem kleinen Ort im Elsaß gewesen zu sein.

Wie alle anderen, so ist auch Thorwald Dethlefsen in diesem Augenblick zutiefst erschrocken. »Eine Mischung aus Ehrfurcht und Angst hinderte mich daran, das Experiment häufig zu wiederholen.«(4)

Vom Spiel zur Heilmethode

Inzwischen kommen nicht mehr die Neugierigen zum Hypnotiseur, sondern Kranke. Es geht längst nicht mehr darum, Sensationen in der eigenen Vergangenheit aufzuspüren, sondern man sucht Heilung.

Heilung von Ängsten, Depressionen, Hemmungen, Beklemmungen, Fehlverhalten, die möglicherweise ihre Ursache in einer traumatischen Erfahrung in einem früheren Leben haben. Oft sagen diese Menschen etwa: »Mich bedrückt etwas, ohne daß ich wüßte, was es ist. Etwas, das ausgesprochen werden muß.«

Die Hypnoanalyse, also die Erforschung der Vergangenheit eines Menschen mit Hilfe der Hypnose, eine Kombination von Hypnose und Psychoanalyse, ist vor allem in Amerika längst keine Sensation mehr, sondern eine durchaus gebräuchliche und weithin anerkannte Heilmethode. Nur: Man macht in der Regel in den frühen Kindertagen mit dem Aufrollen des Lebens halt, weil man eben davon ausgeht, daß frühere Erinnerungen von den körperlichen Voraussetzungen her gar nicht existieren können.

Thorwald Dethlefsen und viele Hypnotiseure sind nun der Ansicht, daß das völlig falsch ist. Sie glauben: Alles, was in diesem Leben als vermeintliche Ursache seelischer Schwierigkeiten auftauchen kann, ist nur eine Kleinigkeit, die sich wie Eisenspäne an einen bereits vorhandenen Magneten angeheftet hat. Entfernt man diese Späne, dann wird der »Komplex« kleiner, vielleicht sogar so klein, daß man ihn fortan verkraften und relativ zufrieden und unbehindert leben kann. Jederzeit können sich aber neue »Metallstückchen« an den Magneten anlegen, so daß die Schwierigkeiten erneut auftauchen. Deshalb muß der »Magnet« gefunden werden. Er, der Kern aller Probleme, findet sich aber praktisch immer in einem früheren Leben.

Das klingt gar nicht so abwegig, betrachtet man folgendes Beispiel:

Vase—Lampe—Autounfall—Glaswarentransport

Berthold, 26jähriger Student, galt als ruhiger, zuverlässiger, freundlicher junger Mann. Er war so begabt und intelligent, daß ihm eine glänzende Karriere als Jurist sicher schien. Bis zu jenem Tag, an dem er versehentlich eine Blumenvase vom Tisch stieß und sich an den Scherben den Finger zerschnitt. Der unbedeutende Vorfall löste eine ganze Kettenreaktion von Beschwerden aus. Berthold begann plötzlich, unentwegt sein Zimmer zu fegen. Überall vermutete er Scherben. Er putzte und schrubbte wie ein Besessener. Seine Studentenbude durfte nur betreten, wer sich zuvor als absolut sauber und frisch gewaschen ausweisen konnte. Berthold selbst wurde von seinem Waschzwang fast zum Wahnsinn getrieben. Seine Eltern mußten schließlich einen Psychiater zu Hilfe rufen.

In Hypnose fand man zunächst einen Autounfall. Berthold war eineinhalb Jahre alt. Er saß auf dem Schoß seiner Mutter in einem Jeep, als dieser von der Straße abkam und gegen einen Baum schleuderte. Es passierte nicht viel, aber Berthold wurde gegen die Windschutzscheibe geworfen und zerschnitt sich die rechte Wange. Er blutete stark aus der ansonsten harmlosen Fleischwunde.

Der Arzt glaubte schon, die Ursache für Bertholds Neurose gefunden zu haben: Die Splitter der Vase hatten an jenen weit zurückliegenden Unfall mit seinem Schrecken gerührt, ohne daß Berthold sich wirklich daran erinnern konnte.

Doch bald stellte sich heraus: Der Kern der Angst war noch nicht entdeckt. In einer weiteren Hypnosesitzung erzählte der Student von einem Erlebnis während der Geburt: Er war eben geboren, die Hebamme hielt ihn hoch und zeigte ihn der Mutter. Da gab es einen fürchterlichen Knall. Die Fensterscheiben zersplitterten, die Lampe stürzte von der Decke. Berthold wurde von einem Splitter am Oberarm getroffen. Ein winziger Schnitt ohne Folgen war alles. Doch der Schrecken, ausgelöst vom Einschlag einer Granate in den letzten Tagen des Weltkriegs, hatte die Seele des Kindes offenbar tiefer verletzt. Bertholds Mutter bestätigte beides: den Unfall im Jeep und den Granateneinschlag während der Geburt.

Nur: Der eigentliche Schock waren auch der Knall und der leichte Kratzer unmittelbar nach dem ersten Atemzug nicht. Erst bei der Rückwanderung in ein früheres Leben stieß man auf ihn: Berthold erzählte, er habe vor 500 Jahren in Spanien als Kaufmann gelebt. Auf der Rückkehr aus Italien wurde er von Räubern überfallen. Er hatte in Venedig Glaswaren eingekauft. Als die Räuber bei ihm kein Geld, nichts Eßbares und auch keine anderen Wertsachen fanden, gerieten sie so sehr in Wut, daß sie den Kaufmann in seinen Wagen warfen, mitten hinein in Gläser und Leuchter. Und sie zertrümmerten die Glaswaren auf ihm so lange, bis er endlich tot war.

Erst jetzt, nachdem Berthold diese Geschichte kannte, atmete er sichtbar erleichtert auf — und wurde rasch gesund.

Und ein paar andere Fälle, die Zusammenhänge zwischen »früher« und »heute« aufzeigen, aufgezeichnet von Thorwald Dethlefsen, der amerikanischen Psychotherapeutin Dr. Edith Fiore (5), Dr. Morris Netherton / Dr. Nancy Shiffrin (2) und anderen:

Ein Fall wie der andere

Der Fall Inge: Frau Inge hatte Angst, sie bekäme rote Flecken im Gesicht, sobald sie unter Menschen tritt. An diesen Flecken, so meinte sie, könnten ihr alle ansehen, daß sie Geschlechtsverkehr hatte. Sie schämte sich so, daß sie am liebsten gar nicht mehr auf die Straße gegangen wäre. In der Hypnose erzählte Inge, sie sei als junge Christin im alten Rom gebrandmarkt worden, weil sie sich schon vor der Hochzeit mit einem Mann eingelassen hatte. Man drückte ihr kleine Schwämmchen »mit etwas Klebrigem, das rotbraun ist« auf die Haut, die dadurch verätzt wurde.

Der Fall Elizabeth: Die 35jährige Frau, verheiratet, Mutter von drei Kindern, lebte in panischer Angst, ihren Kindern könnte etwas zustoßen, wenn sie diese auch nur für einen Augenblick alleine läßt. Sie fühlte sich seit jeher von schweren Schuldgefühlen geplagt und fürchtete sich vor verschlossenen Türen. Sie wurde krank, wenn sie Blut sah, und hatte immer wieder einen Alptraum: Es bricht jemand in ihr Haus ein und bringt alle mit einem Messer um.

In einer sehr schwierigen Rückführung in ein früheres Leben, bei der sich Elizabeth lange und verbissen weigerte, eine Antwort zu geben, kommt schließlich heraus: Vor rund 100 Jahren war sie Sarah, eine junge Frau, die bei ihrem Bruder auf dem Land lebte. Er war verheiratet und hatte ebenfalls drei Kinder. Eines Abends folgte Sarah einer Einladung eines Nachbarn, um mit ihm und seiner jungen Frau die Rückkehr von der Hochzeitsreise zu feiern. Sie geht, obwohl sie das unbestimmte Gefühl hat, sie müsse unbedingt zu Hause bleiben. Als sie zurückkehrt, hat ihr Bruder seine Frau und die Kinder ermordet und gräßlich verstümmelt — mit einem Messer.

Das Seltsame an dieser Geschichte: Elizabeth glaubt, in ihrem Vater den Bruder von damals wiederzuerkennen. Die Schwägerin des früheren Lebens, so meint sie, sei diesmal ihre Mutter. Und die ermordeten Kinder seien in diesem Leben ihre eigenen Kinder.

Tatsächlich können die Kinder ihren Großvater überhaupt nicht ausstehen und gehen ihm aus dem Weg, wo immer er auftaucht. Ja, sie hassen ihn, der, ebenso wie Sarahs Bruder, ein schwerer Trinker und ein gewalttätiger Mensch ist.

Die Kinder können auch niemals ohne Furcht im oberen Stockwerk des Hauses sein, haben furchtbare Angst, sobald irgendein Gegenstand gegen ihr Gesicht gerichtet wird. Vor Messern besitzen sie geradezu Abscheu.

Der Fall Joe: Der 35jährige Jurist litt unter schwerer Schlaflosigkeit. In den meisten Nächten brauchte er vier Schlaftabletten — und konnte am nächsten Morgen nicht wach werden. Er war bald kaum mehr fähig, sich auf seine Arbeit zu konzentrieren und stand doch unmittelbar vor dem Staatsexamen. Inzwischen rauchte er 60 Zigaretten täglich und war nahe daran zu resignieren.

In Hypnose erzählte er folgende Geschichte: In seinem früheren Leben war Joe Dale Short, der Sohn eines tüchtigen US-Marshalls in Kentucky. Sein Vater wurde erschossen. Er selbst wuchs auf im Haß auf die Mörder, wurde selbst ein guter Schütze und begleitete als solcher Postkutschen und Siedlertrecks. Einmal, er war gerade 20 geworden, wurde seine Wagenkolonne von Indianern überfallen. Die harmlosen Leute, die er begleitete, konnten sich nicht wehren und wurden niedergemacht. Er selbst entkam, wurde aber tagelang von den Indianern verfolgt — Tage und Nächte, in denen er kein Auge zutun konnte, weil die Indianer immer in der Nähe lauerten. Nachdem er sich in Sicherheit gebracht hatte, überfiel er zunächst eine Postkutsche und erbeutete 1500 Dollar. Nach einem kurzen Aufenthalt in Mexiko kehrte er in seine Vaterstadt zurück, wurde Sheriff und bald darauf Marshall. Ein berühmter Mann, der die Verbrecher geradezu herausforderte, sich mit ihm zu messen. Wiederum mußte er höllisch aufpassen, daß er nicht überrumpelt wurde. Es galt, überaus wachsam und auf dem Posten zu sein. Schließlich erwischte es ihn dann doch: Er wurde nachts durch ein Fenster erschossen.

Joe versicherte: »Da gibt es zwischen den beiden Leben doch eine ganze Menge von Parallelen: Schießen, das ist schon immer mein Lieblingssport gewesen. Und ich bin verdammt gut darin. Wie Dale schließe ich mich von anderen Menschen ab. Ich bin wie er ein Einzelgänger, der keinen an sich heranläßt. Ich besitze ebenfalls die Fähigkeit, die Schwächen anderer sofort zu entdecken.«

Joe kann seit der Hypnosebehandlung schlafen wie ein Murmeltier. Ohne Medikamente. Und sein Staatsexamen hat er ebenfalls längst hinter sich.

Der Fall William: Der 29jährige war Asthmatiker, allergisch gegen Katzenhaare und Hühnerfedern. Wenn er nur in die Nähe einer Katze oder eines Hühnerhofs kam, wurde er krank. Und gleichzeitig plagte ihn ein unstillbarer Hunger. Eine regelrechte Freßsucht. Er wog 50 Kilogramm zu viel, und alle Bemühungen dagegen waren völlig zwecklos.

Die Hypnose ergab: William war 1781 ein 20jähriger Matrose auf dem Schiff »Sally May«. Er hieß Tom Jones. Unterwegs auf dem Atlantik gab es auf dem Schiff nichts mehr zu essen. Der Hunger war schrecklich, die ganze Mannschaft litt an Skorbut. In seiner Not stahl Tom ein Huhn des Kapitäns, rupfte und verspeiste es. Nur eine Katze hatte ihn bemerkt, und die wollte nun ihren Anteil. Aber Tom trat sie zur Seite. Das Tier schrie und verriet so den Hühnerdieb. Er bekam als Strafe 30 Peitschenhiebe mit der »neunschwänzigen Katze«, an deren Enden kleine Bleikugeln befestigt waren.

Interessanterweise konnte William später, obwohl er sich niemals mit Schiffen beschäftigt hatte, sehr genaue Angaben über die »Sally May« machen und auf einem Bild ein ganz ähnliches Schiff erkennen. Er wußte plötzlich sehr viel über die einstige Lebensweise eines Matrosen und über Gewohnheiten an Bord. Alle Überprüfungen gaben ihm recht.

Und nach der Hypnosebehandlung verschwanden die Allergien gegen Katzenhaare und Hühnerfedern. Und er war befreit vom Drang, ständig essen zu müssen.

Der Fall Patricia: Die 28jährige Frau, seit acht Jahren mit Mark, einem gutaussehenden, tüchtigen 32jährigen Mechaniker verheiratet, war noch Jungfrau. Die beiden verstanden sich glänzend. In allen Belangen. Nur in der Liebe ging nichts. Mark hatte alles versucht. Selbst Gewalt. Patricia erschrak allein schon bei dem Wort »Sex« und verkrampfte bis ins Innerste hinein. Alle Versuche, diesen Widerstand zu brechen, scheiterten kläglich. Mark hielt sich schließlich für einen jämmerlichen Versager, Patricia wurde von Tag zu Tag eifersüchtiger, mißtrauischer, nervöser.

In der Hypnose erzählte Patricia eine sonderbare Geschichte: Sie lebte angeblich zwischen 1815 und 1832 in der schwedischen Stadt Knightstown als Kimberly Bjorg. Und sie hatte einen etwas älteren Bruder George. Seit dem 10. Lebensjahr trieb sie mit ihm zunächst harmlose, dann immer intimere Sexspielchen. Schließlich wurden die beiden ein heimliches Liebespaar. Bis George dann heiratete.

Zum selben Zeitpunkt aber erwartete Kimberly ein Baby von ihm. Ihm wollte sie es nicht sagen, mit den Eltern oder anderen Leuten konnte sie auf keinen Fall darüber sprechen. Sie wußte keinen Ausweg mehr und stürzte sich von einem Berg in den Abgrund.

Der Fall Oliver: Der 37jährige Wiener Geschäftsmann leidet unter großen Schuldgefühlen. Nachts wacht er auf und murmelt: »Ich muß jetzt gehen. Ich darf nicht mehr warten.« Aber wohin sollte er gehen? Welche Pflicht drängte ihn? »Mir ist«, so sagte er zu seiner Frau, »als müßte ich etwas ganz Dringendes tun. Kennst du das Gefühl, daß man abends, wenn man ins Bett geht, plötzlich glaubt, irgend etwas Wichtiges vergessen zu haben? Genauso ist das bei mir. Nur noch stärker, dringlicher.«

In Hypnose sah Oliver immer wieder die eine, schreckliche Szene: Er war im Ersten Weltkrieg als Unteroffizier Franz Hiltner an der Front in Südtirol. Er ist losgeschickt worden zu einer Stellung hoch oben in den Bergen, um den Truppen dort zu melden, daß die Stellung umgehend geräumt werden muß.

Unterwegs ließ sich Hiltner mit einem Bauern in ein kurzes Gespräch ein und folgte schließlich der Einladung zu einer Vesper. Südtiroler Bauernspeck, kerniges Brot und Rotwein. Hiltner saß und saß, und es wurde immer später. Als er endlich aufbrach, war es fast Abend. Hiltner kannte den Weg. Er ist ihn schon einige Dutzend mal gegangen. Doch heute verirrte er sich. Plötzlich war er in unwegsamem, fremdem Gelände, aus dem es kein Vor und kein Zurück mehr gab. In seiner Not versuchte der Unteroffizier, kerzengerade den Berg hinaufzusteigen. Er verfehlte aber einen Tritt und stürzte ein paar Meter ab. Die ganze Nacht lag er mit geschwollenem Knöchel in einer kleinen Mulde. Gegen Morgen passierte es dann: Mit lautem Getöse und grellem Feuerschein flog die Stellung der Kameraden im Berg oben in die Luft. Keiner hat überlebt. Als Hiltner die Katastrophe sah, die er hätte verhindern können, zog er seine Pistole und erschoß sich.

Der Fall Harrison: Der junge Augenarzt aus San Francisco, verheiratet, Vater eines neun Monate alten Sohnes, ließ von einem Tag auf den anderen alles im Stich: seine Praxis, seine Familie, seine Freunde. Er sagte: »Ich kann nicht mehr. Meine Kopfschmerzen! Ich habe Kopfschmerzen. Jeden Morgen. Wenn ich nichts dagegen einnehme, wird daraus eine ausgewachsene Migräne. Ich muß mich übergeben, wickle feuchte Tücher um den Kopf. Doch es hilft alles letztlich nichts.«

Der Hintergrund, der in einer Rückwanderung aufgedeckt wurde: Harrison sieht seine Mutter. Sie ist im siebten Monat schwanger und sagt zu ihrem Mann: »Ich habe Kopfschmerzen.« Der Mann dreht sich um und gibt zur Antwort: »Du hast immer Kopfschmerzen. Steh auf und mach das Frühstück — Du machst mir seit Jahren Kopfschmerzen.«

Und dann ist Harrison plötzlich in einem früheren Leben. Er sieht sich frühmorgens in einem Wald. Dort trifft er verbotenerweise ein Indianermädchen, das ihn sehr liebt: »Es geht schon eine ganze Zeit — Jeden Morgen oder so — Ich mag sie gern. Es ist ein sehr enges Verhältnis — Aber heute stimmt etwas nicht — Sie schreit auf: Überall sind Indianer. Sie haben mich eingekreist. Kämpfen ist sinnlos. Der am prächtigsten Geschmückte wirft mir ein Lederband über die Stirn. Mit einem Stock dran, den man drehen kann, damit es immer enger wird.

‚Das passiert mit Männern, die unsere Frauen wegnehmen', sagt der Häuptling. Er dreht das Band enger und enger. Alles, was ich möchte, ist ohnmächtig werden. Der Schmerz ist unerträglich. Da, ein Schnappen. Ein Schnappen. Mein Schädel! Einen Moment lang blendendes Licht. Dann nichts. Ich bin nicht mehr da.«

Auffallend an dieser Geschichte: Die Kopfschmerzen kamen immer morgens. Beim Augenarzt, bei seiner Mutter. Das Strafgericht der Indianer im Wald fand ebenfalls frühmorgens statt: Die Indianer haben dem Weißen, der ihr Mädchen liebte, den Kopf eingedrückt. Der Augenarzt war, nachdem er das wußte, seine Kopfschmerzen los.

Der Fall Kay: Die junge Frau stand kurz vor ihrer Hochzeit und freute sich riesig darauf. Bei einer routinemäßigen Vorsorgeuntersuchung fand der Arzt Krebs im Anfangsstadium. Er riet dringend dazu, die kranke Gebärmutter völlig zu entfernen. Kay hätte also niemals Mutter werden können. Das war ein Schock!

Beim Psychotherapeuten sah Kay folgende Geschichte aus ihrem früheren Leben: »Ich liege auf dem Bett. Ein Mann, der neben mir steht, sagt: ‚Was mir jetzt noch gefehlt hat, ist ein weiteres Kind.‘ Wir sind in einem aus Stein erbauten Haus. Ich bringe gerade ein Kind zur Welt. Wir sind zu dritt. Ich, meine Hebamme und mein Mann. Es ist wohl irgendwo in Europa — Gemälde an der Wand. Jagdbilder und solche Sachen — Ich presse sehr stark. Und er sagt: ‚Was mir jetzt noch gefehlt hat, ist dieses Kind — zu den zehn, die wir schon haben. Tausend Dank. Elf Jahre, zehn Kinder. Allmächtiger Gott!‘

Die Hebamme versucht, ihn zu beruhigen und sich gleichzeitig um mich zu kümmern. Aber nie zuvor war es wie diesmal. Ich schaffe es einfach nicht. Ich weiß nicht, was passiert. Die Hebamme weiß es. Wir blicken einander an. Jetzt kommt das Kind. Sie sagt: ‚Es ist etwas falsch. Es kommt nicht richtig. Oh, Jesus, die Gebärmutter reißt. Sie reißt auf —‘ Ich spüre Panik. Und etwas Warmes. Etwas läuft mir die Beine herunter. Ich werde ohnmächtig. Das letzte, was ich höre: ‚Ihre Mutter hat gesagt, sie sei zu schwach, sie hätte nie heiraten sollen —‘«

Hatte Kay Angst vor der Heirat? Unbewußt Angst vor einer Schwangerschaft? Dr. Netherton sagt dazu:

Ich habe schon lange das Gefühl, daß Krebs der »Auswuchs« emotionaler Probleme ist, wenn ich auch nie behaupten würde, daß der physische Schaden, den ein einmal ausgebrochener Krebs angerichtet hat, behoben werden kann, wenn man die ursächlichen psychischen Schwierigkeiten aufdeckt.

Bei Kay scheint »die Aufdeckung« trotzdem geholfen zu haben: Eine erneute Untersuchung zeigte, daß keine Spur von Krebs mehr vorhanden war. Die Hochzeit fand termingerecht statt. Zwei Jahre später wurde Kay Mutter eines gesunden Jungen.

Selbstverständlich sind solche Berichte nicht leicht zu begreifen. Noch schwerer ist es, sie zu deuten. Andererseits kann man aber auch nicht unberührt daran vorbeigehen. Denn: Einmal stammen sie nicht nur von einem Arzt, sondern von mehreren. Zum anderen verhelfen die »Erinnerungen« zur Heilung.

Welche Deutungsmöglichkeiten gäbe es denn, wollte man unbedingt der Wiedergeburt ausweichen?

Alles nur Suggestion?

Das häufigste Argument gegen die Hypnoseanalyse überhaupt:

Der Hypnotisierte erzähle doch nur, was der Hypnotiseur ihm suggeriere. Also immer genau das, was jener hören will.

Man weiß schließlich, wie weit des Einfluß des Hypnotiseurs auf sein »Opfer« reichen kann. Nicht umsonst ist die Frage bis heute letztlich ungeklärt, ob man einen labilen Menschen mit Hypnose sogar zu einem Mord bringen kann.

Die sogenannten »posthypnotischen« Befehle funktionieren nämlich recht zuverlässig, wie folgendes Beispiel zeigt:

In einer Runde sitzen einige Leute. Ein Hypnotiseur hat einen jungen Mann in Trance versetzt. Jedermann weiß, daß der Hypnotisierte Zwiebeln überhaupt nicht ausstehen kann. Schon allein ihr Geruch verursacht ihm Übelkeit. Als er noch ein Kind war, wollte ihn der Vater zwingen, seine Abneigung zu überwinden. Er mußte ein Stück Zwiebelkuchen essen. Doch er erbrach sich augenblicklich und war ein paar Tage lang krank.

Nun aber sagt der Hypnotiseur: »Wenn du aufgewacht bist, wirst du mit großem Appetit ein Stück Zwiebelkuchen verspeisen. Sobald du den zweiten Schnaps getrunken hast, verspürst du ein unstillbares Verlangen nach Zwiebelkuchen.«

Kurze Zeit später wird das Medium aufgeweckt, man plaudert, lacht, trinkt. Der junge Mann weiß nichts von dem Befehl. Und niemand verrät ihm ein Wort darüber. Nach dem zweiten Gläschen Schnaps leckt der zuvor Hypnotisierte genüßlich seine Lippen und sagt: »Ein Königreich für ein Stück Zwiebelkuchen. Wer weiß, wo ich jetzt einen warmen Zwiebelkuchen bekomme? Wollt ihr nicht mit mir zum Zwiebelkuchenessen gehen?« Als niemand Interesse zeigt, zieht er sich an und geht, obwohl es draußen in Strömen gießt, hinunter zum Gasthaus, um sich von dort Zwiebelkuchen zu holen. Und dann verspeist er ihn mit Hochgenuß.

»Das war das beste, was ich je in meinem Leben zwischen die Zähne bekommen habe«, strahlt er.

Er weiß nicht, warum er das getan hat und wieso ihm plötzlich die bisher so verhaßten Zwiebeln schmeckten. Er meint, das alles wäre ihm eben eingefallen, und er hätte nach freiem Willen und aus eigener Entscheidung gehandelt. Er findet für sein Tun sogar eine plausible Erklärung: »Zwiebeln sind das beste Mittel gegen Arteriosklerose. Das habe ich gelesen. Die Leute im Balkan werden so alt, weil sie Zwiebeln essen. Dieses Porzellan mit dem Zwiebelmuster hat mich eben daran erinnert. Ich werde von jetzt ab mein Leben verändern. Man muß sich in der Gewalt haben!«

Übrigens: Am nächsten Tag schon konnte er Zwiebeln wiederum nicht mehr leiden. Er hielt seine »Verirrung« für eine Art kindische Mutprobe. Selbstüberwindung oder so.

Hypnose ist tatsächlich immer noch eine etwas unheimliche Sache, von der niemand so ganz genau weiß, was wirklich dabei passiert. Deshalb ist die Theorie von der direkten Beeinflussung des Hypnotisierten nicht abwegig. Dabei wird dem Hypnotiseur natürlich keine böse Absicht unterstellt. Es könnte ja sein, daß sein Medium irgendwie seine Gedanken auffängt, ohne daß er darum weiß und es will.

Dagegen spricht ganz einfach und sehr einleuchtend, daß viele Aussagen hypnotisierter Menschen überprüfbar sind, überprüft wurden und sich als richtig herausstellten. Ereignisse, die der Hypnotiseur nicht kennen oder erfinden konnte.

Wenn ein Patient dem Arzt in Hypnose Details aus den ersten Lebensjahren und sogar von seiner Geburt erzählt, die hinterher von der Mutter, dem Arzt, der Hebamme, dem Vater als zutreffend bestätigt werden, dann scheidet der Hypnotiseur als »Informationsquelle« aus. Er kann die Aussagen nicht suggeriert haben, denn ihm selbst waren die Einzelheiten, die zutage traten, ja unbekannt. Niemand käme deshalb bis zu diesem Zeitpunkt auf die Idee, das, was der Patient sagt, ihm, dem Hypnotiseur, zuzuschieben.

Der Patient hat Ereignisse als eigene Erinnerungen wiedergegeben. In der Hypnose ist er auf etwas gestoßen, was er bisher nicht deutlich wußte, vielleicht aber doch verborgen in sich trug.

Warum aber sollte nun während ein und derselben Hypnose ein plötzlicher Sprung vom Gedächtnis des Patienten auf Suggestionen des Hypnotiseurs stattfinden?

Es ist einfach unwahrscheinlich, daß eine Hypnose bis zu einem Zeitpunkt »stimmt« (weil es bis dahin plausibel und einigermaßen vernünftig klingt) und dann plötzlich »falsch« wird (weil es jetzt nicht mehr in die Vorstellungen paßt).

Viele Tonbandprotokolle zeigen zudem, daß Hypnotisierte auf suggestive Fragen meistens sehr patzig, unwillig reagieren. Sie durchschauen die Absicht des Hypnotiseurs. Sie wehren sich gegen seinen versuchten Eingriff. Und das manchmal sehr energisch. In solchen Augenblicken kann es zwischen Hypnotiseur und Hypnotisiertem zu einem harten Ringen kommen. So beispielsweise dann, wenn es darum geht, etwas Peinliches aufzudecken.

»Wer sind Sie überhaupt? Warum wollen Sie das wissen, was geht Sie das an?« fragt der Hypnotisierte böse.

»Ich will Ihnen nur helfen. Ich bin Ihr Freund«, beschwichtigt der Hypnotiseur.

»Aber ich sage es Ihnen nicht. Ich weigere mich. Ich kann darüber nicht sprechen.«

Und oft, es war davon schon die Rede, sind Hypnotisierte auch so sehr in jenem früheren Leben »drüben«, daß sie nicht mehr wissen, was ein Auto oder eine Waschmaschine, was elektrischer Strom oder ein Gewehr ist. Mit Fangfragen sind sie dann nicht hereinzulegen. Ihr Verwunderung, daran kann es keinen Zweifel geben, ist absolut echt. Nicht gespielt.

Aber: Läßt sich denn nicht mit Sicherheit, wissenschaftlich korrekt nachweisen, ob die Suggestion des Hypnotiseurs wirklich ausgeschlossen werden kann?

In Dahn in der Pfalz fand ein entsprechendes Experiment statt: Eine junge Frau wurde in Hypnose in ein früheres Leben zurückgeführt. Doch der Hypnotiseur war in diesem Augenblick gar nicht zugegen. Die Fragen stellte — ein Tonband. Und eine Maschine kann wohl kaum suggerieren. Oder doch ...?

4. Kapitel

Eine Maschine spürt acht Leben auf

Das ist ein aufregender Augenblick.

Die alte Arztvilla in Dahn in der Rheinpfalz steht leer. Nur im ehemaligen Wartezimmer ist Licht. Die dunklen Vorhänge sind zugezogen. Der Raum gleicht einem Aufnahmestudio. Über den Boden zieht sich ein unentwirrbares Kabelnetz. Kameras, Mikrophone und Scheinwerfer sind auf einen großen schwarzen Ledersessel in der Ecke gerichtet.

In diesem Sessel liegt Frau Karin Wohlfahrt, Studienrätin aus Heidelberg und 34 Jahre alt. Sie trägt einen Kopfhörer und spricht mit leiser, schläfriger Stimme. Frau Wohlfahrt ist in Hypnose. Ganz ruhig, entspannt liegt sie da. Die langen, schwarzen Haare reichen über die Schultern herunter. Die Hände sind leicht auf die Stuhllehnen gelegt. Die Hypnotisierte hat die Augen geschlossen, als würde sie schlafen.

Doch sie schläft nicht. Sie hört und spricht. Sie lächelt und sieht manchmal auch richtig erschrocken aus.

Aber niemand ist da, der sie sieht und hört. Außer ihr befindet sich kein Mensch im Haus. Dennoch wird jede Regung der Karin Wohlfahrt minutiös registriert. Kamera und Mikrophon sind auf Aufnahme geschaltet.

Im Nebenraum surrt ein Videobandgerät. Das Fernsehbild zeigt Frau Wohlfahrt, zeigt ihr Lächeln, zeigt erschrockene Reaktionen. Tonbänder zeichnen auf, was sie erzählt. Sobald sie eine Pause macht, schaltet sich ein weiteres Tonband ein und stellt ihr eine neue Frage. Und Frau Karin Wohlfahrt antwortet wiederum.

Es ist Sonntag, der 27. August 1978, 17.10 Uhr. In der

Villa in Dahn findet eine »Welturaufführung« statt. Hier wird Geschichte gemacht.

Zum erstenmal seit Bestehen der Welt läßt sich ein Mensch in Hypnose von einem Tonband interviewen. Der Hypnosearzt Claus H. Bick organisierte dieses Experiment — ein wahrhaft ungewöhnliches Unternehmen. Zwei Journalisten waren als »Zeugen« dabei — und beeindruckt.

Vor den Augen der Kamera berichtet Frau Wohlfahrt von ihrer Jugend, von Erlebnissen aus ihrer Kindheit. Sie schildert ihre eigene Geburt, als wäre sie als Zuschauerin bei der Entbindung dabeigewesen. Sie erlebt noch einmal das wundervolle Gefühl der Geborgenheit im Mutterleib.

Und dann kommt der entscheidende Augenblick. Die Stimme vom Tonband sagt: »Wir gehen weiter zurück. Immer weiter. Vor die Zeit Ihrer Zeugung. So weit, bis Sie wieder etwas sehen. Bis ein neues Leben auftaucht. Vor hundert Jahren. Was war da?«

Frau Karin schüttelt den Kopf: »Nichts.«

»200 Jahre vor Ihrer Zeugung. Was sehen Sie?«

Die Frau in Hypnose zögert, atmet heftig. Das Tonband will schon weiterfragen, da antwortet sie mit dünner Stimme: »Die Treppe. Die alte Treppe. Sie führt hinunter in den Saal mit den vielen Säulen. Da sitzen alle um den großen Tisch. Ich muß hinunter und nachsehen, ob alles in Ordnung ist. Ich bin Stella —«

Die Zeugen hören diese Sätze draußen vor dem Haus. Über Kopfhörer. Sie fragen sich: Ist hier wirklich etwas Außergewöhnliches, etwas Besonderes passiert?

Möglicherweise sogar mehr, als wir alle im Augenblick noch erfassen können. Zum erstenmal konnte nämlich nachgewiesen werden, daß das, was Hypnotisierte von früheren Leben erzählen, aus ihrer eigenen Erinnerung auftaucht und ihnen von niemandem aufgezwungen oder eingeredet oder auf sonst eine Weise suggeriert wird. Der Hypnotiseur, der seine Versuchsperson hätte beeinflussen können, war nicht zugegen. Er unterhielt sich, während die Tonbänder liefen, in deutlicher Entfernung vom »Tatort« mit Leuten über völlig andere Themen. Er konnte weder hören noch sehen, was sich im ehemaligen Wartezimmer der Arztvilla abspielte, in der schon sein Vater als Hypnosearzt praktizierte.

Damit ist eines der wichtigsten Argumente gegen die Interviews mit hypnotisierten Personen entkräftet. Der Hypnotiseur kann kein Scharlatan sein. Und eine direkte Beeinflussung durch ihn findet nicht statt. Die Interviews müssen also noch ernster genommen werden, als das bis jetzt schon geschehen ist. Sie sind echt.

Und noch eines wurde an jenem 27. August 1978 deutlich — und auch davon konnten sich die Reporter an Ort und Stelle überzeugen: Es gibt über frühere Hypnosesitzungen mit Frau Karin Wohlfahrt einen Farbfilm. Das Band vom 27. August 1978 ist mit dem Film von 1975, von kleinen Ergänzungen oder unwesentlichen Variationen abgesehen, praktisch identisch. Frau Wohlfahrt erzählte von nicht weniger als vier Inkarnationen. Demnach hätte sie vor 200 Jahren als Stella, vor 450 Jahren als Elisabeth, vor 800 Jahren als Tama und vor 1900 Jahren als Hauku gelebt. Auf anderen Tonbändern geht die Reise sogar noch weiter zurück, so daß letztlich insgesamt acht Inkarnationen aufgespürt wurden.

Man ist plötzlich mitten drin

Das bestätigt, was sich inzwischen bei vielen hundert Reisen in die Vergangenheit gezeigt hat: Die Hypnotisierten erzählen nicht irgendwelche zufälligen Geschichten, immer neue Dinge, andere Fabeln, sondern immer dieselben Erlebnisse.

»Das ist zuerst wie ein Film«, sagte Karin Wohlfahrt später. »Man sieht eine Szene. Eine Landschaft, ein Haus, einen Raum. Und dann plötzlich ist man mitten drin in diesem Bild. Nicht mehr als Zuschauer, sondern als Hauptakteur. Und dann weiß man ganz sicher, daß man die gesehene Person selbst ist. Man fühlt mit ihr, denkt mit ihr, empfindet Freude oder Leid mit ihr, weiß, wer Vater und Mutter und Geschwister sind, und kennt die Leute, mit denen man damals zu tun hatte.« Frau Wohlfahrt ist fest davon überzeugt, alle acht Leben tatsächlich gelebt zu haben. »Das Wissen darum«, so meint sie, »ist keinerlei Belastung, sondern im Gegenteil eine Befreiung. Ich lebe heute viel bewußter, gelöster, wesentlicher.«

Bei dem Experiment in der Arztvilla in Dahn gibt es plötzlich, mitten im Interview, eine technische Panne. Die komplizierte Apparatur streikt. Das Band stellt zwar präzise, wie vorgesehen, seine Fragen, doch Frau Karins Antworten werden schleppender, schwerfälliger, die Pausen zwischen den einzelnen Wörtern länger. Und diesem neuen Rhythmus vermag sich die Technik nicht anzupassen.

»Kehren wir wieder zurück in die Zeit 450 Jahre vor Ihrer Zeugung. Schildern Sie uns noch einmal, was Sie da sehen«, kommt die Aufforderung vom Tonband.

Frau Karin rückt unruhig in ihrem Sessel. Sie ist jetzt verärgert. Sie mag nicht mehr.

»Das hab ich doch schon alles — Warum willst du es überhaupt wissen, was geht es dich eigentlich an?« fragt sie gereizt zurück.

Ungerührt fährt das Band fort: »Jetzt gehen wir zehn Jahre weiter. Sie sind gewachsen. Wo sind Sie?«

»Ich bin — das ist —«

»Und wiederum fünf Jahre. Wo sind Sie jetzt —?«

»Im Haus — aber —«

»Und noch einmal fünf Jahre. Sind Sie noch da?«

»Nein. Doch, ja — Da ist —«

Das Tonband kennt keine Geduld. Unerbittlich kommt Frage auf Frage. Die Antworten läßt es völlig unbeachtet. Es schaltet sich ein, sobald nicht mehr gesprochen wird.

Frau Karin ist heillos verwirrt. Noch immer versucht sie brav zu antworten, aber sie kommt nicht mehr dazu, weiß nicht mehr, in welchem Leben sie sich befindet. Sie atmet immer heftiger, wirft den Kopf hin und her. Das ist ein kritischer Augenblick. Die Journalisten rufen den Hypnosearzt. Claus H. Bick kommt herbeigeeilt, schaltet das Tonband aus und fragt selbst weiter. Nach ein paar Augenblicken hat sich Frau Karin wiedergefunden. Und nun erzählt sie weiter, als wäre überhaupt nichts vorgefallen.

»Da ist ein kleines Mädchen. Ich bin das. Ich spiele am Bach. Vor der Hütte. Wir sind arm. Ganz arm.«

»Wo ist Ihr Vater?«

»Ich hab keinen Vater.«

»Warum nicht? Wo ist er?«

»Ich weiß es nicht. Mutter und ich sind allein.«

Der Hypnosearzt läßt nicht locker: »Jetzt suchen wir Ihren Vater. Du bist ganz klein. Eben geboren, sehen Sie jetzt Ihren Vater?«

Frau Karin schüttelt den Kopf. »Nein. Er ist nicht dabei.« »Dann gehen wir noch weiter zurück. Zum Augenblick der Zeugung. Sehen Sie jetzt Ihren Vater?«

Frau Karin schüttelt den Kopf, sagt aber nichts. Ihr Gesicht rötet sich, beginnt zu zucken.

»Sie müssen ihn sehen. Schließlich war er doch da. Also. Was sehen Sie?«

Frau Karin schluckt. Sie zögert. Dann kommt es ganz leise, kaum verständlich: »Mutter geht spazieren im Wald. Sie ist allein. Aber da kommt ein Mann hinter ihr her.«

»Wie sieht er denn aus, dieser Mann?«

»Er ist jung. Blond. Einer von denen, die so herumziehen. Die sind mal hier, mal dort. Seine Kleider sind abgerissen. Aber die waren einmal vornehm. Das Hemd schaut an den Ärmeln unter der Jacke hervor und reicht bis zu den Fingern.«

»Was passiert jetzt?«

»Der Mann begrüßt meine Mutter. Sie gehen miteinander und sprechen miteinander. Mutter hat Angst. Und dann — dann legt er die Hand um Mutters Taille. Sie wehrt sich. Sie will nicht. Sie stößt ihn zurück. Aber er ist sehr kräftig. Er wirft sie zu Boden. Reißt ihr das Kleid auf — Nein, ich will das nicht mehr sehen — Er vergewaltigt meine Mutter.« Frau Karin schluchzt und bedeckt das Gesicht mit den Händen. »Was passiert danach?« fragt der Arzt mit beruhigender Stimme.

Frau Karins Stimme wird immer dünner. »Er geht. Er geht einfach davon. Läßt meine Mutter liegen und geht. Sie wird ihn nie wiedersehen —«

»Verlassen wir diese Szene. Wir sind jetzt 800 Jahre vor der Zeugung. 800 Jahre. Wo sind Sie denn da?«

»Ich sitze auf einem Esel. Ein Mann hat mich mitgenommen.«

»Einfach mitgenommen?«

»Ja. Niemand will mich haben. Ich habe keine Eltern. Ein Bauer gibt mich an den anderen weiter, weil mich keiner haben will. Meine Eltern sind erschlagen worden.«

»Und jetzt hat Sie also ein fremder Mann mitgenommen?«

»Ja. Aber da sind Kinder. Die spielen. Ich springe vom Esel herunter und bleibe da. Hier ist es schön. Das sind Leute, die mit einem Wagen übers Land ziehen. So wie Zigeuner —«

»Gehen wir zehn Jahre weiter. Wie alt sind Sie jetzt? Wie heißen Sie eigentlich?«

»Ich heiße Tama. Ich bin 17 Jahre alt. Wir reisen immer noch mit dem Wagen.« Lacht still in sich hinein. »Ich bin schön. Schöne lange Haare —«

»Und wo sind Sie mit 25 Jahren?«

»Ich bin in einem wunderschönen großen Haus. Mein Mann ist reich. Adelig.«

»Wie heißt er, Ihr Mann?«

Nach langer Pause: »Das weiß ich nicht mehr.«

»Aber Sie sind sicher, daß er adelig ist?«

»Natürlich. Da ist doch das Wappen über dem Türbogen. Ein weißer Grund. In der rechten Ecke unten ist ein silbernes Blatt und oben, in der anderen Ecke, sind Dreiecke —«

»Gehen wir noch zehn Jahre weiter. Sehen Sie etwas?«

»Ja. Ich fahre in einer Kutsche. Ich muß oft fahren. Das

gehört zu meinen Aufgaben. Aber da liegt ein Baumstamm über dem Weg — Der Kutscher sieht ihn nicht. Ich schreie, er reißt die Pferde zurück. Zu spät. Die Kutsche fällt um. Oh, das tut weh. Mein Kopf — Ich bin auf einen Stein gefallen — Ich bin tot — Der Kutscher legt mich in die umgefallene Kutsche, in das weiche Futter des Verdecks. Er spannt das Pferd aus und reitet zum nächsten Ort. Mein Mann kommt. Sie legen mich auf einen Wagen und fahren mich nach Hause —«

Später erzählt Frau Karin noch von einem Leben vor 1900 Jahren. Sie sieht sich als kleinen Jungen (!) namens Hauku, der auf einer Insel lebt, nachdem er von einem fremden Stamm gefangengenommen worden war ...

Man ist reichlich verwirrt — und ratlos, wenn man, zweieinhalb Stunden lang, Zeuge einer solchen Hypnosesitzung war.

Eines scheint sicher: Gespielt oder getäuscht wird hier nicht. Frau Karin Wohlfahrt müßte eine unwahrscheinlich perfekte Schauspielerin sein, könnte sie das alles so überzeugend durchstehen, wäre es nicht echt. Aber was steckt wirklich dahinter?

Vom »Hobby« zur Heilmethode von morgen?

Frau Karin ist ganz zufällig zu solchen Sitzungen gekommen. Vor Jahren war sie krank. Schwer krank. Kein Medikament konnte ihr helfen. Ja, es drohte ihr sogar die Einlieferung in eine geschlossene Pflegeanstalt, weil ein Arzt sie für schwer psychisch gestört hielt. Frau Karin litt unter entsetzlicher Angst. Sie sah alle Menschen verzerrt, verschoben, »verrückt« im wahrsten Sinn des Wortes. Auch ihr eigenes Spiegelbild schwamm und gaukelte ihr Fratzen vor, die sie zu Tode erschreckten.

Als es kaum noch eine Hoffnung für sie gab, kam sie zu dem Hypnosearzt Claus H. Bick in Dahn. Und dieser Arzt hat sie geheilt. Mit der sogenannten Hypnoanalyse: Er wanderte mit Frau Karin in die Vergangenheit zurück, um die Augenblicke und Ereignisse zu finden, die den schweren seelischen Konflikt ausgelöst hatten.

Eines Tages — während der Behandlung — erklärte sie sich dann dazu bereit, auch in frühere Leben zu blicken. Sie wußte, daß der Hypnosearzt schon viele hundert solcher Experimente gemacht hatte. Heute ist Frau Wohlfahrt eine gesunde, lebenslustige, tüchtige Frau, die ihrem Beruf mit viel Freude nachgeht. Über die zurückliegenden Schwierigkeiten lacht sie nur: »Das ist doch alles vorbei. Das kann mich nicht mehr kratzen.« Und dann fügt sie hinzu: »Es ist schade, daß nicht viel mehr Menschen über diese wunderbare Heilungsmöglichkeit Bescheid wissen.«

In der Felsenland-Klinik in Dahn wird die Hypnose als Heilmethode seit über 50 Jahren erfolgreich praktiziert. Schon der Vater von Claus H. Bick benützte die Hypnose. Er selbst gilt seit langem als einer der besten Kenner der Hypnose auf der ganzen Welt. Seine Therapie ist international anerkannt. Seine Heilerfolge sind so bemerkenswert, daß sogar die Krankenkassen den Aufenthalt in seiner Klinik zum größten Teil übernehmen.

Die Rückführung von Patienten in frühere Leben ist für den Forscher ein »wissenschaftliches Hobby«, das er so nebenbei betreibt. Seit Jahrzehnten. In den Archiven von Dr. Bick lagern viele hundert Tonbänder, Filme und Videobänder-Dokumente unglaublicher Begebenheiten.

Das Experiment vom 27. August 1978 ist letztlich kein wissenschaftlich eindeutiger Beweis dafür, daß bei der Hypnose keine Suggestion stattfindet. Doch dieser Beweis dürfte nun auch nicht mehr lange auf sich warten lassen. Schon heute hält wohl niemand mehr ernsthaft an der Suggestion als Deutungsversuch für Hypnoseberichte fest. Aber: Wie anders könnte man dann die Geschichte erklären, um nicht doch wieder bei der Wiedergeburt zu landen?

Das ererbte Gedächtnis

Dr. Claus H. Bick bietet eine Theorie an, die sehr einleuchtend klingt und einiges für sich hat:

Vermutlich wird alles, was ein Mensch in seinem Leben erfährt, unauslöschlich in sein Gedächtnis eingeprägt. So unauslöschlich, daß es auch dann noch vorhanden ist, wenn wir meinen, es längst vergessen zu haben. Dieses komplette Gedächtnis könnte nun aber möglicherweise als Erbanlage an die Nachkommen weitergegeben werden. Ohne daß ein Kind darum weiß, daß es diesen riesigen Erfahrungsschatz von Eltern, Großeltern und unendlich vielen Vorfahren besitzt, handelt es in vielen Situationen richtig, weil eben unbewußt diese ererbte Erinnerung, ein bestimmtes Wissen, vorhanden ist.

Das würde bedeuten: Das, woran Menschen sich in Hypnose erinnern, ist nicht ihr eigenes, früheres Leben, wohl aber eine eigene Erinnerung. Wir selbst hätten also nicht schon einmal gelebt, sondern das Gedächtnis unserer Vorfahren wäre ein Stück von uns geworden und so sehr in Fleisch und Blut übergegangen, daß alles, was es enthält, als eigenes Erlebnis empfunden und erinnert wird.

Mit dieser Theorie könnte man tatsächlich eine ganze Reihe bisher unerklärlicher Vorgänge deuten.

Denken wir nur an die Dinge, die wir mit dem Begriff »Instinkt« bezeichnen.

Da ist beispielsweise ein kleiner Vogel. Im Frühjahr beginnt er kunstvoll und geschickt, meisterlich geschickt, sein Nest zu bauen. Niemand hat ihm gezeigt, wie das geht, welches Material er suchen muß, wie er es haltbar zusammenflechten soll. Er kann es einfach. Und es wird genau dasselbe Nest, ähnlich gut geschützt und vor Feinden verborgen wie das Nest der Eltern, das Nest der Großeltern, das Nest aller Amseln oder Spatzen oder Schwalben.

Woher hat der Vogel sein »Rezept«? Wieso beherrscht er seine »Kunst« auf Anhieb?

Oder das Fohlen: Kaum geboren, stellt es sich auf seine

dünnen Beinchen und sucht die Milchquelle bei seiner Mutter. Und wenn es diese gefunden hat, beginnt es zu trinken, als hätte ihm irgendwer gesagt, wie das geht. Wie man das macht.

Man hat solche Handlungen, die geradezu automatisch gelingen, mit dem Begriff »Instinkt« belegt. Aber was ist das, Instinkt? Vielleicht das ererbte Gedächtnis, von dem man so gut wie nichts weiß, das uns aber in so vielen Situationen richtig leitet?

Man weiß neuerdings, daß sich Lernerfahrungen tatsächlich vererben lassen. Eine ganze Reihe eindeutiger Experimente hat dies bewiesen. Etwas folgender Versuch:

Ein winziges Tierchen bekam einen leichten Stromstoß, der es zusammenzucken ließ. Nun warnte man das Tierchen vor. Jeweils kurz vor dem Stromstoß leuchtete ein Lämpchen auf. Bald zuckte das Tierchen immer schon beim Aufleuchten des Lämpchens. Es hatte erfahren: Jetzt kommt gleich der Stromstoß. Es wußte: Lämpchen und Stromstoß gehören zusammen. Das eine geht dem anderen voraus.

Und nun die Nachkommen des Versuchstierchens? Sie zuckten ebenfalls beim Aufleuchten des Lichts — obwohl gar kein Stromstoß mehr folgte. Sie zuckten — grundlos, weil sie offensichtlich eine Erfahrung besaßen. Keine eigene Erfahrung, sondern ein ererbtes Wissen: Wenn das Licht aufleuchtet, passiert etwas. Dunkel, unbestimmt, wußten sie etwas — und wußten sie doch nichts. Vielleicht war es nicht viel mehr als eine ungewisse Ahnung.

Könnten etwa ähnlich die Erinnerungen an ein früheres Leben gedeutet werden?

»Die Frau, die kenne ich doch ...!«

Dr. Bick glaubt, in vielen Rückführungen in frühere Leben immer wieder auf »Familienketten« gestoßen zu sein. Nicht eigenes Erleben, sondern die schlimmen Erfahrungen eines

Urgroßvaters, eines Vorfahren im Mittelalter oder gar in der Steinzeit wurden seiner Meinung nach erinnert.

Wie Karin Wohlfahrt, so berichteten andere in der Hypnose, sie hätten ihre Eltern, ja sogar die Großeltern vor der eigenen Geburt schon gekannt und »gesehen«, gemocht oder abgelehnt:

»Ich muß bald wieder zurück. Ich glaube, mein nächstes Leben wird ein bißchen besser«, sagte Frau Wohlfahrt in einer Sitzung, als ein Leben eben zu Ende gegangen war und der Hypnosearzt sie um ein paar Jahre weiterführte.

»Wohin mußt du zurück?«

»Ich werde wieder geboren.«

»Und warum glaubst du, daß es diesmal besser wird? Kennst du denn deine Eltern schon?«

»Klar. Ich kann sie sehen. Die wandern gerade Hand in Hand. In der Steiermark. Zwischen Weinbergen. Es ist ein herrlicher Tag. Die Frau, die meine Mutter sein wird, trägt ein Dirndl mit weißen und blauen Streifen. Der Vater hat Lederhosen an. Und riesige Bergschuhe. Und ein rotkariertes Hemd. Er lacht und freut sich. Er sieht gut aus. Richtig schneidig.«

Und dann schildert Karin, wie die beiden in ein Gasthaus gehen, dort ein Zimmer nehmen — und sich der Liebe hingeben.

Nach einiger Zeit wird sie aufgeregt: »Aber die Frau, die kenne ich doch. Natürlich. Das letztemal war sie meine kleinere Schwester. Die Anni. Und jetzt wird sie meine Mutter sein. Ich mag sie schon jetzt.«

Der Hypnotiseur unterbricht an dieser Stelle.

»Gehen wir ein paar Tage zurück. Sagen wir acht Tage. Kannst du deine Eltern jetzt auch sehen?«

Karin Wohlfahrt zögert. »Nicht genau. Es ist alles so verschwommen. Doch — Aber sie befinden sich weit auseinander. Vater ist in Berlin. Er schaufelt. Er arbeitet wie ein Besessener an einem Trümmerhaufen. Er sucht seine Mutter. Sie liegt da drunter. Sie ist tot. Aber das weiß er natürlich noch nicht.«

»Und wo ist deine Mutter?«

»Sie ist in Wien. In einem Büro. Sie arbeitet und schaut recht traurig drein, weil sie schon lange keine Post mehr bekommen hat.«

»Gehen wir noch weiter zurück. Siehst du auch deine Großeltern?«

»Ja. Der Großvater ist Gärtner. In einem Schloß. Die Großmutter hilft ihm beim Blumenschneiden. Mutter hat keine Eltern. Sie ist Vollwaise. Sie wird nie erfahren, wer ihre Eltern waren. Aber ich kenne sie. Zwei ganz junge Leute. Beide blond. Sie ertrinken bei einer Bootsfahrt. Kurz nach Mutters Geburt.«

Ganz »gerade« geht die Erinnerung innerhalb der Familie rückwärts, so daß man hier wirklich annehmen könnte, die Bilder, die wie kurze Filmszenen aus dem Gedächtnis auftauchen, schildern tatsächlich kein eigenes Erleben, sondern sind Bruchstücke ererbter Erinnerungen.

Obwohl zwei Dinge auffallen: Einmal werden Eltern und Großeltern aus einem gewissen Abstand geschildert. Man »schaut« ihnen zu, als wäre man irgendwie dabei. Und es wird niemals gesagt: »Das bin ich«, während es bei anderen Rückerinnerungen doch anscheinend keinerlei Zweifel gibt, »ich mache dies, erleide jenes«.

So oder so bleibt die Frage: Sollte ein Mensch tatsächlich irgendwie schon vor seiner eigenen Zeugung dabei sein, sei es wirklich als Seele, die wiedergeboren wird, oder sei es, daß die ererbte Erinnerung in ihm weiterlebt — dann müßten wir völlig umdenken. Wir müßten lernen, nur noch gute Gedanken zu denken, weil tatsächlich, wie die alten Weisen es immer wieder behauptet haben, jeder böse Gedanke mörderisch wäre.

Wir könnten plötzlich verstehen, warum in so vielen Familien nur Haß und Friedlosigkeit herrschen, warum ein Kind etwa seine Mutter ablehnt: Man kennt sich gegenseitig durch und durch. Und zwar viel besser noch, als man ahnt.

Wenn das tatsächlich so wäre, dann wüßte jeder Mensch,

ob er von seiner Mutter und von seinem Vater von Anfang an geliebt und angenommen oder abgelehnt wurde.

»Ich komme wieder ...«

Hierher gehört eine Geschichte aus Alaska. Jan Stevenson, Professor der Psychiatrie und Direktor der parapsychologischen Abteilung an der Universität von Virginia, hat sie aufgezeichnet (6) und an Ort und Stelle exakt überprüft:

Ein alter Mann sagte zu seinen Kindern: »Ich komme wieder. Als euer Sohn.« Und er kam wieder. Oder doch nicht? Jedenfalls kam alles so, wie er es angekündigt hatte:

Dem alten Kapitän, ein Tlingit-Indianer in Alaska, fiel der Abschied schwer. Die Fischer vor dem Haus drängten zur Abfahrt, denn die Sonne war schon aufgegangen. Aber William George, sonst immer der erste an Bord, ungeduldig, voller Drang und Dynamik, konnte sich an diesem Julitag 1949 nicht trennen. Umständlich knüpfte er an seinem Bündel herum. Dann ging er, als wollte er noch einmal alles in sich aufnehmen, durch das ganze Haus. Vom Keller bis zum Dachboden. Schließlich saß er gedankenverloren, stumm am Fenster und blickte auf die Bucht hinunter. Langsam, fast feierlich, schlürfte der 60jährige mit den langen, grauen Haaren und dem dünnen, kaum sichtbaren Bart seinen Tee.

Plötzlich durchbrach er die Stille. Er wandte sich an seinen Sohn Reginald und an die Schwiegertocher Susan: »Nun hört mir gut zu«, begann er umständlich. »Glaubt ihr an die Wiedergeburt? Natürlich glaubt ihr. Ich bin jetzt ein alter Mann und werde es bald wissen. Also paßt auf. Wenn an dieser Wiedergeburt wirklich etwas dran ist, dann sollt ihr es erfahren. Ich will mit euch einen Vertrag abschließen: Wenn es eine Wiedergeburt gibt, dann komme ich wieder zu euch. Ich werde euer Sohn sein, und ihr werdet mich wiedererkennen.« Nach langem Schweigen setzte er hinzu: »Schaut her: Diese Muttermale werde ich auch in meinem nächsten Leben besitzen. Und sie werden genau an denselben Stellen sein.« Er zog sein Hemd zur Seite und zeigte einen Pigmentfleck auf dem linken Schulterblatt von der Größe eines Silberdollars. Dann krempelte er den linken Ärmel hoch und deutete auf einen zweiten am Unterarm, der genau gleich aussah.

Als sich der Kapitän wieder angezogen hatte, nestelte er an seiner goldenen Taschenuhr. Er machte sie von der Jacke los und gab sie Reginald. »Heb sie mir gut auf. Wenn ich als dein Sohn zurückgekehrt bin, wirst du sie mir wiedergeben.«

William George stand auf, umarmte Sohn und Schwiegertochter und ging, ohne sich noch einmal umzusehen, mit schweren Schritten zu seinen Leuten und hinunter zum Fischerboot.

Das war seine letzte Fahrt. Das Schiff kehrte ohne seinen Kapitän zurück. William George ist draußen geblieben. Er wurde von einer großen Woge über Bord gerissen. Seine Leiche konnte niemals gefunden werden.

Einen Monat später war Susan George schwanger. Ist der Kapitän doch zurückgekehrt, wenn auch auf andere Weise? Als neuer Mensch? Hatte seine unsterbliche Seele einen neuen Körper gefunden?

Am 5. Mai 1950 — neun Monate nach seinem Tod des Kapitäns — bekamen Reginald und Susan George einen Sohn. Er war das neunte von zehn Kindern. Frau George lag in einem kleinen Krankenhaus in den Wehen. Die Geburt verlief schwierig. Der Arzt mußte der Mutter schmerzstillende Spritzen geben.

Da sah Susan George plötzlich ihren verstorbenen Schwiegervater neben sich im Kreißsaal stehen. Er beugte sich zu ihr herunter und flüsterte: »Jetzt bin ich wieder da. Ich habe mich sehr darauf gefreut, endlich wieder zu euch zu kommen.«

»Vater! Das ist schön, daß du wieder da bist«, sagte Susan und wollte seine Hand ergreifen. Doch der alte Kapitän war plötzlich weg. Als Susan nach ihm rief, reichte man ihr den eben geborenen Sohn. Verwirrt blickte Susan auf das

Kind. Ihr Kind. Mit dem alten Kapitän hatte es überhaupt keine Ähnlichkeit.

Oder doch? Lebte der Kapitän in dem Kind?

Da waren die Leberflecken. Einer auf dem linken Schulterblatt, einer auf dem Arm. Genau wie bei William George. Dieselbe Form. Dieselben Stellen.

Hatte der Kapitän vor seinem Abschied nicht gesagt, diese Hautverfärbungen würden das Zeichen dafür sein, daß er wiedergeboren ist?

Reginald und Susan George waren überzeugt davon: Der Vater ist als Sohn zurückgekehrt. Deshalb gaben sie dem Kind den Namen seines Großvaters: William George junior.

Die Tlingit-Indianer, es sind rund 10000 Menschen, haben einen sehr eigenartigen, festen Glauben an die Wiedergeburt: Sie sind überzeugt, daß jeder Mensch in seiner eigenen Familie — und nur dort — wiederkehrt. Ähnlich wie früher unsere Vorfahren, die Germanen, geben sie deshalb ihren Kindern die Namen der Großeltern.

Bei solchen Wiedergeburten spielen Muttermale eine ganz besondere Rolle: Hat ein Kind einen Leberfleck, wie ihn bereits der Großvater besaß, dann gilt das als Beweis für dessen Rückkehr.

Aus der Zeit der Besiedelung Alaskas wird berichtet, das die Tlingits sehr gefährliche, tapfere Krieger waren, well der Tod sie überhaupt nicht schrecken konnte. »Wir kehren ja wieder«, pflegten sie zu sagen. »Und das nächstemal habe ich vielleicht das Glück, nicht zu stottern oder nicht zu hinken. Oder eine bessere Frau zu finden.« Auch heute, so berichten Kenner des Landes, hat man oft den Eindruck, daß die Menschen in Alaska geradezu warten, endlich das alte Leben abzustreifen und ein neues beginnen zu können.

Professor Jan Stevenson fand in Alaska in wenigen Wochen der Forschung 43 Fälle von Inkarnationen, die er mehr oder weniger überzeugend belegen konnte. Meistens handelt es sich um Kinder, die von sich behaupten, schon einmal gelebt zu haben.

Wie William George junior. Er litt an einer schweren Lungenentzündung, als er ein Jahr alt war. Diese Krankheit warf das Kind so weit zurück, daß es erst mit drei Jahren zu sprechen begann. Und auch nur sehr zaghaft, stotternd, sparsam.

Voll Staunen bemerkten die Eltern aber, daß Klein-William seinem Großvater immer ähnlicher wurde. Er hatte denselben Blick, dieselben eckigen Gesten. Ja, er hinkte sogar wie der alte Kapitän und verdrehte beim Gehen seinen rechten Fuß genau so wie jener seit einer schweren Knöchelverletzung.

Mit vier Jahren spielte William vor dem Haus. Plötzlich kam er ungewöhnlich aufgeregt zu seiner Mutter gerannt und rief immer wieder: »Mama, komm schnell. Meine Schwester ist da.« Zum Haus herauf kam die Großtante — die Schwester des verstorbenen Großvaters.

Kurze Zeit später beschimpfte der kleine Bursche seine beiden Onkel sehr zornig: »Ihr seid mit eurer Trinkerei eine Schande für die ganze Familie. Als Vater muß ich mich für euch schämen.«

Das wurde alles von der Familie als so selbstverständlich hingenommen, daß die eigenen Brüder und Schwestern ihn bald nur noch »Großvater« nannten. Und ihn auch als solchen respektierten. William, ein durchschnittlich begabtes Kind, wußte ungewöhnlich viel über Fischerei, über Knoten und Fischgründe. Aber er hatte eine ebenso große Scheu vor dem Wasser. Vielleicht weil sein Großvater — also er — ertrunken ist?

Eines Tages ging er auf einen Matrosen seines Vaters zu und fragte ihn: »Na, kennst du mich nicht mehr? Wir sind doch immer miteinander fischen gegangen. Weißt du das nicht mehr?« Der alte und der junge William wurden immer mehr eins.

Der alte Kapitän hatte in der ganzen Gegend als der beste Fischer gegolten. Niemand kannte die Fischgründe so gut wie er. Als der kleine William mit seinem Vater zum erstenmal hinausfahren durfte, gab er ihm wie selbstverständlich Anweisungen, wohin er das Boot steuern sollte. Er wußte, wie die Bucht heißt und wie am besten das Netz ausgeworfen wird: »Fahr dort hinüber. Dort gibt es die größten Fische. In dieser Bucht habe ich vor Jahren meinen besten Fang gemacht.«

»Gib mir meine Uhr zurück!«

William war noch nicht ganz fünf Jahre alt, als es im Hause George zu einer heftigen Auseinandersetzung kam. Der Junge hatte im Wohnzimmer gespielt und suchte seine Mutter. Endlich fand er sie im Schlafzimmer. Sie saß auf dem Bett und betrachtete ihren Schmuck, den sie auf der Bettdecke ausgebreitet hatte: zwei Ringe, einen goldenen Armreifen, ein Kreuz, eine Goldmünze, ein paar gefaßte Silbermünzen. Eine rote Korallenkette hielt sie in der Hand. Zum erstenmal seit Jahren hatte sie die Kassette geleert, um sich an ihrem »Schatz« zu ergötzen.

William trat hinzu. Er bekam ganz große Augen. So etwas hatte er noch nie gesehen. »Oh, ist das schön. Darf ich die Kette einmal anfassen?« fragte er schüchtern. Bevor seine Mutter noch antworten konnte, fiel sein Blick auf eine goldene Taschenuhr. William wurde schneeweiß vor Aufregung. Er saß stocksteif da und schrie, so laut er nur konnte: »Gib her! Gib mir die Uhr! Das ist meine Uhr. Du weißt es ganz genau, daß sie mir gehört. Ich habe sie euch nur zum Aufbewahren gegeben.« Als die Mutter die Uhr nicht hergeben wollte, ging William auf sie los und schlug mit beiden Fäusten auf sie ein. »Das ist gemein von dir. Ich will meine Uhr.«

Es war dieselbe goldene Uhr, die der alte Kapitän vor der letzten Fahrt seinem Sohn anvertraut hatte: »Heb sie mir gut auf. Wenn ich als euer Sohn zurückgekehrt bin, wirst du sie mir wiedergeben.«

Zum Glück war Williams Vater in der Nähe und konnte den Jungen, der sich vor Wut nicht mehr kannte, von der Mutter zurückreißen.

»Du kriegst die Uhr. Das ist doch selbstverständlich. Aber erst, wenn du größer bist und selbst darauf achtgeben kannst. Vorerst heben wir sie für dich auf, weil du noch zu klein bist.«

Nur mit viel Mühe konnte er seinen Sohn beruhigen. Doch fortan verging kein Tag, an dem William nicht die Frage stellte: »Wann bekomme ich endlich meine Uhr zurück?«

Der Wissenschaftler Professor Stevenson nennt solche Fälle wie den des William George »Beinahe-Beweise« für die Reinkarnation.

Beinahe, nicht völlig einwandfrei, beweisen sie, daß ein Mensch schon einmal gelebt hat: Ein alter Mann hat seine Wiedergeburt angekündigt und mit seinen Kindern Wiedererkennungszeichen vereinbart. Es ist alles genau so eingetroffen, wie er es voraussagte.

Und wieder erhebt sich die Frage: Wurde der alte Kapitän in seinem Enkel wiedergeboren? Oder besaß William George junior lediglich eine so deutliche, ererbte Erinnerung an seinen Großvater?

In diesem Fall ist die zweite Möglichkeit zumindest nicht ganz auszuschließen. Sieht man einmal von der Möglichkeit der Wiedergeburt ab, bleibt es zweifellos die plausibelste Erklärung.

Aber: Nicht immer ist das so einfach. In vielen Fällen versagt die Theorie von dem ererbten Gedächtnis. Welche Erklärungsversuche bleiben dann noch übrig?

5. Kapitel

Das letztemal war ich ein Mann

Wer hätte das nicht selbst schon erlebt: Man kommt an einen fremden Ort und verspürt plötzlich ein seltsam vertrautes Gefühl: Hier muß ich schon einmal gewesen sein!

Bei manchen Menschen ist dieses Erlebnis so stark, daß sie völlig durcheinandergeraten.

Wie Toni Wendtberger. Oder sollte man besser sagen — Fridolin?

Die eigentliche Geschichte begann an einem wunderschönen Sommermorgen im Jahre 1976.

Der Zug rollt langsam zum kleinen Bahnhof Zell im Wiesental und bleibt mit quietschenden Bremsen und einem unsanften Ruck stehen. Franz Wendtberger ist schon aufgestanden, um seinen Rucksack aus dem Gepäcknetz zu holen. Er torkelt gegen die Wand und muß sich festhalten, damit er nicht umgerissen wird.

»Mach dich fertig, Toni. Hier endet die Eisenbahnlinie. Bis zum Feldberg geht es mit dem Bus weiter. Kommst du?« Der junge Steuerberater ist mit seiner Frau aus dem Rheinland hierhergefahren, um ein paar Tage im Hochschwarzwald zu wandern. Beide sind zum erstenmal in dieser Gegend.

Wendtberger sieht sich nach seiner Frau um. Aber sie hat den Waggon schon verlassen und winkt ihm von draußen. Irgend etwas scheint sie mächtig aufzuregen. Als Franz aus dem Zug steigt, steht Toni alleine ganz vorne am Zugende und winkt wieder.

»Hier geht's weiter«, ruft sie. Und überquert die Geleise. »Da drüben steht der Todtnauer.«

Franz erschrickt. Seine Frau geht in die völlig falsche Richtung. Er weiß nicht, was in sie gefahren ist und beeilt sich, sie einzuholen. Er findet sie schließlich am Ufer des Flusses wieder. Sie steht dort und blickt verwirrt um sich.

»Was ist nur mit dir los? Was tust du hier? Der Bus ist doch auf der anderen Seite!« sagt Franz atemlos und ziemlich verärgert.

Toni deutet auf die Schienen, auf denen offensichtlich schon seit Jahren kein Zug mehr gefahren ist.

»Du, ich weiß überhaupt nicht, was mich hierher getrieben hat. Ich war ganz sicher, wir müßten hier in die Kleinbahn umsteigen. Ich sehe sie deutlich vor mir: eine kleine Lokomotive mit einem hohen Schornstein und zwei winzige Wagen mit Gittern vorne und hinten zum Einsteigen. Sag mir bloß, wie komme ich auf diese sonderbare Idee?«

Franz blickt seine Frau mit kugelrunden Augen an. Ein älterer Mann hat die Szene beobachtet. Er kommt näher und ruft: »Hier ist früher tatsächlich einmal eine Kleinbahn gefahren. Man nannte sie den ‚Todtnauer', weil sie von Zell nach Todtnau fuhr. Aber da kommen Sie ein paar Jahrzehnte zu spät. Die Kleinbahn fährt schon lange nicht mehr.«

Franz Wendtberger ist immer verdutzter: »Woher wußtest du das? Du bist doch noch niemals hier gewesen. Oder doch? Und wieso sprichst du plötzlich alemannischen Dialekt?«

Toni schießen die Tränen in die Augen. »Ich verstehe überhaupt nichts mehr. Ich bin noch nie hier gewesen. Und doch kommt es mir vor, als hätte ich nie irgendwo anders gelebt. Siehst du die kleine Kapelle dort oben am Berg? Ich könnte dir genau sagen, wie der Weg hinaufführt und wie sie im Inneren aussieht. Ich weiß, daß der Berg dort drüben ‚Blauen' heißt und der hier ‚Hohe Möhr'. Und der kleine, das ist das ‚Schänzle'. Oben auf dem Gipfel gibt es noch Reste einer alten Festungsanlage. Bitte, sag mir doch, wieso kommt mir das alles so vertraut vor? Warum zog es mich so stark von Köln hierher in diese Gegend?«

Franz hebt die Arme und läßt sie wieder fallen: »Das kann

ich dir nicht beantworten. Ich weiß es nicht. Vielleicht hast du einmal eine Geschichte über diesen Ort gelesen? Oder er kam in einem Roman vor? Oder es hat dir jemand von hier erzählt?« Und fast scherzhaft fügt er hinzu: »Vielleicht hast du hier schon einmal gelebt. In einem früheren Leben?«

Toni erschrickt. »Du sollst dich nicht über mich lustig machen. Ich fühle mich tatsächlich merkwürdig durcheinander. Richtig bewegt. Ich weiß nicht, ob du das Gefühl kennst: Für mich ist es so, als wäre ich heimgekehrt.«

Die beiden eilen zu ihrem Bus und steigen ein. Die Fahrt durch das enge Wiesental hinauf zum Feldberg wird für Toni zu einer einzigen »Reise in die Erinnerungen«. Vor jeder Kurve sagt sie aufgeregt: »Paß auf, jetzt kann man den ‚Belchen' sehen.« Oder: »Da drüben steht eine ganz alte Mühle mit einem großen Wasserrad. Und jetzt kommt gleich der Wasserfall.« Und sie hat immer recht. Fast immer.

Manchmal gibt es das erwartete Haus oder den alten Brunnen nicht mehr. An seiner Stelle steht ein Neubau oder zieht sich eine Straße.

»Hier hat sich vieles verändert«, murmelt Toni — wiederum in dem ihr fremden Dialekt. Und erschrickt selbst über das, was sie sagt. Es sprudelt aus ihr heraus. Sie ist machtlos dagegen.

Auf dem Feldberg angekommen, ist Franz mit seiner Nervenkraft am Ende. Er packt seine Frau bei der Hand und zieht sie in das gemietete Hotelzimmer. Er setzt sich Toni gegenüber auf das Bett und sagt: »So, und nun heraus mit der Sprache. Wann bist du wirklich schon einmal hier gewesen. Sag jetzt nicht wieder nein. So etwas gibt es gar nicht. Du mußt hier gewesen sein. Wann war das? Bitte, überlege. Vielleicht als ganz kleines Kind?« Toni schüttelte gequält den Kopf. »Ich war noch nie im Schwarzwald. Weder hier noch anderswo. Daran kann es keinen Zweifel geben.«

»Und deine Eltern? Haben sie von einem Urlaub oder einer Reise hierher erzählt? Hast du ein Buch über den Schwarzwald gelesen?«

Wiederum schüttelt Toni den Kopf.

»Oder die Großeltern. Es muß einfach eine vernünftige Erkärung für deine Erinnerungen geben.«

Die beiden fanden keine. Der kurze Urlaub auf dem höchsten Berg des Schwarzwaldes wurde keine reine Freude. Für Toni nicht und für Franz schon gar nicht. Ein Rätsel belastete ihre Unbefangenheit. Toni war aufgewühlt und zutiefst beunruhigt. Zum einen hatte sie das Gefühl, alles aus eigener Erfahrung zu kennen. Zum anderen wußte sie ganz sicher, daß das nicht sein kann.

Ihrem Mann wurde sie fast unheimlich. »Bald glaube ich, daß du übersinnliche Fähigkeiten besitzt«, meinte er. »Vielleicht hast du deinen Urlaub vorgeträumt, und das alles ist nur eine Erinnerung an den Traum?«

Toni schüttelte bei jedem neuen Versuch einer Erklärung den Kopf. »Da steckt mehr dahinter. Das spüre ich«, sagte sie. »Irgendeine Geschichte mit einem jungen Mann. Aber ich bringe die Einzelheiten nicht zusammen.«

Das unfaßbare Erlebnis des Urlaubs blieb auch zu Hause in Köln lebendig. Toni und Franz sprachen mit ihren Freunden darüber. Jeder kannte ähnliche Geschichten vom Hörensagen. Der Begriff des »Déjà-vu-Erlebnisses« tauchte auf. Er besagt, daß jeder Mensch wohl gelegentlich den Eindruck hat, irgend etwas schon einmal gesehen oder gar erlebt zu haben. Man sprach von »Erinnerungstäuschungen« und versuchte, alle nur denkbaren natürlichen Erklärungen anzuführen.

Wozu nur sollte es gut sein?

Letztlich wurde auch über die Reinkarnation diskutiert. Mit Unbehagen. »Denn«, so sagte ein Freund von Franz unter Zustimmung aller Anwesenden, »wer möchte tatsächlich schon einmal gelebt haben? Wozu sollte es auch gut sein? Solange man sich nicht an frühere Leben erinnern kann, wäre eine Wiedergeburt doch völlig sinnlos. Man könnte die früheren Erfahrungen nicht verwerten und würde also dieselben Fehler wieder begehen und somit keinen Schritt weiterkommen. Angenommen, ich wäre ich letzten Leben ein Vertreter gewesen. Ich wüßte nichts davon. Rein gar nichts. Also, wozu sollte das neue Leben gut sein?«

»Aber«, so fragte Toni, »könnte es nicht doch sein, daß wir uns an frühere Existenzen zwar nicht mehr erinnern, daß wir aber gewissermaßen instinktiv bestimmte Erfahrungen an ein ehemaliges Leben doch besitzen und sie auch verwerten? So daß einmal begangene Fehler vermieden werden? Könnte unser Unterbewußtsein nicht mehr wissen, als uns bewußt wird?«

Die Frage wurde für Toni und Franz immer drängender. Schließlich entschlossen sie sich: »Wir wollen die ganze Wahrheit erfahren.« Toni ging zu einem Hypnotiseur, um sich in Hypnose die Vergangenheit ins Gedächtnis zu rufen. Sie wollte wissen, ob in ihr irgendwelche Erinnerungen an ein früheres Leben schlummerten.

Franz begleitete seine Frau und war bei den Hypnosesitzungen dabei. Er staunte nicht schlecht über das, was seine Frau erzählte.

Das war wie bei einem Puzzlespiel: Ein Steinchen fügte sich nach und nach zum anderen, bis ein deutliches Bild eines Lebens zum Vorschein kam — eines längst vergangenen Lebens. Ihres Lebens, wie Toni in Trance fest behauptete.

»Wir gehen zurück vor den Augenblick Ihrer Zeugung. Zurück und immer weiter zurück, bis ein neues Leben auftaucht«, sagte der Hypnotiseur. »Zeit spielt für uns keine Rolle. Wir sind jetzt fünfzig Jahre vor dem Beginn dieses Lebens. Können Sie etwas sehen? Ist da etwas?«

Toni bewegt sich unruhig auf der Liege: »Es brennt. Unser Haus brennt. Ich sitze auf der Ofenbank und sehe, wie es vor dem Fenster plötzlich hell wird. Das sind die Flammen. Mutter schreit. Der Vater rennt nach draußen. Ich gehe auch, hinüber auf den Hügel. Oh, wie das leuchtet und knistert und kracht. Das Feuer ist wunderschön. Die Funken zischen durch die Nacht — Aber unsere Liesel ist noch im Stall. Die Kuh brüllt. Vater kann sie nicht mehr holen. Arme Liesel.«

Toni kauert sich im Stuhl zusammen, zieht die Knie hoch und legt die Arme um sie. Sie wimmert.

Und nach einer Weile: »Jetzt sind wir bettelarm. Wir haben alles verloren.«

Der Hypnotiseur unterbricht an dieser Stelle: »Weißt du denn, wie es zu dem Feuer kam? Wie alt bist du, als das Feuer ausbricht?«

Toni schlägt die Hände vors Gesicht. »Nein, ich bin es nicht gewesen. Das müssen Sie mir glauben. Ich war es nicht.«

»Was warst du nicht? Ist das Haus denn angezündet worden?« »Ja. Es ist angezündet worden. Aber ich war es nicht.« Erst sehr viel später und nach viel Leugnen und heftiger Gegenwehr gibt Toni zu, daß sie selbst das Haus angezündet hat. Sie spielte mit Streichhölzern in der Tenne. Sie wollte auch einmal ein richtiges Feuer sehen. Sie war damals fünf Jahre alt. Und es passierte im Jahre 1897.

Franz, der das alles mitanhört, versteht plötzlich, warum seine Frau eine geradezu panische Angst vor Feuer besitzt und sich kaum traut, ein Streichholz anzufassen. Als vor wenigen Wochen bei einer Gartenparty in Neuß der Grill umgestoßen wurde und eine Stichflamme zum Himmel schoß, da stand Toni zunächst wie versteinert vor der Flamme, begann aber plötzlich am ganzen Körper zu zittern und bestand schließlich darauf, sofort nach Hause gebracht zu werden, obwohl überhaupt nichts passiert ist. Jetzt weiß Franz warum. Doch die eigentliche Überraschung steht ihm noch bevor.

»Wie heißt du denn?« fragt der Hypnotiseur.

»Ich bin Fridolin.«

»Fridolin, das ist doch ein Bubenname. Bist du ein Bub?«

»Aber sicher. Sieht man das nicht?«

»Gehen wir zehn Jahre weiter. Du bist jetzt fünfzehn Jahre alt. Was siehst du? Was tust du?«

Nun verändert sich Tonis Stimme. Sie spricht wie ein Mann. Der alemannische Dialekt wird noch kantiger. Manche Sätze sind kaum zu verstehen: »Der Zeppelin. Da ist er. Ich sehe ihn. Wie eine große Zigarre steht er am Himmel. Er brummt und marschiert über die Berge. Ganz langsam. Ich bin oben auf dem ‚Schänzle'. Ich winke.«

»Und noch einmal zehn Jahre später. Wo bist du jetzt?«

»Ich bin nicht mehr da. Ich kann nichts sehen.«

»Dann gehen wir zurück. Zum Jahre 1914. Du bist also 22 Jahre alt. Was siehst du?«

Toni stöhnt leise. »Eine große Halle. Eine Kirche oder so was. Ich liege am Boden. Auf Stroh. Da liegen viele neben mir. Sie schreien. Sie wimmern. Überall ist Blut. Einer ruft nach seiner Mutter. Ich habe gräßliche Schmerzen. Oh, das tut weh. Der Arm und der Bauch. Ich bin verwundet. Ich glaube, ich muß sterben.«

»Warum glaubst du das?«

»Sie nehmen mich nicht mit. Sie lassen mich liegen. Ich kann sie nicht verstehen. Das sind Franzosen. Aber sie schütteln den Kopf. Und gehen fort. Da kommt ein Pfarrer. Ich weiß nicht, was er sagt. Er betet. Und dann geht er auch.«

»Einen Tag später bist du noch da?«

»Ja. Ich bin noch da. Aber jetzt tut nichts mehr weh. Ich sehe, wie sie mich fortschaffen. Sie werfen meinen Körper in ein großes Loch. Da liegen alle Toten. Ich bin auch tot. Gestorben —«

Toni — besser gesagt Fridolin — ist in den ersten Tagen des Weltkriegs in Nordfrankreich verwundet worden und in einem Notlazarett verstorben, das ergibt sich aus den bruchstückhaften Erzählungen.

Als Toni aus der Hypnose erwacht und sich die verschlafenen Augen reibt, sieht sie betretene, verwirrte Mienen. Franz schüttelt immer wieder den Kopf.

»Was ist denn los?« fragt sie bekümmert. »Hab ich etwas Schlimmes erzählt? Sagt mir doch, warum seht ihr mich so seltsam an?«

»Kannst du dir vorstellen, daß du schon einmal gelebt hast? Als Brandstifter? Und, was noch viel unglaublicher klingt, als Mann?« fragt Franz.

Toni ist keineswegs bestürzt. »Ich habe so etwas geahnt. Sagte ich nicht schon immer, daß da irgend etwas mit einem Mann gewesen sein muß?«

Als sie später ihre eigene Erzählung auf dem Tonband hört, da nickt sie immer wieder.

»Als ich mit dem Zug in Zell im Wiesental einfuhr, da wußte ich, daß ich schon einmal hier gewesen bin.«

Wußte sie das wirklich? Oder war sie nur das Opfer einer Täuschung?

Eines ist ziemlich sicher: Mit der Theorie des vererbten Gedächtnisses kommt man in diesem Fall kaum weiter. Toni selbst ist zuvor niemals im Schwarzwald gewesen. Auch ihre Eltern versichern, diesen Teil Deutschlands nicht zu kennen und sich niemals damit befaßt zu haben. Es gibt also keinerlei Verbindung vom Rheinland zum Hochschwarzwald. Auch ist kein Vorfahre von Toni Wendtberger in den ersten Kriegstagen 1914 an der Westfront gefallen.

Es sei denn, ihr Vater wäre gar nicht der richtige Vater. Oder der Großvater nicht der wirkliche Großvater. Aber das sind Fragen, die nicht mehr einwandfrei geklärt werden können. In Zell im Wiesental sind in der fraglichen Zeit mehrere Häuser abgebrannt. Auch von daher sind Nachforschungen, die eine Gewißheit bringen könnten, praktisch unmöglich. Der Name Fridolin schließlich war in jener Zeit in Zell äußerst häufig. Fridolin ist der Patron der katholischen Kirchengemeinde in Zell.

Es bleibt das rätselhafte Erlebnis von Toni Wendtberger, die sich von der Hypnoseerinnerung keineswegs beeindruckt zeigte. »Ich bin lediglich erleichtert«, sagt sie. »Ich weiß jetzt, daß es in meinem Leben nicht irgendwelche dunklen Geheimnisse gibt. Gut, vielleicht habe ich wirklich einmal als junger Mann gelebt. Mag sein. Jetzt fühle ich mich als Frau. Und Fridolin ist mir keineswegs unsympathisch. Im Gegenteil. Ich kann mich sehr gut in den Jungen, der das Haus angezündet hat, hineinversetzen.«

Aber ganz so einfach ist es nun doch nicht, plötzlich mit der »Existenz eines anderen Ichs« fertig zu werden. Das weiß auch Frau Wendtberger.

Da ist beispielsweise das ständige In-sich-Hineinhören: Wenn ich in meinem früheren Leben ein Mann gewesen bin: Könnte es sein, daß ich in diesem Leben eine besondere Neigung zu Frauen besitze und sie, ohne daß ich mir darüber im klaren bin, insgeheim begehre? Bin ich etwa lesbisch veranlagt?

Eine Frage, die zur harten Probe für die Ehe Wendtberger werden sollte, zumal auch Franz Wendtberger eine plötzliche Eifersucht auf »frühere Partner« nicht ganz verbergen konnte.

Ein späteres Kapitel wird auf die Problematik der Homosexualität im Hinblick auf die Wiedergeburt ausführlich eingehen.

Hier steht letztlich noch ungeklärt die Frage im Raum: Könnte das ererbte Gedächtnis die Erinnerungen in der Hypnose erklären?

Bei Toni-Fridolin scheint es unmöglich. Wie ist es bei anderen Fällen?

»Ich bin Anne Frank«

Im Frühjahr 1973 erregte sich ganz Schweden über einen Bericht in der Wochenzeitung ‚Min Värld'. Die 18jährige Schriftstellerin Barbro Karlén behauptete darin: »Ich war in meinem früheren Leben Anne Frank. Ich kann mich an die damalige Zeit wie an meine eigene Kindheit erinnern. Schon mit zwei Jahren habe ich gewußt, daß ich auch Anne Frank bin.«

Hinter der Geschichte steckten folgende Tatsachen:

Barbro Karlén verblüffte ihre Eltern schon als kleines

Kind. Mit zwei Jahren hüpfte sie eines Tages auf die Straße und wurde deshalb von ihrer Mutter getadelt: »Barbro, du sollst doch nicht auf die Straße springen.« Das Mädchen dreht sich um und sagte: »Ich heiße Anne.« Die Mutter fragte: »Und wie noch?« Die Antwort kam prompt: »Anne Frank.« Die verwirrte Mutter korrigierte ihr Kind: »Aber du bist doch Barbro!« Doch die Kleine war keineswegs verwirrt. »Ich bin alle beiden«, sagte sie ganz selbstverständlich. »Das letztemal wohnte ich bei einer anderen Mama. Aber dort bin ich nicht lange geblieben.« Die Eltern mochten die Geschichte nicht. Sie versuchten, Barbro alles auszureden. Vergeblich.

Als Barbro zehn Jahre alt war, fuhren sie mit dem Kind nach Amsterdam. Barbro führte sie auf dem kürzesten Weg, zielsicher, zum Anne-Frank-Haus. Gerade so, als ginge sie den Weg täglich.

Später erzählte Barbro Karlén über den Besuch: »Ich glaubte ohnmächtig zu werden, als wir ins Hinterhaus kamen, in dem Anne Frank sich während der Verfolgungen versteckt hatte. All die Angst und Verzweiflung, die ich früher hier ausgestanden hatte, kamen wieder über mich. Ich konnte nicht für längere Zeit dort drinnen bleiben. Ich mußte wieder hinaus, sonst hätte ich alles hinausschreien müssen. Ich hatte das bedrückende Gefühl, daß alle um mich herum erkennen müßten, wer ich wirklich bin.«

Auffallend war Barbros Begabung zum Schreiben: Schon mit sechs Jahren schrieb sie ihre ersten Gedichte, ein Jahr später, also zum Zeitpunkt, als sie eben die erste Schulklasse hinter sich hatte, das erste Buch. Das literarische »Wunderkind« ähnelte in vielem Anne Frank. Auch das verfolgte Judenkind von Amsterdam schrieb schon mit 15 Jahren ihr berühmt gewordenes Tagebuch und äußerte darin den brennenden Wunsch, einmal eine berühmte Schriftstellerin zu werden.

Eine 18jährige könnte sich zweifellos so stark mit einer anderen, verehrten Person identifizieren, daß die Grenzen langsam verwischen. Keine Frage.

Aber ein zweijähriges Kind?

Die »Gedächtnisvererbungstheorie« bietet hier ganz bestimmt keine Deutung. Die schwedische Familie Karlén und die holländische Familie Frank standen in keinerlei Verbindung miteinander.

Es könnte dagegen sein, daß es für Barbros merkwürdiges Verhalten eine ganz natürliche Erklärung gibt. Barbro könnte eines Tages den Namen Anne Frank zufällig aufgeschnappt haben. Vielleicht hörte das Kind, wie die Eltern voller Begeisterung über Anne Frank sprachen, möglicherweis sogar den Wunsch äußerten, die eigene Tochter wäre so tüchtig, so begabt und eines Tages auch so berühmt wie das jüdische Mädchen aus Amsterdam.

Ein solches Gespräch, das wissen alle Eltern, kann in einem Kind unvorstellbare Phantasien und Wunscherfüllung auslösen.

»Wäre ich doch so wie Anne Frank, damit mich meine Eltern ganz lieb haben.« Dann: »Wäre ich doch Anne Frank —« Schließlich: »Ich bin doch genauso gut wie sie.« Und schließlich: »Ich bin sie.«

Solche Prozesse sind bei kleinen Kindern an der Tagesordnung, wenngleich in der Regel nicht so hartnäckig und stabil wie bei Barbro Karlén. Meistens wechseln Kinder die Personen, in die sie »hineinschlupfen«, von Tag zu Tag.

Damit wäre allerdings noch nicht geklärt, wieso die Zehnjährige mit traumwandlerischer Sicherheit in Amsterdam den Weg vom Bahnhof zum Anne-Frank-Haus finden konnte.

»Ich werde wieder deine Tochter«

Und noch ein berühmt gewordenes Beispiel einer »Wiedergeburt«, bei dem die »Gedächtnisvererbungstheorie« ebenfalls versagt, obwohl sie sich innerhalb der Familie ereignete.

Alexandrina kehrte als ihre eigene Schwester zurück. Sie war also kein direkter Nachkomme:

Am 15. März 1910 verstarb in Süditalien Alexandrina Samona, das fünfjährige Töchterchen eines Arztes. Die Muter des Kindes war außer sich vor Schmerz, zumal sie nach einer Fehlgeburt mit anschließender schwerer Operation kaum mehr hoffen durfte, noch einmal ein Kind zu bekommen. Die Ärzte bangten sogar um Frau Samonas Leben, so sehr nahm sie sich den Verlust ihrer Tochter zu Herzen.

In der dritten Nacht nach Alexandrinas Tod stand das verstorbene Kind plötzlich neben dem Bett seiner Mutter. War es ein Traum — oder Wirklichkeit? Frau Samona vernahm deutlich die beschwörenden Worte: »Höre doch endlich auf zu weinen, Mama. Ich komme wieder. Als dein Baby.«

Frau Samona erzählte den »verrückten Traum« ihrem Mann und war noch verzweifelter als zuvor.

Als sie kurze Zeit später wider Erwarten doch schwanger wurde, wuchs ihr Schmerz ins Unermeßliche. Ihr Gesundheitszustand war so schlecht, daß die Ärzte die Geburt eines gesunden Kindes einfach für unmöglich hielten.

Da »erschien« Alexandrina ihrer Mutter erneut. »Glaub mir doch: Ich komme noch einmal zur Welt. Du wirst wieder meine Mutter sein. Noch vor Weihnachten bin ich bei dir. Zusammen mit einem Schwesterchen.«

Also: Zwillinge?

Am 22. November gebar Frau Samona Zwillinge. Das eine Mädchen glich der verstorbenen Alexandrina aufs Haar. Wie jene hatte es einen kleinen Augenfehler, einen winzigen Haarbüschel am rechten Ohrläppchen und ein leicht verschobenes Gesicht. Alle Bewegungen, Äußerungen, Gesten erinnerten so auffallend an Alexandrina, daß die Eltern dem Kind den Namen seiner verstorbenen Schwester Alexandrina gaben.

Als die Zwillinge zehn Jahre alt wurden, beschloß der Vater, einen Ausflug nach Monreale auf Sizilien zu machen.

»Fein«, jubelte Alexandrina. »Gehen wir wieder in die riesige Kirche mit der großen Statue, die ihre Hände zur Decke emporstreckt?«

Frau Samona widerspricht: »Du mußt das verwechseln. Wir waren doch noch nie in Monreale.«

Aber Alexandrina blieb dabei: »Doch. Erinnerst du dich denn nicht an die Frau mit den Hörnern? Und an die kleinen roten Geistlichen?«

Jetzt erst fiel der Mutter wieder ein: Wenige Wochen vor Alexandrinas Tod war die Familie tatsächlich in Monreale gewesen. Damals in Begleitung einer Frau mit zwei großen Beulen auf der Stirn, die wie Hörner aussahen.

Und man hatte griechische Priester mit rotbestickten Gewändern getroffen, die an einer Prozession teilnahmen.

Und man hatte die ungewöhnlich große Statue eines Apostels im Dom bewundert.

Konnte sich Alexandrina doch an ein früheres Leben erinnern? War Alexandrina noch einmal geboren worden, wie angekündigt? Waren Alexandrina I und Alexandrina II ein und derselbe Mensch?

Die »Gedächtnisvererbungstheorie« könnte für manche Fälle einer Reinkarnation ausreichen und passen. Eine letztlich gültige Erklärung für alle Fälle einer Erinnerung an ein früheres Leben ist sie sicherlich nicht.

Der Münchner Psychotherapeut Thorwald Dethlefsen schließt denn auch:

Die These vom Erbgedächtnis scheidet bei unseren Experimenten aus, und zwar aus folgenden Gründen: Wir erhalten in unseren Experimenten Schilderungen von ganz klar abgegrenzten Leben und kein Potpourri von irgendwelchen Erinnerungen. Jedes Leben zeigt markante Züge einer ganz bestimmten Persönlichkeit und ist in ihrem inneren Zusammenhang jedesmal ein Ganzes. Selbst wenn man diese Leistung einem Erbgedächtnis zubilligt, müßten diese »Leben« sich ausschließlich mit denen der Vorfahren einer Versuchsperson decken — gerade das ist aber fast niemals der Fall. Hinzu kommt, daß man in den Schilderungen naheliegenderweise auch die einschneidenden Erlebnisse der eigenen Eltern finden müßte. Auch dies zeigte sich niemals. Gänzlich versagte diese Hypothese in bezug auf die Nachtodschilderungen meiner Versuchspersonen.

Nichts als eine dumme Selbsttäuschung

»Déjà-vu-Erlebnisse« sind keinerlei Beweis für die Wiedergeburt des Menschen, behaupten einige Wissenschaftler mit einer gewissen Berechtigung. Und sie haben anschauliche Beispiele dafür zur Hand, daß sich der zwingende Eindruck, etwas bereits zu kennen, bereits erlebt, gesehen, gehört zu haben, stets auf ganz natürliche Weise erklären läßt.

Man spricht von der sogenannten Kryptomnesie: Jemand hat eine Information bekommen, aber sowohl die Quelle als auch die Tatsache selbst vollständig vergessen. Und nun, wenn er erneut auf die Sache stößt, bildet er sich ein, schon einmal gelebt zu haben. Solche Fälle gibt es tatsächlich.

Der Paradefall einer derartigen Kryptomnesie: Ein englisches Ehepaar kam auf einer Reise durch Schottland in ein Dorf und glaubte plötzlich zu wissen: Diesen Ort kennen wir. Hier müssen wir schon einmal gewesen sein. Da war der liebliche Teich mit den Weidenbüschen, der Weg, der sich durch die Wiese schlängelte, die kleine Hütte im Hintergrund, der Hügel mit dem dunklen Wäldchen. Für den Offizier und seine Frau gab es keinen Zweifel: Das kannten wir bereits. Das hätten wir mit verschlossenen Augen aufzeichnen können. Hier sind wir schon einmal gewesen.

Gleichzeitig aber konnte es auch keinen Zweifel geben: In dieser Gegend haben sich die beiden niemals zuvor aufgehalten.

Also: Hatten sie schon einmal hier in Schottland gelebt? Keineswegs. Erst viel später stießen die beiden auf des Rätsels Lösung. Und sie war höchst einfach: In einer Gemäldegalerie hatten sie ein Bild gesehen, das diese Landschaft darstellte: den Teich, den Hügel, den Weg, die kleine Hütte, alles genau so, wie es in Schottland existierte.

Also: Nichts als eine dumme Selbsttäuschung.

Es zeigt sich schon an diesem Beispiel, daß es mit wirklichen »Rückerinnerungen« wenig zu tun hat. Wiedererkannt wird nur eine völlig »leere« Szene. Ein Bild ohne jedes Leben. Ohne Schicksal.

Der amerikanische Wissenschaftler Professor E. Zolik führte in den fünfziger Jahren interessante Experimente durch, die den Glauben an die Wiedergeburt scheinbar endgültig als Unsinn abtun. Zolik hatte von vorneherein die Absicht, darzulegen und zu beweisen, daß es sich bei den angeblichen »Erinnerungen« eben doch nur um vergessene Erfahrungen aus diesem Leben handelt. Und allem Anschein nach gelang ihm das auch. Wissenschaftliche Fachzeitschriften berichteten eingehend darüber (7):

Der Psychologe versetzte seine Versuchsperson in Hypnose und führte sie schrittweise in die Zeit vor ihrer Geburt und schließlich vor ihre Zeugung zurück. Und dann ließ er sie erzählen. So wie das Thorwald Dethlefsen und die vielen anderen auch tun.

In einer späteren Sitzung versuchte Professor Zolik nun, das angeblich frühere Leben irgendwo im jetzigen Leben wiederzufinden. Er hypnotisierte die Versuchsperson erneut, führte sie aber nicht in ein früheres Leben zurück, sondern forschte nach den Quellen ihrer »Phantasien« in diesem Leben. Und tatsächlich, einige konnte er ausfindig machen: Die Versuchspersonen erinnerten sich mitunter plötzlich daran, ein ähnliches Theaterstück gelesen, einen Film gesehen oder ein entsprechendes Buch gelesen zu haben.

Eine bestimmte Person, mit der sie sich besonders gut identifizieren konnten, so schien es, war, ohne daß das bewußt wurde, zur Figur des vermeintlich »früheren Lebens« geworden. Eine als »Ich« erlebte Figur, mit deren Hilfe man das eigene Grundproblem, das die Seele belastete, besser bewältigen konnte.

Konflikte, so glaubte Professor Zolik, werden ganz einfach personifiziert und für ein früheres Leben gehalten.

Demnach also: keine Wiedergeburt? Ist alles nur ein Trick der Seele?

Tatsächlich:

Manchmal geht durch alle »Erinnerungen« an ein früheres

Leben und sogar durch mehrere Inkarnationen wie ein roter Faden eine Schwierigkeit hindurch: Alle »Leben« sind nur Variationen eines einzigen beherrschenden Themas. Immer wieder wird dasselbe Schicksal erlitten, werden dieselben Fehler gemacht. Das »Ich« hat seinen festumrissenen Charakter, an dem es leidet.

Das wirft ganz neue Fragen und Erklärungsmöglichkeiten auf. Man wird unwillkürlich an den Begriff Besessenheit erinnert: Menschen behaupten, in ihrem Körper hätten sich böse Geister eingenistet, und diese übernähmen zeitweise die Herrschaft. Dann wären sie gezwungen, unflätig zu fluchen, geweihte Gegenstände zu beschmutzen, ja sogar auf Essen und Trinken zu verzichten. Selbst die jüngste Vergangenheit hat erneut Fälle solcher »Besessenheit« bekannt werden lassen.

Man denkt auch an psychische Störungen und Geisteskrankheiten, speziell an die Schizophrenie, also die Spaltung der Persönlichkeit: Menschen verhalten sich so widersprüchlich, daß man den Eindruck hat, zwei oder gar mehrere Personen leben in ihnen und bekriegen sich gegenseitig.

Sind etwa Erinnerungen an ein früheres Leben nichts anderes als Schizophrenien, bei denen die verschiedenen Persönlichkeiten nicht nebeneinander, sondern scheinbar voreinander existieren?

Anders gefragt: Ist die Schizophrenie das Ergebnis besonders belasteter Wiedergeburten, die mit ihren früheren Existenzen nicht fertig werden? Dann müßte die moderne Psychiatrie umdenken.

Oder ist es umgekehrt so, daß Angstvorstellungen und Wünsche in einem Menschen so mächtig werden, daß sie sich schließlich personifizieren und zum zweiten »Ich« werden, das man in eine frühere Zeit abschiebt?

6. Kapitel

Die wilden Leben der Katharina B.

»Schluß. So kommen wir nicht weiter. Katharina, reiß dich endlich zusammen. Wo bist du bloß mit deinen Gedanken? Du leierst den Text herunter, als wäre er eine endlose Litanei. Das ist ja zum Einschlafen.«

Der Regisseur des Hamburger Theaters wirft seine Zigarette auf den Boden und zermahlt sie mit der Fußspitze.

Die zierliche, junge Schauspielerin mit dem seidigen schwarzen Haar, das fast bis zum Gürtel herunterreicht, läßt den Kopf sinken. Sie nestelt nervös an einem Blusenknopf, bis er abspringt und über die Bühne kullert.

»Bitte, verzeih. Ich weiß auch nicht, was mit mir los ist. Langsam glaube ich, ich bin besessen. Von irgendeinem bösen Geist. Vielleicht sogar von mehreren. Ich fürchte, ich kann diese Rolle nicht spielen.«

Sie wirft sich auf einen Stuhl, fährt sich erregt durch die Haare und starrt vor sich hin.

»Katharina, du bist nur überreizt. Du hast zuviel gearbeitet. Komm, machen wir eine kleine Pause. Erzähl mir, was an der Rolle für dich so schwierig ist.«

Der Regisseur hat sich rasch gefaßt. Er spürt, daß das junge, sehr sensible Talent seine Hilfe braucht.

»Sieh mal«, sagt er fast sanft, »du spielst ein völlig unkompliziertes junges Mädchen, das zum erstenmal richtig verliebt ist. Du bist schrecklich glücklich und entschlossen, aller Welt zu zeigen, daß an einer solchen Liebe nichts Schlechtes oder gar Sündhaftes sein kann, mögen die anderen darüber denken, wie sie wollen. Verstehst du mich?«

Katharina streicht sich die Haare aus der Stirne und schlägt die Beine mit den langen Stiefeln übereinander.

»Ja, natürlich. Aber ich kann mich einfach nicht konzentrieren. Bitte, lache mich nicht aus. Aber das ist gerade so, als würde mich jemand absichtlich stören, indem er laut lateinische Texte rezitiert. Ich höre sie ganz deutlich und habe gleichzeitig ein furchtbar schlechtes Gewissen, weil ich nicht mitbete.«

Katharina blickt besorgt um sich und senkt die Stimme: »Glaubt ihr, ich muß zu einem Psychiater gehen? Am Ende bin ich ganz einfach verrückt? Übergeschnappt. So was soll doch vorkommen. Oder nicht?«

»Mach keinen Quatsch. Komm, wir trinken ein Glas Sekt, dann sieht alles gleich ganz anders aus«, lacht Karla, eine ältere Kollegin, und legt mütterlich ihren Arm um Katharinas Schultern.

Katharina entzieht sich der Umarmung beinahe brüsk: »Ich mag das nicht. Laß mich.«

Und im selben Augenblick bricht sie in Tränen aus. »Verzeih mir. Ich hab das nicht so gemeint. Ich weiß auch nicht, was mich derart aus der Fassung bringt.«

Die Kollegen lassen Katharina sitzen. »Hysterische Schachtel«, brummt einer. »Dumme Ziege«, schimpft ein anderer. »So süß zum Anschauen — und so dämlich verkorkst«, bedauert ein dritter.

Der Zwischenfall bei der Theaterprobe löst bei der jungen Schauspielerin eine ernste Krise aus. Katharina kann zwar weiterspielen, doch sie fühlt sich wie eine Seiltänzerin über dem Abgrund. Sie reagiert überaus empfindsam, verletzt ihre Freunde, verliert ihren Verlobten und merkt immer deutlicher: Es muß ganz schnell etwas geschehen. In ihrer Seele wächst etwas Bedrohliches heran.

In Italien, während einer Gastspielreise, spitzt sich die Krise zu. Katharinas Verhalten ist noch seltsamer als sonst. Einer jungen italienischen Schauspielerin, die ihr nur ein nettes Kompliment machen wollte, schlägt sie grundlos ins Gesicht. Als sie im Hotelzimmer auf der Frisierkommode eine Zange findet, die der Installateur dort versehentlich liegen ließ, bekommt sie einen Schreikrampf. Fast hätte sie sich in ihrer Verwirrung vom Balkon in die Tiefe gestürzt.

Nun gibt es keinen Ausweg mehr: Katharina muß zum Arzt. Und sie hat Glück. Ein italienischer Kollege empfiehlt ihr einen Psychiater in Verona, von dem wahre Wunderdinge erzählt werden: Er heilt viele Patienten ohne Medikamente. Nur mit Hypnose.

Die Behandlung in Verona verläuft zunächst äußerst schwierig. Katharina stimmt der Hypnose zwar zu, doch innerlich bäumt sie sich dagegen auf. Der Arzt braucht viel Zeit und Geduld, bis er seine Patientin so weit hat, daß er sie in den Tiefschlaf versetzen kann. Und auch dann noch bäumt sich Katharina gegen die Befreiung auf.

Als es dem Arzt endlich gelungen ist, Katharinas Widerstand, ihre innere Verkrampfung, zu lösen, beginnt die systematische Durchforschung der Erinnerung.

»Was ist mit der Zange los?« fragt der Arzt. »Was haben Sie Böses mit einer Zange erlebt, daß Sie so große Angst vor diesem Werkzeug besitzen?«

Katharina erzählt stockend ein paar belanglose Dinge. Sie hat sich einmal als Kind den Daumen gequetscht. Eine besonders große Beißzange fiel ihr vor Jahren auf den Fuß ...

Der Arzt wischt das alles fast ungeduldig zur Seite.

»Ich will keine Bagatellen hören. Wir gehen jetzt miteinander in Ihrer Erinnerung so weit zurück — immer weiter, bis wir zu dem wirklich schrecklichen Erlebnis mit der Zange gekommen sind. Na? Erzählen Sie. Sie wissen es.«

Und Katharina weiß es wirklich. Doch die Erinnerung, die in ihr aufsteigt, stammt nicht aus diesem Leben. Das war viel, viel früher: »Er ist nur ein Sklave. Ich darf ihn nicht lieben. Aber ich tue es. Er ist so schön. So männlich, so aufmerksam. Mein Mann hat nichts davon gemerkt. Aber jetzt ist Xenos fort. Er mußte fliehen. Und alle wissen, daß ich ihm geholfen habe. Xenos glaubt an den Gott am Kreuz. Jetzt holen sie mich. Sie wollen von mir wissen, wo Xenos versteckt ist. Ich schreie, flehe, bitte, aber sie lassen mich nicht in Ruhe. Da ist die Zange. Sie reißen mir damit die Fingernägel aus. Einen nach dem anderen — Oh, Gott, nun habe ich Xenos doch noch verraten —«

Katharina ballt ihre Fäuste, als wollte sie die Finger verbergen. Sie schluchzt. Der Schweiß steht ihr auf der Stirne. Sie stöhnt und hält die Finger gespreizt von sich, als würde das Blut von ihnen zu Boden tropfen.

Und die ganze Geschichte: Katharina behauptet, um das Jahr 100 in der Nähe von Rom als Frau eines Sklavenhändlers gelebt zu haben. Sie hat sich in einen griechischen Sklaven verliebt und ihm zur Flucht verholfen, als bekannt wurde, daß er als Christ verhaftet und hingerichtet werden sollte. Der eigene Mann hat sie daraufhin angezeigt. Xenos wurde in seinem Versteck aufgetrieben und zusammen mit zehn anderen griechischen Sklaven, die sich zum Christentum bekannten, gekreuzigt. Katharina, damals hieß sie Claudia, mußte der Hinrichtung beiwohnen. Sie war so erschüttert, daß sie sich kurz darauf im Kerker das Leben nahm.

»Wir lösen uns von dieser Geschichte«, sagte der Arzt. »Nun kommen wir zu den Gebeten. Was war mit den Gebeten?«

Wiederum dauert es eine Zeit, bis über viele kleine Stationen das eigentliche Ereignis erreicht ist. Dann plötzlich stammelt Katharina mit heiserer Stimme: »Ich bin schlecht. Furchtbar schlecht. Ich muß büßen. Mehr als bisher. Meine Gedanken sind sündig. Mein Körper ist bös. Ich muß mich züchtigen, sonst komme ich in die Hölle. Mutter Pia ist böse auf mich, weil ich heute nacht schon wieder die Gebetsstunde verschlafen habe. Ich muß zur Strafe das ganze Treppenhaus auf den Knien putzen —«

Ein zweites Leben ist sichtbar geworden: Katharina erzählt, sie habe vor nicht ganz 500 Jahren in einem Kloster in Südfrankreich als Nonne gelebt. Schon mit 15 Jahren brachten sie die Eltern dorthin. Sie starb mit 22, vollkommen erschöpft und aufgezehrt vor lauter Büßen, Beten und Entbehren.

»Jetzt wissen wir, warum Sie manchmal Angst haben, Sie könnten das Gebet vergessen«, sagt der Arzt. »Wir wissen auch, warum Sie sich vor Zangen fürchteten. Das wollen wir nicht mehr vergessen. Aber wir löschen die Angst, die damit verbunden ist. Es gibt keine Angst mehr. Sie sind jetzt frei davon.«

Er macht eine Pause und fährt fort: »Aber da sind noch andere Schwierigkeiten vorhanden. Warum haben Sie Ihre Kollegin grundlos geschlagen? Hassen Sie Frauen? Welche Erinnerungen haben Sie zu der Aggression verleitet? Überlegen Sie. Sie wissen es. Also?«

Auch bei der dritten Geschichte rührte Katharina zuerst wieder eine Zeitlang im Nebel herum, erzählte belanglose Dinge, um dann aber plötzlich doch zum Kern des Problems zu kommen.

»Ich muß die Konsequenzen ziehen«, stammelt sie. »Franz hat mich verraten. Mir bleibt nur eine Wahl: die Kugel. Arme Mama! So eine Schande. Wie wird sie das verkraften? Sie war doch so stolz auf ihren Sohn. Sie wird furchtbar traurig sein. Aber ich kann nicht weiterleben. Ich darf es nicht, sonst wird alles nur noch viel schlimmer —«

Der Arzt erfährt diesmal nach und nach: Katharina glaubt, vor rund 120 Jahren in Wien ein drittes Leben gelebt zu haben. Als Mann. Als Offizier mit der unglücklichen Veranlagung, nicht von Frauen, sondern von Männern angezogen zu werden. Sie, besser er, hatte ein Verhältnis mit einem Schüler, der ihn erpreßte, bis der Offizier keinen Ausweg mehr sah und sich mit 28 Jahren erschoß.

War das der Grund für Katharinas Angst vor einem engen Kontakt mit dem gleichen Geschlecht? Angst davor, man könnte sie homosexueller Beziehungen verdächtigen? Oder besaß sie vielleicht sogar eine solche Neigung zu Frauen, weil sie in ihrem letzten Leben ein Mann gewesen ist? Versuchte sie mit aller Macht, diese Neigung zu unterdrücken?

Ist vielleicht die Homosexualität überhaupt ein Anzeichen dafür, daß man bei der Wiedergeburt das Geschlecht gewechselt hat und mehr in der Vergangenheit als in der Gegenwart lebt?

Der Arzt von Verona stößt bei Katharina bei weiteren Hypnosesitzungen noch auf ein viertes Leben. Katharina erzählt: »Ich bin vor 300 Jahren von meinem Fürsten als Soldat an die Engländer verkauft worden. Ich hatte mich zwar gut im Wald versteckt, aber die Häscher haben mich doch gefunden. Wir wurden nach Amerika gebracht und sollten dort gegen die Abtrünnigen kämpfen. Mit zwei Freunden bin ich eines Tages davongelaufen. Wir haben eine Art Räuberbande gegründet, zogen plündernd und mordend durch das Land, bis wir in eine Falle gerieten und geschnappt und aufgehängt wurden.«

»Das alles soll ich sein?«

Katharina hört solche Geschichten, mit eigener Stimme erzählt, immer wieder vom Tonband ab. Sie schüttelt den Kopf: »Ich kann das einfach nicht fassen. Erst Ehebrecherin, dann Nonne, danach Räuber und Mörder, schließlich Selbstmörder. Und in diesem Leben nur eine kleine, versponnene Schauspielerin: Das alles soll ich sein? Doktor, ich hasse diese Figuren. Alle miteinander. Wenn es eine Reinkarnation gibt, dann heißt das doch, daß ich mich selbst hasse. Oder nicht?«

Der Arzt wehrt entschieden ab: »Nein. Sie hassen nicht sich, sondern nur das, was aus Ihrem Leben jeweils geworden ist. Anders gesagt: Sie sind enttäuscht, vielleicht sogar erbost darüber, daß Sie regelmäßig auf eine Katastrophe zusteuern. Und Sie fürchten stets vom Anfang des Lebens an, daß es wieder in einer Katastrophe enden wird.«

»Aber, falls ich das wirklich sein sollte: Besitze ich nicht einen durch und durch verdorbenen, schlechten Charakter? Bin ich nicht eine recht miese Person, die im Laufe ihrer Existenz eher schlechter als besser wurde? Wären diese Inkarnationen nicht geradezu der Beweis dafür, daß alles menschliche Streben nach Vollkommenheit völlig sinnlos ist?«

»Mies und verdorben — das sind menschliche Begriffe. Vor der Ewigkeit haben sie keinen Bestand«, widerspricht der Arzt geduldig. »Ihr bisheriger Fehler war stets, daß Sie sich gegen Ihre Natur und Anlagen aufgebäumt haben. Sie liebten und hielten sich deswegen für schlecht. Sie versuchten, Ihren »sündigen« Körper zum »Schweigen« zu bringen, obwohl Sie insgeheim wußten, daß er sich nur ganz natürlich äußerte. Vielleicht war die Unnatürlichkeit wirklich Ihr einziger Fehler. Vielleicht sollten Sie diesmal versuchen, in allem, was Sie denken, empfinden und tun, sich selbst gegenüber absolut ehrlich zu sein. Mir scheint, das könnte Ihr Geheimnis und Ihre Aufgabe sein.«

Katharina ist noch nicht überzeugt. »Wer sagt mir, daß das alles, was ich Ihnen erzählt habe, nicht die Auswüchse einer kranken Seele sind? Wenn jemand Angst hat, dann wird er im Schlaf von Alpträumen geplagt. Könnte es nicht sein, daß meine verängstigte Seele sich solche Figuren gewissermaßen als Symbole geschaffen hat! Daß sie nur Phantasieauswüchse sind? Erinnert das alles nicht an kranke Menschen, die sich einbilden, Napoleon oder Cäsar oder Michelangelo zu sein?«

Der Arzt nickt: »Nach dem heutigen Stand der Wissenschaft dürfen wir eine solche Möglichkeit tatsächlich nicht ausschließen. Wir wissen über die Seele viel zu wenig. Doch es gibt einige Tatsachen, die meiner Meinung nach eindeutig für die Reinkarnation sprechen.«

Viele psychisch Kranke — sind nicht krank

Der Arzt in Verona erzählt der jungen Schauspielerin, warum er an die Wiedergeburt glaubt, und schließt mit der Schlußfolgerung:

»Sehen Sie, das Leben kann fürchterlich grausam sein, gewiß. Und doch möchte ich behaupten: Viele Ängste und Belastungen, die uns Ärzten heute begegnen, sind so übermächtig, so schlimm und unbegründet, daß böse Erfahrungen aus einem einzigen Leben dafür gar nicht ausreichen können.

Lassen Sie mich das so erklären: Wenn sich jemand mit 16 Jahren verliebt, dann ist das doch ganz anders, als wenn ihm dasselbe mit 40 passiert. Der Jugendliche sieht alles verklärt, ideal, himmlisch vollkommen. Er besitzt noch keine herben Enttäuschungen, die seine Begeisterung herabsetzen oder gar auslöschen könnten.

Anders der 40jährige. Er steckt voller Mißtrauen, weil er fürchtet, es könnte ihm wieder einmal böse mitgespielt werden. Auf seiner Seele lastet ein ganzes Bündel schlechter Erfahrungen. Und deshalb kann er sich nicht frei und unbeschwert seinen Gefühlen hingeben.

Wenn nun bereits der 16jährige wie ein 40jähriger reagiert oder der 40jährige so übertrieben mißtrauisch ist, als hätte sein ganzes bisheriges Leben aus einer einzigen Enttäuschung bestanden, dann sagen wir eben, die beiden seien krank. Viel naheliegender wäre doch zu folgern: Der Jugendliche muß irgendwoher bereits schlechte Erfahrungen besitzen. Und der Ältere muß so viel erfahren haben, wie in einem einzigen Leben gar nicht Platz hat. Forscht man nach, dann findet man in diesem Leben in der Regel auch nicht genügend Gründe, die das unnormale Verhalten rechtfertigen könnten. Diese sind in früheren Leben zu suchen. Und damit wird alles plötzlich völlig einfach, völlig durchsichtig, völlig verständlich: Viele psychisch kranke Menschen sind gar nicht krank — sie haben nur panische Angst, es könnte ihnen wieder einmal so gehen, wie schon oft zuvor. Wir Ärzte könnten viele Medikamente, viele Krankenhäuser und Irrenanstalten einsparen, wären wir endlich bereit, das einzusehen.«

Katharina B. jedenfalls ist nach ihren Reisen in die Vergangenheit gesund. Sie wurde längst zu einer berühmten Schauspielerin, die heute bekennt: »Was immer aus der Vergangenheit auf meiner Seele gelastet haben mag — ich bin es endgültig los. Ich weiß nicht, ob es eine Wiedergeburt gibt oder nicht. Vielleicht ist es ein Zeichen für meine oberflächliche Natur, daß ich darüber gar nicht nachdenken mag. Das sollen andere tun, die die Zusammenhänge besser zu durchschauen vermögen als ich. Für mich ist die Frage nicht wichtig. Hauptsache, ich kann heute eine Kollegin umarmen, ohne dabei zutiefst zu erschrecken. Ich kann eine Zange in die Hand nehmen und werde von keiner Panik mehr befallen. Ich kann lieben ohne hemmende Gefühle.«

Und Gedanken über ein Weiterleben, über ein Leben nach diesem Leben macht sie sich nicht?

»Ich bin ein religiöser Mensch. Ich glaube an die Ewigkeit. Aber wie sie aussehen mag, ich weiß es nicht. Ich warte ab.«

Immer wieder: der »rote Faden«

Die Schauspielerin Katharina ist nicht die einzige, in deren Vergangenheiten es einen »roten Faden« gibt. Auch bei der Studienrätin Karin Wohlfahrt läßt er sich unschwer finden. Diesmal nicht in den Geschichten selbst, sondern in der Art und Weise, wie die einzelnen Figuren aus der Vergangenheit auftauchen.

- Die Wirtschafterin Stella, die vor 200 Jahren lebte, das uneheliche Kind Elisabeth, das vor 450 Jahren am Bach im Wald spielte, Tama, die vor 800 Jahren von einem Bauern an den anderen »verschenkt« wurde und später einen reichen Adeligen heiratete, und Hauku, der kleine Junge, der von einem fremden Stamm vor 1900 Jahren gefangengehalten wurde: Alle diese »Personen« in Karin Wohlfahrt sind, wie sie selbst in Hypnose sagt, »Trauerklöße«, Menschen, »die nicht richtig froh werden können. Sie scheitern letztlich, weil sie aus lauter Befürchtungen bestehen und das Unheil auf sich und ihre Angehörigen herabziehen«.

- Noch augenscheinlicher sind die Zusammenhänge bei Patricia, der 28jährigen Amerikanerin, die nach achtjähriger Ehe noch immer Jungfrau war: In drei früheren Leben wird sie jeweils als Kind sexuell mißbraucht.

- Kimberly, die Schwedin aus Knightstown, wurde schon mit 10 Jahren vom eigenen Bruder mit Sexspielen verführt, mit 17 war sie von ihm schwanger und stürzte sich deshalb in einen Abgrund.

- Becky fiel in Arizona als 5jähriges Mädchen einem alternden Lüstling in die Hände. Der Vater hatte sein Kind an ihn verkauft, als er am Verhungern war. Becky konnte dem Alten entfliehen, wurde auf dem Heimweg aber von einer Schlange gebissen und starb.

- Meteus war in einer nicht genau beschriebenen Zeit in Ägypten so schön, daß die Mutter sie von zu Hause wegschickte, weil der eigene Vater verrückt nach ihr war. In der fremden Stadt Zar wird die 16jährige vom Wirt einer Absteige überfallen und vergewaltigt.

- In einem anderen, viel früheren Leben, so erzählt Patricia, war sie Prinzessin auf Hawaii, die einen jungen Häuptlingssohn an der Nase herumführte, zur Versöhnung der Götter dann aber als Opfer lebendig in einen Vulkan geworfen wurde.

Und zwischendurch will Patricia in Spanien als fette »Tia« Margarita gelebt haben, als Frau, die schon mit 30 eine Tante war. Sie futterte absichtlich so viel, um die Männer mit ihrer Häßlichkeit abzustoßen.

»Für einen Menschen wie mich kann es keinen Sex geben«, hatte sie in der ersten Minute ihres Gesprächs zur Ärztin gesagt.

Alpträume einer verwirrten, kranken Seele, könnte man sagen. Ein Paradebeispiel für den Psychoanalytiker Sigmund Freud? Vielleicht. Allerdings: Patricias Sexleben war gesund und erfüllt, nachdem diese »Leben« in ihrer »Erinnerung«

aufgetaucht waren. Ohne jede weitere Behandlung. Die Hypnoseärztin brauchte ihr nichts mehr einzureden. Das Wissen allein genügte zur Heilung.

»Jetzt macht Sex Spaß«, waren Patricias Abschiedsworte an die Ärztin.

Und noch ein Beispiel:

• Roger, ein 35jähriger Lehrer, erstklassig, elegant gekleidet, sicher, selbstbewußt im Auftreten, kam zum Arzt, weil ihn seine Unfähigkeit, einen Beschluß zu fassen, lähmte und krank machte. Der Beruf hing ihm zum Hals heraus. Jetzt bot sich ihm eine Gelegenheit, ins Filmgeschäft einzusteigen und endlich das zu tun, woran sein Herz hing. Er hätte außerdem wahnsinnig gern ein komfortables Wohnmobil gekauft oder ein schnelles Rennboot — aber er konnte sich nicht entscheiden. »Das bringt dich um«, spukte es vor jedem Entschluß durch sein Gehirn. Und so zögerte und zauderte er.

In der Hypnose erlebte Roger sechs Inkarnationen. Und jedesmal scheiterte sein Leben — an einer Fehlentscheidung:

Im Jahre 1486 lebte Roger als 19jähriger Ritter William in England. Bei einem Turnier auf Leben und Tod am Hofe König Heinrich VII. mußte er sich entscheiden: Sollte er, wie gewohnt, mit dem Morgenstern kämpfen (einer stachligen Eisenkugel an einer Kette) oder die Streitaxt nehmen? Entgegen seiner Gewohnheit und wider besseres Wissen griff er nach der Streitaxt — und verlor dadurch sein Leben. Im Kampf wurde er vom Pferd gestoßen. Er lag am Boden. Die Streitaxt konnte ihm nicht mehr helfen. Hätte er wie sonst den Morgenstern genommen, dann hätte er sich noch verteidigen können. So aber stieß ihm der Gegner seine Lanze zwischen Helm und Rüstung am Rücken in den Hals.

Im Zweiten Weltkrieg lebte Roger als SS-Offizier in Deutschland. Er hieß »Karl Heinmann oder so ähnlich«. In den vierziger Jahren plante er zusammen mit sechs Kameraden ein Attentat auf Hitler. Aber: Er hat sich und die anderen verraten, weil er wider besseres Wissen einem von dem Vorhaben erzählte, dem er nicht vertrauen konnte. So flog die Verschwörung auf. Karl wurde in seinem Büro von SS-Soldaten mit Gewehrkolben erschlagen und an einer Eisenschlinge nackt aufgehängt. Alle Kameraden mußten an seiner Leiche vorbeiziehen. Zur Abschreckung hat man sie sogar fotografiert.

Vor diesem Leben war Roger der Sherpa Tanakee in Tibet. Als er gerade 19 Jahre alt wurde, kam ein Schweizer Bergsteiger in sein Dorf. Er wollte den »Berg der schrecklichen Winde« bezwingen und heuerte 29 Leute an, die unterwegs das Gepäck tragen mußten. Unter ihnen war Tanakee. Am dritten Tag kamen sie zu einer defekten Strickbrücke, die über ein tiefes, enges Tal führte. Obwohl Tanakee wußte, daß die Brücke reißen wird, ließ er sich dazu verleiten, sie zu betreten. Die Brücke riß, als er gerade in der Mitte angekommen war. Tanakee stürzte in die Tiefe und wurde getötet.

Im vierten Leben sah Roger sich als der reicher Geschäftsmann Edgar Tyrone aus New Orleans. Er war 27 Jahre alt, als er mit seiner hübschen Braut Eileen und viel Gepäck einen Mississippidampfer bestieg. Die Braut überredete ihn zu einem Pokerspiel. Edgar Tyrone konnte seiner Eileen nichts abschlagen und spielte gegen alle bessere Einsicht. Natürlich wurde er dabei betrogen und verlor sein Geld. Als er aufbegehrte, erschoß ihn einer der Spieler von hinten.

Das fünfte Leben verbrachte Roger als Matrose »Moustache« auf einem griechischen Fischerboot. Er war erst 17 Jahre alt, als das Boot in dichten Nebel geriet. Der Kapitän schickte den Jungen zum Schiffsbug, um dort nach gefährlichen Klippen Ausschau zu halten. Er tat es, obwohl ihn eine innere Stimme davor warnte. Kaum stand er draußen, als das Boot auf einen Felsen auflief. Er wurde von Bord geschleudert und vom auflaufenden Boot zermalmt.

Im sechsten Leben schließlich saß Roger als Pierre Rudin kurz vor der Französischen Revolution als hoher Richter im königlichen Gerichtshof. Er mußte die armen, kleinen Leute verurteilen und kam deswegen in immer heftigere Konflikte. Er hörte von Bestrebungen, den König zu beseitigen — und schritt nicht dagegen ein. Schließlich wurde er selbst verhaftet und als Verräter hingerichtet.

Sechs Leben, sechs falsche Entscheidungen, die immer das Leben kosteten.

Und noch eines: Roger litt heftig unter Kopf- und Rükkenschmerzen. In allen sechs Leben wurde er am Kopf und im Rücken verletzt: Die Lanze traf Ritter William in den Hals. Dem SS-Offizier zerschlugen die Gewehrkolben das Rückgrat. Tanakee stürzte von der Brücke auf den Rücken. Der Geschäftsmann Edgar Tyrone wurde durch den Rücken erschossen. Der Matrose Moustache stürzte vom Boot auf den Rükken. Der französische Richter Pierre Rudin wurde enthauptet.

Auch in diesem Fall: Vierzehn Tage, nachdem diese sechs »Leben« sichtbar geworden waren, stürzte Roger in die Praxis der Hypnoseärztin und erzählte atemlos, daß sich sein Leben schlagartig veränderte. Roger hat seinen Beruf an den Nagel gehängt. Er hat sein Traumwohnmobil und ein schnittiges Rennboot gekauft. Er dreht jetzt Filme über den Wasserskisport.

Und die Rückenschmerzen und das Kopfweh sind wie weggeblasen.

Jetzt erinnerte sich Roger auch an eine seltsame Begebenheit während eines Besuchs in München. »Als ich zum erstenmal 1968 nach München kam, hatte ich spontan den Eindruck: Hier bist du schon einmal gewesen. Mir kam das alles so bekannt vor.« Und er wurde während seines Aufenthaltes, wie er sagte, überwältigt von einer unerklärlichen Angst. Kein Wunder: Hier in München ist der SS-Offizier ums Leben gekommen — im selben Jahr, als Roger in Amerika geboren wurde.

»Es blieb wahrhaftig nicht viel Zeit, mich zu erholen«, lachte Roger.

Niemand ist zur Stunde in der Lage, mit letzter Sicherheit zu klären, ob Roger unter seiner Entschlußlosigkeit nur deshalb so leiden mußte, weil er das alles, was er in Hypnose erzählte, wirklich erlebt hat.

Oder ob umgekehrt seine Angst vor Entscheidungen in ihm so beherrschend geworden war, daß seine gequälte Seele solche Szenen projizieren mußte. Szenen, so lebhaft wie ein böser Traum erfahren und durchlitten — und so stark empfunden, daß Roger glaubt, sie wirklich und wahrhaftig erlebt zu haben.

Das alles ist mit Sicherheit mehr als ein Traum gewesen. Denn selbst nach den schlimmsten Erlebnissen im Schlaf, die einem den Schweiß auf die Stirne treiben und zum lauten Schrei veranlassen, weiß man hinterher — und oft sogar noch während es geschieht — ganz genau, daß alles nur ein Traum ist.

Unter all den vielen tausend Menschen aber, die in den letzten Jahren in der Hypnose von früheren Leben erzählten, war kein einziger, der nicht felsenfest davon überzeugt gewesen wäre: Das alles ist mir und keinem anderen wirklich widerfahren.

Nicht nur Kranke können sich »erinnern«

Und noch eines muß hier ganz deutlich hervorgehoben werden: Es stoßen keineswegs nur kranke, verklemmte, psychisch belastete Menschen in der Hypnose auf frühere Leben, die man damit als Antwort und Erfindung der gepeinigten Seele betrachten könnte. Auch völlig gesunde Naturen, sehr skeptische, kritische, nüchterne Leute, die das ganze nur aus Jux mitgemacht haben oder gar die Absicht verfolgten, die Hypnoserückwanderung als Scharlatanerie zu demaskieren, fanden sich plötzlich in einer anderen Zeit, in einem anderen Land und in einer bisher unbekannten Szene wieder.

So hat sich beispielsweise der Rundfunkredakteur der *Europawelle Saar* Charly Baum zu einem Experiment zur Verfügung gestellt, das am 23. Februar 1975 ausgestrahlt wurde. Charly Baum hatte sich zuvor niemals mit der Wiedergeburt beschäftigt und natürlich nicht daran geglaubt.

In der Hypnose war der 29jährige Rundfunkmann plötzlich ein Tuchverkäufer.

»Wann bist du geboren?« fragte der Hypnotiseur.

Baum: »1732 — 14. August — Ein Scheißjahr — Schlechte Ernte — in Tirbenberg im Schwäbischen — ich heiße Karl-Moritz Tebben — verkaufe schwarzes Tuch —«

»Wer regiert das Land?«

»— ein fetter Typ — Fürst. Die Leute müssen viel Steuern zahlen — wandern aus nach Amerika —«

»Wann bist du gestorben?«

»23. September 1769 — Fieber — Arme und Beine schwarz — Arzt gab mir etwas zu trinken — ich merke nur noch, wie Holz übereinanderschlägt und es dunkel wird — (Hat er mitgekriegt, wie er in den Sarg gelegt wurde?).

Charly Baum hat nach der Sitzung zugegeben: »Ich bin ganz sicher, daß ich schon einmal gelebt habe.«

Im amerikanischen Fernsehen lief in den Jahren 1956/57 eine Sendereihe »Das Abenteuer der Hypnose«. Der Psychologe und Hypnotiseur Emil Franchel versuchte darin, einem breiten Publikum das Wesen der Hypnose zu erklären. An Wiedergeburt glaubte er selbst nicht. Und das betonte er immer wieder. Bis er Beverley Richardson aus Northbridge, Kalifornien, live vor der Kamera hatte. In Hypnose befand sie sich plötzlich im Jahre 1898 in einem kleinen, völlig unbekannten Ort im Staat Ohio. Und sie war die vierzigjährige Frau Jean MacDonald. Sie schilderte den Ort so genau, daß noch während der Sendung Zuschauer beim Sender anriefen, um zu sagen: Genau so sah es bei uns um 1900 aus.

Emil Franchel besorgte sich Bilder von dem Städtchen und brachte sie in die nächste Fensehsendung mit, zu der

Frau Richardson noch einmal eingeladen war. Während der Hypnose befahl er Frau Richardson, die wiederum Frau MacDonald geworden war: »Bleiben Sie in Ihrer früheren Verkörperung. Öffnen Sie jetzt aber die Augen, und betrachten Sie diese Fotos. Was erkennen Sie?«

Das Medium schlug die Augen auf und nickte. Es erkannte sein früheres Haus, wunderte sich aber über einen Garagenbau. Auf einem der Bilder war ein Auto.

»Was ist das?« fragte das Medium erstaunt.

Der Hypnotiseur versuchte zu erklären: »Eine Art neue Kutsche.«

Doch damit gab sich Frau MacDonald nicht zufrieden. »Aber wo sind die Pferde?« fragte sie.

Es gab in der Fernsehsendung noch eine ganze Reihe solcher Überraschungen, die in Amerika seinerzeit großes Aufsehen eregten. Denn, soviel stand fest: Frau Richardson konnte das Städtchen ihres »früheren Lebens« nicht kennen. Sie hätte schon gar nicht wissen können, wie es früher, um die Jahrhundertwende, ausgesehen hat.

Völlig gesund und nicht im geringsten versponnen oder übersinnlichen Dingen besonders zugetan war auch der junge weltberühmte französische Sänger Serge Lama. Mit seinen knapp zwanzig Jahren hatte er alles andere im Sinn, als über Tod und Ewigkeit nachzudenken.

Bis zu jenem grauenvollen Tag 1965, als dieses Leben nach einem Autounfall plötzlich zu Ende schien, als er »hinüberging« in ein anderes Leben und die Erfahrung machte, daß wir Menschen alle miteinander mehr sind als diese eine gegenwärtige Inkarnation ...

7. Kapitel

»Ich muß wieder zurück«

Er ist außer sich, das sagt man so dahin. Aber viele Menschen glauben, es wirklich erfahren zu haben: Das »Ich« verließ den Körper. War frei von jeder Bindung an Ort und Zeit und erlebte die abenteuerlichsten Dinge. Der französische Sänger Serge Lama war nach einem schweren Autounfall tot — erlebte seine anderen Leben ...

»Herzstillstand. Er ist tot!«

Die junge Schwester am Narkosegerät im Krankenhaus von Aix-en-Provence in Südfrankreich schluchzt. Das ist der schlimmste Augenblick ihres Berufslebens. Sie hat schon manchen Patienten sterben sehen. Doch diesmal ist das anders. Auf dem Operationstisch liegt ihr Idol, der Sänger Serge Lama. Seit über einer Stunde versuchen die Ärzte, sein Leben zu retten. Vergeblich. Serge Lamas Verletzungen nach einem entsetzlichen Autounfall sind zu schwer. Auch eine Operation, bei der die zerfetzte Milz entfernt wurde, konnte ihn nicht mehr retten. Serge Lama stirbt. Ein Star, erst 22 Jahre alt und doch schon strahlend, glänzend in steilem Aufstieg, erlischt.

»Nein. Sie müssen ihn retten«, bettelt die Schwester außer Sinnen. »Er muß leben.«

Das Ärzteteam beachtet sie nicht. Noch bevor die Operationswunde verschlossen wird, erhält der »Tote« eine Spritze in das Herz. Und dann verrichten die erschöpften Ärzte noch einmal Schwerstarbeit, um das Leben des jungen Sängers doch noch zu retten. Sie kneten und pumpen mit letzten Kräften und blicken immer wieder besorgt auf den kleinen Bildschirm neben dem Operationstisch. Doch der grüne Punkt rührt sich nicht. Der erhoffte Piepton bleibt aus.

»Herrgott, hilf!« stöhnt die Narkoseschwester. Und im selben Augenblick passiert das Wunder. Der Punkt auf dem Monitor bewegt sich. Und dann ist der Herzschlag auch zu hören. Noch stockend, zögernd, dann immer gleichmäßiger, ruhiger. Serge Lama lebt wieder. Die Operation kann beendet werden. Zwar bleibt der Zustand äußerst kritisch. Der Sänger ist drei Tage lang ohne Bewußtsein. Er liegt unter dem Sauerstoffzelt und ist, der vielen Knochenbrüche wegen, eingewickelt wie eine Mumie.

Doch sein Herz schlägt wieder. Und dann spricht er sogar. Ganz leise, kaum verständlich murmelt er: »Ich hab sie gesehen. Drüben. Ich hab sie getroffen. Am Fenster. In Paris.«

»Er träumt«, flüstert die Schwester glücklich. Doch der Arzt schüttelt den Kopf. »Möglich. Ich würde aber zu gerne erfahren, was unser Sänger mit ‚drüben' meint. Was er erlebt hat, während sein Herz stillstand. Ich glaube fast, das war mehr als nur ein Traum.«

Erst Monate später sollte der Arzt erfahren, daß seine Vermutung richtig war.

Im Augenblick des Todes, beispielsweise bei einem Absturz in den Bergen oder während einer Katastrophe, sehen viele Menschen in Sekundenschnelle ihr ganzes Leben wie in einem Film an sich vorbeiziehen. Alle Erinnerungen sind plötzlich lebendig. Längst Vergessenes ist kristallklar gegenwärtig.

Serge Lama erzählte später, er habe nicht nur sein jetziges Leben, sondern auch frühere Leben gesehen. Er erlebte sich als Mönch im 13. Jahrhundert, und er traf seine Braut aus den Tagen der Französischen Revolution. Er, der jetzt, im Jahre 1965, mit dem Tod rang, bekam sogar den Beweis dafür, daß sie und er damals, vor 200 Jahren, tatsächlich lebten und sich liebten...

Serge Lama hatte schon immer das dumpfe Gefühl: Ich habe schon einmal gelebt. Ganz deutlich wurde es, als er mit seiner Künstlertruppe eines Tages in die alte französische Stadt Carcassonne kam. Hier erschien ihm alles bekannt und vertraut. Bevor er in einer der kleinen Gassen um eine Ecke bog, wußte er, was ihn dahinter erwartet. Beim Betreten der Herberge in der uralten Westgotenfestung begann sein Herz heftig zu pochen. Zu seinen Freunden sagte er: »Paßt auf, jetzt geht es gleich drei Stufen abwärts. Und dann seht ihr ganz hinten rechts eine wunderschöne Holztreppe. Mein Gott, mir ist, als wäre ich endlich nach vielen Jahren heimgekehrt.«

Nie zuvor war Serge Lama in Carcassonne gewesen. Doch er besaß eine Erinnerung, die nicht trog. Es gab die Stufen, die Holztreppe, die Verschnörkelungen an rauchgeschwärzten Deckenbalken und viele andere Dinge.

Ebenso merkwürdig erging es dem Sänger immer, wenn er in Paris weilte und sich in der Gegend der Kathedrale Notre-Dame aufhielt. Ihn überfiel alsbald ein unerklärlicher Schmerz. So, als habe er eben einen besonders lieben Freund verloren. Als wäre er besonders einsam und verlassen. Hier im Schatten der alten Häuser konnte er nicht singen und nicht lustig sein. Irgend etwas schnürte ihm die Kehle zu.

Aber was war es?

Das Kreuz in der Fensterbank

Im Augenblick des Todes nach dem Autounfall sollte Serge Lama es erfahren.

Das tragische Unglück passierte an einem heißen Sommertag 1965. Mit seiner Verlobten Madeleine und dem Freund Enrico Macias fuhr Serge von Marseille nach Aix-en-Provence. Die drei waren unbekümmert, heiter, vielleicht sogar ausgelassen. Sie fuhren schnell. Zu schnell. In einer Kurve geriet der Wagen ins Schleudern und prallte gegen einen Baum. Serge spürte noch, wie er aus dem Sitz geschleudert wurde, dann verlor er das Bewußtsein. Als er drei Tage später wieder zu sich kam, kostete es ihn viel Mühe, sich in der Gegenwart zurechtzufinden. Sehr einsilbig und in sich gekehrt lag er da. Die Nachricht, daß Madeleine und Enrico bei dem Unfall getötet wurden, war für ihn nicht neu. »Ich weiß. Ich traf sie ja. Drüben«, sagte er und schwieg, als hätte er bereits zuviel verraten.

»Was war denn da drüben?« bohrte die Krankenschwester. Doch der Sänger wandte sich ab und berührte das Thema nicht mehr. Eineinhalb Jahre lang. So lange mußte er liegen, bis die zerschmetterten Beine endlich wieder langsam heil wurden. Der erste Weg, noch auf Krücken, führte ihn dann aber nach Paris. Er ließ sich zu einem Hotel in der Altstadt, Quartier de Marais, gegenüber der Kathedrale von Notre-Dame, bringen. Dort stieg er in den Innenhof, ging auf ein Fenster zu, wischte den dicken Staub von der steinernen Fensterbank und starrte gebannt auf ein eingeritztes Kreuz. »Es ist da. Genau so, wie sie gesagt hat.«

Jetzt erst erzählte Serge Lama seinen Freunden von der aufregenden Reise in die Vergangenheit im Augenblick des Sterbens.

Zuerst war da nur ein blendend weißes Licht. Ein Licht wie ein ewig dauernder greller Blitz. Unvorstellbar hell und durchdringend. Das Bersten und Krachen des Zusammenstoßes hallte wider, als würde der Schall von hundert Wänden zurückgeworfen.

Und dann passierte etwas Merkwürdiges: »Plötzlich«, so erzählte Serge Lama, »waren alle Schmerzen vorbei. Ich befand mich am Ort des Unfalls wie ein Zuschauer. Ich sah auf meinen blutenden, verletzten Körper herab. Ich schwebte gleichsam darüber. Mit einem neuen Körper aus einem anderen Stoff. Ich hatte mich verdoppelt, den alten Körper abgelegt. Ich konnte sehen und hören und mich frei bewegen. Aber alles war anders. Ich wußte: Das da unten bist du. Und das, was darüber schwebt, das bist du auch. Ich bin irgendwo in einer anderen Welt.«

Aber wo waren die anderen? Enrico und Madeleine? Serge Lama hörte eine weinende Stimme. Er sah Madeleine wie durch einen dichten Schleier. Er wollte hin zu ihr, sie in die Arme schließen, aber zwischen der Verlobten und ihm war eine unsichtbare Schranke. Er konnte nicht hinüber. Und Madeleine konnte nicht zu ihm. Sie entfernte sich immer mehr, bis er sie nicht mehr sehen konnte. In diesem Augenblick wurde Serge klar: Madeleine ist tot. Ich lebe noch. Deshalb darf ich noch nicht dorhin gelangen, wo sie sich befindet.

Aber wo befand er sich, wenn er tot und doch nicht tot, von seinem Körper getrennt und doch noch am Leben war? Serge fand keine Zeit, darüber nachzugrübeln, denn jetzt begann für ihn die Reise in seine früheren Leben.

Übergangslos ist er plötzlich in Carcassonne. In der riesigen Festung mit ihren 52 Türmen und fünf Bastionen. Serge ist Mönch. In seiner weißschwarzen zerrissenen Kutte sitzt er mit Soldaten und Ordensbrüdern in eben jener Herberge, die ihm auf seiner Tournee durch Südfrankreich so bekannt vorkam. Es ist Krieg. Glaubenskrieg. Serge und seine Freunde, die Albigenser, werden blutig verfolgt, weil sie sich von der Kirche getrennt und eine eigene Sekte gegründet haben. Graf Simon von Montfort belagerte die Festung seit Wochen, und es sieht für die Belagerten bös aus. Man schreibt das Jahr 1210.

Die Stimmung in der Herberge ist gedrückt. Plötzlich wird die Tür aufgestoßen. Waffen und Rüstungen blitzen. Soldaten dringen in den Raum. Es entsteht ein wildes Kampfgetümmel. Die Angegriffenen haben keine Chance. Serge flieht in den Keller und von dort durch einen Geheimgang aus der Festung hinter den Berg. Von seinem Versteck aus sieht er auf der anderen Seite des Flusses die Scheiterhaufen brennen. Die gefangenen Ketzer werden von der Inquisition hingerichtet. Viele hundert. Seine besten Freunde sind darunter. Er selbst ist noch einmal davongekommen.

Deshalb also ist ihm Carcassonne und seine Herberge so bekannt vorgekommen? Hat Serge tatsächlich schon einmal als Mönch vor über 700 Jahren gelebt?

Die Reise geht weiter. Serge Lama ist noch erschüttert von dem, was ihm eben begegnete, da steht er bereits mitten in einer neuen Szene.

Er ist in Paris. Und wieder klirren die Waffen, donnern die Musketen und Kanonen, schreien Verwundete und Mißhandelte. 10. August 1792. Die Sansculotten stürmen die Tuilerien. Der König ist gefangen. Die Adeligen werden auf Schandkarren zur Guillotine gefahren. Pausenlos. Die Menge grölt.

Serge steht im Innenhof eines Hotels im Zentrum von Paris. In seinen Armen liegt Françoise, seine wunderschöne Geliebte. Es heißt Abschied nehmen. Françoise zittert. Die tiefbraunen, warmen Augen ertrinken in der Flut der Tränen. Sie küßt ihn heftig, preßt sich so fest an ihn, daß das kostbare, steife Kleid wie ein Fächer nach hinten absteht.

Serge muß gehen. Sein Freund drängt. Fast gewaltsam reißt er sich aus den Armen seiner Geliebten.

Noch einmal dreht er sich um und winkt zurück. Françoise eilt auf ihn zu und flüstert: »Wenn ich verhaftet werde, ritze ich ein Kreuz in diesen Stein. Wenn du zurückkehrst und mich nicht vorfindest, dann schau nach, ob das Kreuz da ist. Wenn du es entdeckst, dann weißt du, daß sie mich zum Schafott geführt haben.«

Françoise deutet auf jenes Fenster, das Serge Lama nach seiner Entlassung aus dem Krankenhaus gesucht und gefunden hat.

Dieses Kreuz in der Fensterbank — konnte seine Entdeckung ein Zufall sein? Hatte Serge womöglich schon zweimal gelebt, einmal als abtrünniger Mönch, einmal als Adliger zur Zeit der Französischen Revolution? Wieso sahen Madeleine, seine Braut, die beim Autounfall 1965 ums Leben kam, und Françoise, die Comtesse, die vor 200 Jahren enthauptet wurde, einander zum Verwechseln ähnlich?

Fragen über Fragen. Weder Serge Lama noch Wissenschaftler können sie beantworten.

Der französische Sänger, der 1969 eine neue Karriere startete und besonders 1973 Welterfolge feierte, ist überzeugt: »Ich habe schon mehrfach gelebt. Als ich im Hotel in Paris das Kreuz fand, war das für mich nur das letzte Beweisstück. Im Grunde habe ich es schon immer gewußt.« (8)

So wie er denken viele, die an einem fremden Ort plötzlich das Gefühl haben: Hier bin ich schon einmal gewesen, obwohl sie doch genau wissen, es ist nicht so. Zumindest kam ich in meinem bisherigen Leben nicht hierher.

Was und wo ist »drüben«?

Etwas ganz anderes fasziniert an dieser Geschichte: Der französische Sänger Serge Lama, der zumindest für sich selbst den Beweis fand, daß er schon einmal gelebt hat, war in der Zeit, in der sein Herz stillstand, irgendwo »drüben«. Und da drüben konnte er sich ungehindert von Raum und Zeit bewegen. Sein »Ich«, seine Seele oder wie immer man das nennen mag, hatte sich vom Körper getrennt. Er war nicht tot, und das wußte er offensichtlich auch, denn er konnte seiner Verlobten Madeleine, die beim Autounfall ums Leben gekommen war, nicht in das wirkliche Jenseits folgen. Eine »unsichtbare Schranke« hielt ihn zurück. Aber wo befand er sich — lebend ohne Körper? In welchem Zustand war er ohne den materiellen Organismus, den er wie ein zerrissenes Kleid abgestreift hatte?

An dieser Stelle treffen sich die Tonbandprotokolle von Hypnosesitzungen mit den Berichten jener Menschen, die vorübergehend klinisch tot waren, durch die Kunst der Ärzte aber wieder ins Leben zurückgerufen wurden. Die Übereinstimmungen sind frappierend. Beide schildern einen Zustand, in dem sie vom Körper getrennt sind — aber empfinden, fühlen, sehen, hören können. Beide leben ohne Körper, sind irgendwo drüben, aber nicht tot und nicht im Himmel.

Die Münchnerin Frau Hedi Hovard war zwei Minuten lang klinisch tot. Das Herz hatte aufgehört zu schlagen, Puls und Atem standen still. Die 52jährige erzählt über diesen Augenblick am 24. September 1974:

»Ich lag nach einer schweren Operation in der Rinecker-Klinik in München. Die Strapazen waren fast überstanden, ich dachte schon an meine Entlassung. Da passierte es. Es war am dritten Tag nach der Operation. Ich fühlte mich plötzlich so merkwürdig und läutete der Schwester. Sie kam und gab mir eine Kalziumspritze. Im selben Augenblick blieb mir die Luft weg. Ich riß den Mund auf, rang nach Atem. Ich spürte noch, wie sich alles in mir verkrampfte, als bedrängten alle Organe das Herz, bekam irrsinnige Todesangst, und dann war es schlagartig aus. ‚Jetzt bist du tot', dachte ich noch. Die Schmerzen, die Verkrampfungen, die Angst, alles war wie weggeblasen.

Dann wurde ich durch eine sehr enge, dunkle Röhre aus dem Körper hinausgepreßt. Das war wie Geborenwerden — nur umgekehrt. Ich fühlte mich plötzlich ganz wundersam leicht, befreit, schwebend. Und unsagbar glücklich. Ich wußte, daß ich von meinem kranken Leib getrennt war. Um mich herum flutete eine Helligkeit, wie ich sie noch nie gesehen hatte. Es war unglaublich hell. Aber dieses Licht blendete mich nicht.

Ich kam mir vor, als wäre ich eine kleine runde Wolke. Eine große Wärme hüllte mich ein. Ich schwebte auf die Helligkeit zu, angezogen von unirdischen Klängen, einer Art Sphärenmusik von unfaßbarem Wohlklang...«

Frau Hovard mußte zurück. Zurück durch die Lichtfülle, zurück durch die viel zu enge Röhre, zurück in den kranken Körper.

Hatte sie ihre »Reise nach drüben« nur geträumt oder wirklich erlebt? Half ihr lediglich eine schöne Vorstellung über die schwierigste Minute ihres Lebens hinweg? War ihr Geist beim Versagen der körperlichen Funktionen wie der einer Berauschten vielleicht nur von Halluzinationen geblendet?

Das »Jenseits« ist ganz anders

Natürlich denkt man unwillkürlich an so etwas Ähnliches. Andererseits ist das, was Frau Hovard erzählt, überhaupt nicht einzigartig. Viele hundert Menschen behaupten inzwischen, im Augenblick des Todes ganz ähnliche Jenseitserlebnisse gehabt zu haben. Das Merkwürdige dabei: Die Berichte sind einander zum Verwechseln ähnlich, obwohl keiner von den Erfahrungen des anderen wußte.

Da werden nicht etwa Vorstellungen aus der Kindheit oder Bilder aus dem Religionsunterricht lebendig, wie das in Träumen vorkommen kann. Niemand erzählte bisher von der Begegnung mit einem Engel mit Flügeln, Flammenschwert oder Harfe. Niemand begegnete dem Teufel oder einem »letzten Gericht«, das über Glück oder Verdammnis entscheidet.

Statt dessen ist alles so anders, so neu, so unvorstellbar für den, der es nicht erlebt hat, daß es unendlich schwerfällt, dafür passende Begriffe zu finden.

Alle ehemaligen »Toten« haben große Mühe, sich verständlich zu machen. Sie erzählen etwa von der dunklen Röhre und weisen gleichzeitig darauf hin, daß es aber keine Röhre, sondern etwas anderes war. Vielleicht ein unendlich langer Gang oder ein Tunnel. Sie schildern das Licht und versuchen sofort zu erklären, daß es aber mit unserem Licht oder mit den Strahlen der Sonne überhaupt nichts zu tun hat. Das Licht drüben ist kein Licht, sondern eher ein Wesen. Vielleicht etwas Menschliches, vielleicht aber auch etwas Göttliches.

Trotz aller Schwierigkeiten der Erklärung kehrt in den Schilderungen eine ganze Reihe bestimmter Einzelheiten wieder:

Da ist beispielsweise die dunkle »Röhre«, der »Tunnel« oder das »schwarze Loch«, durch das die Seele im Augenblick des Todes hinausgepreßt wird. Manchmal vernimmt der Sterbende zusätzlich ein deutliches Knacken oder Brechen, ein unangenehmes Geräusch, das ihm anzeigt, daß sich Leib und Seele voneinander getrennt haben. Immer weiß er ganz bestimmt, daß er jetzt »tot« ist. Das Herz blieb stehen.

Mit diesem Augenblick, das ist ebenfalls in allen Berichten zu finden, hört jedes Leiden, Fürchten, Ängstigen schlagartig auf. Dem »Toten« ist nicht kalt, wie man annehmen sollte, sondern er fühlt sich von einer wohligen Wärme erfüllt. Und er ist unvorstellbar glücklich.

Sodann hat er die Gewißheit, daß er auch ohne Leib noch eine Art Körper besitzt, eine Gestalt mit allen bisherigen Gliedern und Formen. Sie ist federleicht und kann schweben. Sie wandert unbeschadet durch Mauern und Personen hindurch. Sie ist wie eine leichte Wolke, eine Feder, die man davonpusten kann. Sie vermag zu hören und zu sehen. Die Sehkraft ist geradezu unbegrenzt. Der »Tote« blickt gleichzeitig in den Himmel, sieht verstorbene Freunde, Eltern, Geschwister und schaut auf den eigenen Leib auf dem Operationstisch. Nicht selten schwebt die Seele in ihrer neuen Gestalt unter der Decke des Zimmers und beobachtet, wie sich die Ärzte verzweifelt um den toten Körper bemühen. Sie will sich verständlich machen, wird aber nicht gehört und nicht gesehen. Und sie hat nur eine einzige Sorge: Hoffentlich muß ich nicht in meinen Leib zurückkehren.

Schließlich fehlt in den Berichten niemals das geheimnisvolle helle und klare Licht, das so viel Wärme, Glück und Friede vermittelt. Ein Licht, das den Sterbenden magisch anzieht, »heimholt« und gleichzeitig läutert.

Dr. Moody war in seiner Studienzeit zufälligerweise dabei, als ein Hochschulprofessor in kleinem Kreis über seine phantastischen Erlebnisse während des klinischen Todes erzählte. Da war, wie in Hedi Hovards Bericht, die Rede von einem dunklen Kanal, von Licht und Wärme, von unbeschreiblichem Glück und einer gewissen Traurigkeit, wieder ins Leben zurückkehren zu müssen.

Raymond Moody war tief beeindruckt, aber viel zu nüchtern, als daß er dieser Erzählung große Bedeutung beigemessen hätte. Als ihm kurze Zeit später, allerdings wiederum ganz zufällig, ein Student eine fast gleichlautende Schilderung gab, da wurde er hellhörig. Er begann nun, systematisch nachzuforschen, und fand nach und nach über 150 Menschen, die von sich behaupteten, das Jenseits für einen Augenblick erlebt zu haben. Menschen, die fortan vor dem Sterben keine Spur von Angst mehr hatten, sondern sich auf den Augenblick freuten, endlich von jenem beispiellosen Glück erneut, und diesmal für immer, erfüllt zu sein.

Die ersten Ergebnisse wurden im November 1975 veröffentlicht. Inzwischen gibt es von Dr. Moody zwei Bücher über das »Leben nach dem Tod«. (9)

Die berühmte Schweizer Ärztin Dr. Elisabeth Kübler-Ross, die sich seit Jahrzehnten speziell mit dem Sterben befaßt, bekannte:

Forschungsarbeiten wie diese bestätigen, was uns seit Jahrtausenden gesagt wird, daß es ein Leben nach dem Tode gibt. Die Befunde zeigen, daß der Sterbende sein Bewußtsein behält und seine Umgebung wahrnimmt, auch nachdem er klinisch für tot erklärt worden ist. Dies deckt sich weitgehend mit meinen eigenen Forschungen.

Auch berühmte Leute waren schon »drüben«

Dr. Moodys Berichte werden auch von einer Reihe sehr prominenter Leute gestützt, die ebenfalls tot waren und noch einmal ins Leben zurückkehren mußten.

Zu ihnen gehört der französische Schauspieler Daniel Gélin. Am 29. Juni 1971 hatte er eine Herzattacke.

Es gelang ihm noch, den Notarzt anzurufen, da brach er im Sessel seines Hotels bewußtlos zusammen. Im Krankenhaus von Tel Aviv starb Gélin. »Plötzlich«, so schildert er den Augenblick, »fühlte ich die Last von mir genommen, die stundenlang meine Brust zu sprengen drohte. Es geschah irgend etwas Seltsames mit mir. Ich schwebte durch das Zimmer und bewegte mich wie ein Schatten zu dem Gerät, das meinen Herzschlag aufzeichnete. Mit Erschrecken stellte ich fest, daß sich die Nadel nicht mehr bewegte. Mein Herz war also zum Stillstand gekommen.«

Charles Aznavour, Schauspieler und Sänger, erlitt am 31. August 1956 einen schweren Verkehrsunfall. 16 Jahre lang schwieg er über das, was er im Augenblick des Sterbens erlebte. Es war einfach zu ungewöhnlich. Es paßte nicht in die »gängigen Vorstellungen«, so meinte der Sänger. Denn auch er fühlte sich ganz plötzlich »überaus wohl. Irgendwie erfüllte mich ein ungeheueres Gefühl der Erleichterung. Das war also der Zustand, der uns unser ganzes Leben lang so sehr in Angst versetzte«!

Die beiden Wissenschaftler Dr. Karlis Osis aus Riga und der Isländer Dr. Erlendur Haraldson von der amerikanischen Gesellschaft für psychische Forschungen in New York haben über 1000 Berichte von sterbenden und wiederbelebten Patienten mit wissenschaftlicher Gründlichkeit analysiert. Sie befragten in jahrelanger Arbeit Ärzte und Krankenschwestern und versuchten, das gewonnene Material mit modernen Mitteln der Statistik und Computertechnik zu verarbeiten. Sie kommen zu dem Ergebnis: »Lazarus und tausend andere haben gesprochen. Nach unserem Dafürhalten wäre es weise, der eigentlichen Botschaft Aufmerksamkeit zu schenken, die sie uns in der Stunde des Todes zugeflüstert haben.«

Frau Dr. med. Elisabeth Kübler-Ross schreibt über das Buch (10), das diese Arbeit zusammenfaßt, noch deutlicher:

> Jeder, der am Leben nach dem Tod interessiert ist, sollte sich die Zeit nehmen, dieses Buch zu lesen. Die Tiefe und sorgfältige Ausarbeitung seines Inhalts gibt uns einmal mehr die Bestätigung für ein Leben nach dem Tod. Vielleicht ebenso wichtig ist, daß hier die Tatsache belegt wird, daß bei der Geburt und im Tod alle Menschen gleich sind ...

Vielleicht beweisen die vielen Berichte ehemals klinisch toter Menschen, daß das Leben mit dem Tod des Körpers nicht zu Ende ist. Ein Beweis für die Wiedergeburt können sie nicht sein. Doch sie stimmen völlig mit dem überein, was Menschen in Hypnose über ihren Aufenthalt »zwischen zwei Leben« erzählen. Deshalb wurden sie hier überhaupt erwähnt.

In Hypnose findet das Gedächtnis nämlich nicht nur sogenannte Inkarnationen, also Leben in einem Körper, sondern auch Eindrücke vom Zustand dazwischen:

»Das spielt doch keine Rolle mehr ...«

»Wunderbar. Es ist vorbei. Ich habe keine Schmerzen mehr. Nichts kann mich mehr plagen. Jetzt ist alles gut. Sehr gut. Ich habe das Leben hinter mir. Ich fühle mich leicht, ich schwebe. Da unten liegt mein Körper. Sie decken ihn zu. Die Kinder weinen. Das sollten sie nicht tun. Ich muß sie trösten. Ich muß der kleinen Leni über das Haar streichen. Aber sie spürt es ja nicht. Niemand weiß, daß ich noch da bin. Sie sehen mich nicht. Sie können mich auch nicht hören. Sie sind ja noch in ihrem Körper gefangen. Sie sind alle so stumpf. Mein Mann weint auch. Er fühlt sich richtig verloren. Das hätte ich nie gedacht, wo ich doch so eine Last für ihn war. Er macht sich Vorwürfe, weil er mich manchmal betrogen hat. Der Dumme. Das spielt doch alles keine Rolle mehr. Es ist vorbei. Wenn die wüßten, wie wohl ich mich fühle, dann würden sie nicht weinen ...«

Die Stimme klingt leise, schwerfällig, monoton. So, als versuche ein todmüder Mensch mit letzter Anstrengung etwas zu erzählen; als gehorche der Körper den geistigen Anstrengungen nur äußerst widerwillig. Manchmal kann man nur ein unverständliches Lallen vernehmen.

Die junge Frau auf der Liege beim Hypnosearzt liegt mit geschlossenen Augen in Hypnose. Das Gesicht verrät keine Regung. Die Augen unter den geschlossenen Lidern stehen ganz still.

Niki Bergner (28) hat dem Arzt Bilder aus einem früheren Leben vor 200 Jahren geschildert. Sie sah ein kleines Mädchen, das vor einer Hütte zwischen riesigen Holzstößen spielt und Steinchen in den Bach wirft. Und plötzlich behauptet die Hypnotisierte: »Das ist Erika. Ja, ich heiße Erika. Ich bin gerade drei Jahre alt. Meine Mutter ist in der Hütte. Einen Vater habe ich nicht.« Und dann erzählte sie, die vormals Erika hieß, von ihrem beschwerlichen Leben als Dienstmagd, vom frühen Altern schon mit 40 Jahren, von ihrem 14jährigen Siechtum — sie war fast völlig gelähmt — und schließlich vom qualvollen Sterben.

Danach also kam der Augenblick, in dem sich, ihrer Schilderung nach, die Seele vom Körper trennte, als würde sie den unbrauchbar gewordenen Leib ganz einfach wie ein schäbiges Kleid ablegen. Und vergessen.

Niki Bergner wird unruhig. »Ich muß zurück. Ich bekomme wieder einen Körper. Da ist halt so. Ich muß wieder leben.«

»Ist das unangenehm? Was empfindest du?«

»Ich habe Angst. Ich weiß, es wird wieder schwierig.«

Und dann, verstört und gepeinigt, die Stimme klingt gepreßt: »Oh, das zieht. Das zerrt an mir, als wäre ich in einen riesengroßen Staubsauger geraten. Ich werde winzig klein. Ganz winzig.« Und schließlich, erlöst: »Ich bin wieder da. Ich habe wieder Eltern bekommen ...«

Da behauptet also ein Mensch nicht nur, er habe schon mehrfach gelebt, sondern dazwischen auch miterlebt, was mit seinem toten Körper gemacht wurde und wie die Angehörigen trauerten. Er habe gewußt, was sie nach seinem Tod dachten und empfanden. Er wäre also noch dagewesen und habe alles wahrgenommen.

Und er habe auch bereits vor seiner nächsten Zeugung existiert und sie bewußt miterlebt. Vor dem eigenen Leben soll das Wissen dagewesen sein, daß es wiederum schwierig werden wird.

Niki Bergner ist keineswegs die erste und einzige Frau, die in Hypnose vom Jenseits berichtete — vom Leben zwischen dem Leben. Das Verblüffende an solchen Schilderungen ist:

Sie gleichen einander fast wie ein Ei dem anderen. Und ganz offenbar entspringen sie nicht irgendwelchen Phantasiegebilden, denn mit den üblichen Vorstellungen haben sie überhaupt nichts zu tun. Es ist — wie schon in der Bibel gesagt wird — alles ganz anders. So anders, daß die Hypnotisierten ebenso wie die ehemals »Toten« erhebliche Mühe haben, sich verständlich zu machen. »Man ist einfach«, sagt der eine. »Es tut nichts weh, man hat keinen Kummer, alles ist harmonisch.« Andere erklären: »Man fühlt sich wohl. Man schwebt. Man kann sein, wo man will. Kaum hat man an einen Ort gedacht, dann ist man auch schon dort.«

Alle berichten übereinstimmend: Man kann hören und sehen. Man blickt in die Vergangenheit und in die Zukunft. Doch das, was auf der Erde passiert, kümmert einen praktisch nicht mehr. Haß, Liebe, Mitleid, Freude, Trauer oder Bedauern über begangene Fehler, das alles gibt es nicht. Das gehört der Vergangenheit an.

»Das Leben im Körper ist vorbei. Jetzt, da drüben, gibt es weder Höhen noch Tiefen. Alles ist ausgewogene Harmonie«, so schildert es eine Frau in der Hypnose.

»Dann ging ich in den großen Raum«

Nach der Trennung von Körper und Seele, so wird häufig gesagt, bleibt der Verstorbene noch für eine gewisse Zeit in seiner bisherigen Umgebung.

Virginia Tighe, die amerikanische Hausfrau, die in der Hypnose erzählte, sie hätte vor hundert Jahren als Bridey Murphy in Irland gelebt, berichtet über ihr jenseitiges Leben:

»Als ich gestorben war, tat ich nicht, was mir der Pfarrer, Father John, angekündigt hatte. Ich fuhr nicht ins Fegefeuer. Ich blieb zu Hause. Bei meinem Mann Brian. Ich sah, wie sie meinen Leib verscharrten. Ich schaute einfach zu. Eine Zeit gab es für mich nicht mehr. Weder Tag noch Nacht. Ich blieb, bis Father John starb. Er besuchte meinen Mann häufig. Ich wollte Brian immer sagen, daß er keine Angst vor dem Sterben haben soll. Aber er hörte ja nicht hin. Er fürchtete sich vor dem Tod, weil er meinte, er hätte nicht genug gebetet. Ich ging dann weg von ihm. Heim nach Cork. Ich sah meinen Bruder. Er lebte noch. Ich stellte mich neben sein Bett und sprach zu ihm. Aber er sah mich auch nicht. Und dann ging ich. In den großen Raum. Da waren viele Menschen. Wir warteten auf das nächste Leben ...«

»Ich habe über 1000 Menschen geholfen zu sterben. Alle diese ‚Todesfälle' ereigneten sich in meiner Praxis. Manchmal starb ein Patient innerhalb einer Sitzung von 50 Minuten Dauer drei- oder viermal — jedesmal als ein anderer. Aber dieser ‚andere' war stets er selbst in einer früheren Verkörperung«, sagt die kalifornische Psychotherapeutin Dr. Edith Fiore.

Und sie bekennt: »Die Wiederholung des Sterbens in der Hypnose ist für die meisten keine Kleinigkeit. Manche Patienten zeigten eine große Furcht davor.«

Als besonders auffallend bezeichnet Dr. Fiore die Tatsache, daß das Bewußtsein ohne jeden Bruch über die Schwelle des körperlichen Todes hinweggeht und weiterbesteht.

Und eine zweite Tatsache scheint ihr bemerkenswert: Vom Moment des Todes an ist jede Belastung, jede Behinderung, jeder Schmerz weggefallen. Geradezu erlöst sagt der Hypnotisierte, der in seinem zu Ende gegangenen Leben erstickt ist: »Ah, jetzt kann ich wieder atmen.«

Manche Verstorbenen weinen, wenn sie auf die Szene zurückblicken, die sie unter sich sehen. Doch sie sind nicht über den eigenen Tod traurig, sondern sie grämen sich nur, weil die Zurückgebliebenen Schmerz empfinden. Sie selbst fühlen sich unendlich wohl. Sie schweben. Alles ist leicht, harmonisch, schön. Der Übergang vom Leben in den Tod war — nach allen Schrecken des Sterbens — ein »sanftes Hinübergleiten«.

Und dann hören sie — genau wie jene, die klinisch tot waren und über ihre Erlebnisse in diesem »Tod« erzählen konnten — laute Geräusche, Glockenläuten, himmlische Klänge. Sie sehen die Helligkeit und fühlen sich überhaupt nicht einsam oder verlassen.

Roger, der als Ritter William zur Zeit des englischen Königs Heinrich VII. beim Turnier getötet wurde, berichtet:

»Das ist, als ginge eine wohlige Wärme durch meine Adern, durch meinen ganzen Körper. Ich sehe ein weißes Licht und schwebe davon. Mit dem Gesicht nach unten, so wie ich dagelegen habe, schwebe ich, zuerst einen Meter hoch und dann immer höher davon — Ich bin schon tot — Ich bin hineingeworfen in einen Strom von Licht und fühle mich augenblicklich überaus glücklich — Das ist wunderbar. Das ist gut —«

Nur zwei Seiten desselben Lebens?

Manchmal erzählen Hypnotisierte auch, sie würden »drüben« von Verwandten, Bekannten, Freunden bereits erwartet und freudig begrüßt. Gelegentlich wird dem Verstorbenen auch ein Begleiter zugeordnet, der ihn betreut und führt, damit er sich nicht verloren vorkommt.

Leben und Sterben — ist das vielleicht wie Schlafen und Wachsein? Im Grunde ein und dasselbe — nur in verschiedenen Formen? Ist der Mensch, wenn sein Körper stirbt, überhaupt nicht tot, sondern nur in einen anderen Lebenszustand hinübergewechselt? Lebt er ohne Körper weiter, bis er erneut geboren wird?

Manche Forscher sind überzeugt davon und versuchen heute, die Beweise für das zu finden, was östliche Religionen seit Jahrtausenden für wahr halten.

So etwa der Leiter des Münchner Instituts für Außerordentliche Psychologie, der Psychotherapeut Dethlefsen. Er meint:

Vielleicht gibt es seit Anfang der Welt eine gleichbleibende Anzahl von Seelen. Manchmal wären dann eben mehr »drüben«, manchmal, wie gerade in unseren Tagen, lebten mehr im Diesseits in einem Körper.

Dethlefsen glaubt beobachtet zu haben, daß die Zwischenräume zwischen den verschiedenen Inkarnationen in jüngster Zeit immer kürzer werden. Während früher ein paar Jahrhunderte vergingen, ehe ein Mensch wiedergeboren wurde, soll es heute in der Regel nur noch ein paar Jahre, höchstens Jahrzehnte dauern.

»Drüben« — aber nicht im Himmel

Eines wird aus den Berichten wie schon bei Serge Lama ganz deutlich: Das Leben »drüben« ohne Körper dürfte nicht mit der ewigen Seligkeit gleichgesetzt werden. Diese wäre wiederum etwas völlig anderes und käme erst danach, am »Jüngsten Tag«, wenn alles irdische Leben zu Ende gegangen ist. Dann, wenn der gesamte Kosmos seine Vollendung erfährt.

Denkt man solche Vorstellungen zu Ende, dann ist damit nur anders, moderner ausgedrückt, was auch die christlichen Kirchen schon immer gelehrt haben: Vor dem ewigen Leben steht das »Fegefeuer«, ein Zustand zwischen irdischem Dasein und der Seligkeit im Himmel.

Ist jenes Fegefeuer nichts anderes als der »Warteraum« zu einer neuen Wiedergeburt? Ein Zustand, in dem es weder Zeit noch Entfernungen gibt? Die Erkenntnis einer Seele, daß sie für die Seligkeit noch nicht reif ist? Zeigt die moderne Forschung, daß letztlich zwischen den großen Weltreligionen im Gegensatz zu allen bisherigen Vorstellungen kein wesentlicher Unterschied besteht?

»Hinabgestiegen in das Reich der Toten«, heißt es im christlichen Glaubensbekenntnis. Jesus, das wird damit gesagt, ist nach seinem Tod am Kreuz drei Tage lang »drüben« gewesen, ehe er zu Ostern von den Toten auferstand. Nicht im Himmel, irgendwo sonst. Die Himmelfahrt fand erst 40 Tage nach Ostern statt.

Was ist aber das »Reich der Toten«? Wo war die Seele Christi zwischen Karfreitag und Ostersonntag?

Früher hieß es im Glaubensbekenntnis: »Abgestiegen zur Hölle.« Diese wörtliche Übersetzung des griechischen Textes — offenbar eine Anspielung auf die »Unterwelt«, in der die Seelen nach vorchristlicher Vorstellung dahindämmern — ist erst in unseren Tagen korrigiert worden.

»Er wird wiederkommen, zu richten die Lebenden und die Toten«, heißt es weiter, ebenfalls im Glaubensbekenntnis. Wer sind die Toten? Jene, die gerade »drüben«, also nicht in einem Körper leben? Normalerweise nimmt man doch an, daß der Verstorbene direkt vor das Angesicht Gottes treten muß und dann sofort erfährt, ob er verdammt ist, ins Fegefeuer muß oder bereits in den Himmel darf. Auch die Formulierung deutet deshalb darauf hin, daß damit nicht jene Menschen gemeint sind, die am Jüngsten Tag noch leben und die anderen, die bereits verstorben sind. Vielleicht jene, die momentan ohne Körper leben?

Wenn die Seele frei wird

Die Berichte der Menschen, die für eine kurze Zeit klinisch tot waren, und die Hypnoseprotokolle weisen jedenfalls übereinstimmend darauf hin, daß sich in ganz bestimmten Situationen das »Ich« von seinem gegenwärtigen Körper lösen kann. Nicht nur im endgültigen Tod. Auch schon früher. Dieses »Ich«, so scheint es, ist auf den Körper nicht angewiesen. Im Gegenteil: Ohne Körper fühlt es sich freier, glücklicher, unbelasteter.

Die moderne Wissenschaft geht noch einen Schritt weiter: Es gibt heute deutliche Hinweise dafür, daß sich ein Mensch im Schlaf, vor allem aber in Narkose — etwa während einer Operation —, immer dann also, wenn das Bewußtsein ausgeschaltet ist, nicht besinnungslos ist, wie wir uns das gewöhnlich vorstellen, sondern daß gerade in solchen Momenten die

Seele wacher, aktiver, sensibler, eben freier existiert — und wirkt. Sie kann sich zwar nicht äußern — aber sie vernimmt alles, was um sie herum vorgeht.

Wenn ein Arzt beispielsweise sagt: »Den kriegen wir nicht durch« — oder »Das wird nie wieder ganz heil« — oder »Der Krebs ist so weit fortgeschritten, da machen wir lieber wieder zu. Hoffnungslos« — dann muß er damit rechnen, daß sein bewußtloser Patient mithört. Daß er alles genau mitbekommt — gerade weil er bewußtlos ist. Körper und Seele hängen in diesem Augenblick — bildlich gesprochen — nur ganz lose aneinander. So lose, daß die befreite Seele ohne Sinnesorgane wahrnehmen kann. Später wird sich der Patient zwar an nichts erinnern können — ganz tief in seinem Innersten sind die Ereignisse jedoch bekannt und schaffen Unruhe und Sorgen. Irgendwie, so sagt man, ahnt oder spürt er »instinktiv« die Wahrheit.

So ist der Psychiater Professor Dr. R. S. Blacher aus Boston überzeugt davon, daß viele vermeintliche Alpträume gar keine Träume sind, sondern die Erinnerung an wirkliche Geschehnisse. Einer seiner Patienten litt beispielsweise im Schlaf immer wieder unter der schrecklichen Vorstellung, völlig gelähmt zu sein und qualvoll sterben zu müssen. Der Mann hatte eine Operation hinter sich. Was er nicht wußte: Während des Eingriffs war er angeschnallt, er konnte sich also nicht bewegen. Unbewußt hat er die Schmerzen miterlebt. Ähnlich wie ihm, so meint Professor Blacher, geht es sicherlich Millionen Menschen: Sie glauben zu träumen, erinnern sich aber an etwas, das die Seele erlebte, als das Bewußtsein mehr oder weniger gut ausgeschaltet war.

An zwei Orten gleichzeitig

Eine andere Form der Trennung von Körper und Seele soll es häufig im Mittelalter unter Heiligen gegeben haben: Durch Hungern, Beten, Askese war es ihnen ähnlich wie Yogis gelungen, die Kräfte von Körper und Seele so perfekt zu beherrschen, daß sie beide jederzeit voneinander trennen konnten. Die Seele verließ den Körper, erschien an einem anderen Ort — und kehrte nach getaner Arbeit wieder in den Körper zurück. Man nennt diese »Verdoppelung« einer Person Bilokation.

Von einem berühmten Mönch wird erzählt, daß er gerade dabei war, in einer feurigen Bußpredigt die Leute von Florenz aufzurütteln, als ihm einfiel, daß niemand zu Hause im Kloster die Angelusglocke läutet, weil er vergessen hatte, einem Bruder den Auftrag zu geben. Der Bußprediger, so berichten Zeitgenossen, lehnte sich an die Kanzelbrüstung — und schwieg. Er schien eingeschlafen zu sein. Im selben Augenblick aber betrat er, der oben an der Kanzel lehnte, das viele Kilometer weit entfernte Kloster, läutete die Glocke und kehrte zurück. Auf der Kanzel »erwachte« er und setzte seine Predigt fort, als wäre nichts geschehen.

Solche Erzählungen sind nicht nur in unseren Tagen gerne als Märchen, Sinnestäuschung oder gar als Massensuggestion abgetan worden. Ganz langsam aber kommt man heute dahinter, daß es auf unserer Welt wohl doch mehr gibt als nur jene Dinge, die man sehen, hören, greifen — und erklären kann.

»Ich habe viele Körper aufgeschnitten, aber nie eine Seele gefunden«, soll der berühmte Arzt Professor Rudolf Virchow vor rund 100 Jahren spöttisch gesagt haben. Ob er heute nicht ganz anders denken würde?

Wenn ein Yogi in Indien sich in Trance versetzt, dann will er nichts anderes als »die andere Seite des Lebens« kennenlernen — jene Seite, in der die Seele nicht von körperlichen Kräften gefangengehalten wird. Er will einen Blick nach »drüben« werfen. Er versucht, die Seele zu befreien. Das ist nichts anderes als das, was die Mystiker im Mittelalter auch im Westen anstrebten.

Heute sind viele Wissenschaftler davon überzeugt, daß schon in naher Zukunft jeder vernünftige Mensch sich der

Hypnose anvertrauen wird, um mit ihrer Hilfe seine Seele zu finden, sich selbst kennenzulernen — sich, das hieße dann: nicht nur dieses gegenwärtige Leben, sondern das viel größere, umfassendere »Ich« in all seinen Inkarnationen.

Selbst manche Theologen neigen inzwischen dazu, die Erlösung in dieser Selbsterkenntnis zu sehen.

»Der Trip« ins Jenseits

Eine beinahe schon skurrile Begebenheit darf in diesem Zusammenhang nicht unerwähnt bleiben:

Robert A. Monroe, er ist Geschäftsmann und hat vor Jahren in Afton in Virginia (USA) ein Institut für »ergänzende Wissenschaften« gegründet, behauptet von sich: »Ich habe in den sieben Jahren 1400 Menschen auf die Reise hinaus aus dem Körper geschickt.«

Bei diesen Reisen handelt es sich nicht um Hypnose, nicht um das Aufspüren von Erinnerungen innerhalb der Seele, sondern, wie Monroe behauptet, um wirkliche Trennungen von Leib und Seele. Eine Trennung, wie sie im Tode stattfindet, wie sie auch der Pater im Mittelalter schon bei Lebzeiten beherrscht haben soll.

Monroe behauptet, es sei ihm gelungen, ein Gerät zu erfinden, einen sogenannten Signalgeber, dessen Töne, Geräusche und Signale, die zuvor auf Tonband aufgenommen wurden, der Seele helfen, sich vom Körper loszulösen.

Monroe berichtet über seine eigenen Erfahrungen mit solchen »Seelenwanderungen«. Das beginnt, so sagt er, mit einem unbeschreiblichen Vibrieren im Körper. Daraufhin reiße sich das Bewußtsein vom Körper los und schwebe zur Decke.

Eines Tages sei er völlig unerwartet auf diese Weise bei seinem Freund aufgetaucht. »Wie ein halbdurchsichtiges Stoffbündel hing Monroe plötzlich unter meiner Zimmerdecke«, soll der Freund später voll Entsetzen berichtet haben.

Monroe behauptet auch, er wäre gelegentlich mit anderen

»Entdeckern« zu fremden Welten unterwegs. Er treffe auf intelligente Wesen im Weltraum und unterhalte sich mit ihnen, ohne daß dabei ein Wort gesprochen wird. Man verstehe sich ganz selbstverständlich. Diese Wesen seien rein geistig und hätten keine Ahnung davon, was eine körperliche Existenz darstelle.

In den letzten sechs Jahren will Monroe 30 Sterbende aus dem Körper hinausgeführt haben. Fünf von ihnen seien nach dem Tod zurückgekehrt, um von ihrem neuen Leben zu berichten. Neuerdings kann man sich bei Monroe in Kursen auf das Leben nach dem Leben vorbereiten. Man erfährt von ihm, was man »drüben« zu erwarten hat und wie man sich darauf einstellt. Eine ganz neue Form der Sterbehilfe.

Man könnte das Ganze als Scharlatanerie abtun, würde nicht eine Frau in diesem Zusammenhang genannt, deren Name unter Wissenschaftlern einen glänzenden Klang hat: Frau Dr. Elisabeth Kübler-Ross.

Sie hat den Anstoß dazu gegeben, daß sich die moderne Wissenschaft so intensiv mit dem Tod befaßt. In jahrelangen Beobachtungen fand sie vor Jahrzehnten schon heraus, daß in den Sterbenden vom ersten Stadium der Verzweiflung bis hin zu einer gewissen Euphorie kurz vor dem Tod sich ein großer Wandel vollzieht.

Frau Kübler-Ross hat sich später sehr eingehend mit Raymond A. Moodys Arbeiten befaßt. Die Berichte über die »seelischen Abenteuer« von Menschen auf der Schwelle zum Tod faszinierten sie derart, daß sie beschloß, eigene Untersuchungen auf diesem Gebiet anzustellen.

Auf ihrer Suche nach der Wahrheit kam die Psychiaterin aus der Schweiz auch zu Robert A. Monroe nach Virginia, um dort von ihm zu lernen, wie man die Seele vom Körper trennen kann.

»In dem Augenblick, in dem ich spürte, daß ich mit Lichtgeschwindigkeit in die Höhe schoß, schnellte ich hinaus, zog eine Spitzkehre, umrundete einen großen Hügel und schoß davon«, erzählt Dr. Kübler-Ross selbst. »Ich wußte, ich werde vermutlich irgendwo hingehen können, wo kein Lebender bisher gewesen ist. Ich fühlte mich einfach super.«

Seither, so behauptet sie, sei sie häufig außerhalb des Körpers unterwegs gewesen. Sie habe »Geisterführer« getroffen, die ihr über das Leben nach dem Tode berichteten, und sie hätte frühere Patienten »empfangen«, die längst verstorben sind. Bei einem solchen Besuch bat sie die verstorbene Mary Schwartz, sie möge doch ein Briefchen an einen guten Freund schreiben und ihr aushändigen. Die »Seele« der Verstorbenen erfüllte der Wissenschaftlerin den Wunsch. Der Brief mit Unterschrift und Datum existiert.

Dr. Stuart Twemlow von der Menninger-Schule für Psychiatrie in Topeka in Kansas berichtet, daß Patienten mit Monroes »Seelentrennungsmaschine« in die Lage versetzt werden, ihre Schmerzen zu kontrollieren, indem sie den Körper ganz einfach verlassen. »Auf diese Weise bereiten sich die Patienten selbst auf den Tod ihres Körpers vor, verlieren ihre Angst vor dem Sterben und werden in die Lage versetzt, die letzten verbleibenden Augenblicke ihres Lebens in dieser Dimension sinnvoll zu nutzen«, sagt Dr. Twemlow.

Vorgänge, die uns heute noch kaum glaubhaft erscheinen. Aber wie wird es morgen sein? Wird der Mensch die Planeten letztlich ohne Raumschiffe, ohne »Fliegende Untertassen« erobern, indem er den schwerfälligen Körper auf der Erde zurückläßt und nur seine Seele auf die Reise schickt?

Werden Krankheiten bald nebensächliche Kleinigkeiten sein, weil der Mensch den leidenden Körper in der Krankheit verläßt — und erst wieder in ihn zurückkehrt, wenn er wieder gesund ist?

Vielleicht erleben wir in den nächsten Jahrzehnten und Jahrhunderten mehr und aufregendere Abenteuer, als unser Verstand sich im Augenblick ausmalen kann.

8. Kapitel

Die Begegnung in Orly

Da stehen zwei Menschen unerwartet voreinander und wissen plötzlich: Wir haben schon einmal zusammengehört. In einem früheren Leben. Unglaublich.

Und doch finden sich Beweise, die kaum mehr einen Zweifel übriglassen: Die Erinnerung an das frühere Leben ist wahr …

Flughafen Paris-Orly. Samstag, 6. Dezember 1975, 20.55 Uhr. Die Maschine der Air France aus London ist pünktlich gelandet. Die Passagiere schieben sich ungeduldig an der Paßkontrolle vorbei.

Henry Mouton, Direktor einer Konzertagentur, reckt sich. Er sucht unter den wartenden Menschen in der Ankunftshalle seine Frau. Doch er kann sie nicht entdecken. Sie steht nicht ganz vornedran wie sonst, wenn er von einer Reise zurückkehrt.

Henry Mouton stellt sich auf die Zehenspitzen, obwohl er, 1,85 m groß, blond, die Fluggäste sowieso um Kopfeslänge überragt. Unsanft stößt er seine Reisetasche einem älteren Herrn in den Rücken und steigt einer jungen Frau auf die Füße.

»Passen Sie doch auf«, faucht die Frau mit dem duftenden braunen Haar und dreht sich verärgert zu ihm um.

Henry Mouton ist in diesem Augenblick wie vom Schlag gerührt. Fassungslos, mit offenem Mund, starrt er die junge Frau an.

Aus dem Ärger in ihrem Gesicht wird Zorn. Sie wendet sich brüsk ab.

»Marie — !«

Henry Mouton ruft den Namen ganz leise. So, als sollte nur sie, sie allein ihn hören.

»Marie!«

»Bitte lassen Sie den Unsinn. Ich heiße nicht Marie. Und ich habe auch keinerlei Interesse zu erfahren, wer Sie sind«, schimpft die Frau heftig und so laut, daß sich alle Leute nach den beiden umdrehen. »Wenn Sie mich weiter belästigen, rufe ich die Polizei.«

Henry Mouton kümmert sich nicht um das Aufsehen, das er erregt. Er weiß selber nicht, was mit ihm los ist. Er hatte keine Ahnung, warum er die fremde Frau anstarren muß. Er kennt sie nicht. Er hat sie niemals zuvor gesehen. Auch der Name »Marie« sagt ihm überhaupt nichts. Und doch drängt es ihn, diese Frau festzuhalten. Sie in die Arme zu nehmen, ganz fest an sich zu drücken und nie mehr loszulassen. In diesem Augenblick bedeutet ihm die Fremde, die er »Marie« nennt, mehr als alles andere auf der Welt. Er hat panische Angst, er könnte sie verlieren.

In seiner grenzenlosen Verwirrung packt Henry Mouton Frau Berghier am Arm und stammelt: »Bitte, verzeihen Sie, Madame, ich weiß nicht, warum ich Sie Marie genannt habe. Ich fürchte, wir sind uns tatsächlich nie begegnet. Aber irgendwie kenne ich Sie doch. Und ich weiß, daß Sie mir sehr viel bedeuten. Sagt Ihnen der Name Marie nichts? Überhaupt nichts?«

Sanft, unglaublich sanft, fast flehentlich klingt die warme Stimme. Und da passiert etwas Merkwürdiges: Madeleine Berghiers Ärger und Zorn sind wie weggewischt. Die junge Frau wird aschfahl. Sie zittert und muß sich auf das Geländer stützen. Wie benommen greift sie sich an die Stirne und streicht zärtlich mit den Fingern über einen langen Fleck, der aussieht wie eine Narbe.

»François!« Die Tränen stürzen aus den dunklen Augen. »François! Ich wußte, daß wir uns wiedersehen. Du bist es. Du siehst ganz anders aus als damals. Aber du bist es. Deine Augen. Deine Stimme. Oh, Gott, es ist wahr geworden!«

Da stehen, mitten im Menschengewühl eines Flughafens, zwei Menschen voreinander. Sie können nicht fassen, was mit ihnen geschehen ist, was in ihnen vorgeht. Sie starren sich an — und sehen sich doch nicht. Sie möchten sich in die Arme nehmen, verharren aber wie angewurzelt. Der andere ist völlig fremd und vollkommen vertraut zugleich. Die Gefühle wogen über jede vernünftige Überlegung hinweg.

Henry Mouton und Madeleine Berghier kannten sich — in einem früheren Leben. Vor 87 Jahren gingen sie miteinander in den Tod, weil sie sich nicht lieben durften. Doch an diese Einzelheiten können sie sich in diesem Augenblick, am 6. Dezember 1975 auf dem Flughafen Orly, nicht erinnern. Sie kennen nur ihre früheren Namen. Und wissen, daß ein mächtiges Gefühl der Zusammengehörigkeit sie beseelt.

Die anderen Fluggäste sind längst gegangen, kopfschüttelnd, verwundert über das seltsame Paar. Madeleine und Henry, man könnte auch sagen Marie und François, stehen noch immer einander gegenüber neben der Zollkontrolle.

Henry hat vergessen, daß seine Frau auf ihn wartet und ihn sicherlich längst erblickte. Madeleine denkt nicht an ihre Koffer mit der kostbaren Kleiderkollektion, die bereits vom Fließband kippten. Die beiden stehen da und wissen nicht weiter. Die Vergangenheit hat sie plötzlich, zu plötzlich eingeholt.

Madeleine Berghier streicht immer wieder über den Fleck auf ihrer Stirne und fragt plötzlich: »Hast du, verzeihen Sie, haben Sie ein Muttermal? Auf dem Rücken? Genau zwischen den Schulterblättern? Hat es die Form eines zackigen Sterns?« Henry Mouton kann nur nicken. Er ist unfähig zu sprechen. Was ist mit dem Muttermal? Was weiß diese Frau darüber? Die beiden haben keine Gelegenheit mehr, solche Fragen zu klären. Henry wird von seiner Frau gerufen. Für ihn ist das, als würde er unliebsam aus einem wunderschönen Traum gerissen.

Einem Traum, an den er sich nicht mehr erinnern kann, von dem er nur noch weiß, daß er himmlisch schön war. Und dann steht er, verlegen wie ein Schuljunge, vor seiner Frau: »Darf ich dir Marie, ich meine natürlich Frau Madeleine Berghier vorstellen? Wir sind uns eben bei der Paßkontrolle begegnet. Ganz zufällig. Weißt du, wir kennen uns schon lange. Sehr lange. Das heißt, eigentlich haben wir uns eben hier zum erstenmal getroffen ...«

Es ist hoffnungslos, die Situation zu erklären. Henry Mouton hebt die Schultern und resigniert: »Es hat keinen Sinn. Aber glaube mir, es ist alles ganz anders als du meinst. Ganz anders ...«

In der Nacht hat Madeleine Berghier einen Traum, der sie in helle Aufregung versetzt:

Eine Gruppe junger Mädchen in blauer Internatskleidung spielt am Ufer eines Baches. Die einen werfen sich einen Stoffball zu, kreischen und lachen. Andere sitzen im Kreis und singen. Eine Ordensfrau beaufsichtigt die Zöglinge, die alle etwa 17 Jahre alt sind.

Allein, etwas abgerückt von den anderen, sitzt ein sehr hübsches Mädchen mit langen blonden Zöpfen und einem kecken Stupsnäschen. Es hält den Kopf gesenkt, die Augen sind traurig auf den Boden gerichtet. Von Zeit zu Zeit rupft es eine Blume ab, wirft sie in den Bach und sieht zu, wie sie vom Wasser davongeführt wird.

Im Traum weiß Madeleine Berghier plötzlich: Dieses Mädchen ist Marie. Das bin ich.

Und sie weiß auch, wie die traurige Geschichte weitergehen wird: Hinter einem dicken Baum steht François, der Junge des Küsters, der oft in der Kapelle als Meßdiener zu sehen ist. Er pfeift und winkt. Aber Marie kann nicht zu ihm hin, ohne daß die Ordensfrau es bemerken würde.

Und die würde alles tun, die beiden sofort auseinanderzutreiben.

Marie liebt den Jungen, der ein Jahr älter ist als sie. Er arbeitet beim Dorfschmied. Sie liebt seine dunklen, sanften Augen, die wilden Haare, die kräftigen Arme. François und Marie haben einander Treue geschworen.

Doch einmal, als sie sich in dem kleinen Schuppen hinter der Kirche trafen, ganz harmlos und scheu, verlegen und mit klopfenden Herzen, sind sie vom Pfarrer erwischt worden. Nun will das Internat Marie zu den Eltern nach Hause schicken. Weg von François. Marie weint. Sie will nicht zurück zu den Eltern. Sie will François nicht verlieren.

Plötzlich plätschert der Bach. Ein Wuschelkopf taucht auf. Es ist François. Er schüttelt das Wasser aus den Augen und legt den Finger auf den Mund.

»Komm. Leise. Wir fliehen miteinander. Hab keine Angst, das Wasser ist nicht kalt.«

Marie läßt sich unbemerkt von den anderen über das Ufer in den Bach gleiten und schleicht mit François im Schutz der Weidenbüsche davon.

Dann sitzen sie drüben am Hügel in einer alten Scheune und schlottern vor Kälte. Es wird Nacht. Mit Fackeln und Laternen ist das ganze Dorf unterwegs, die verschwundene Marie zu suchen. Die Glocken bimmeln, lautes Rufen dringt von der Klosterschule herüber.

Da spricht Marie aus, was beide denken: »Die werden uns niemals in Ruhe lassen. Nie. François, geh mit mir in den Tod. Dann kann uns niemand mehr trennen. Niemand.«

François nickt. »Wir springen von der großen Eisenbahnbrücke.« Er legt seine starken Arme um das zitternde Mädchen, und dann gehen die zwei wie Schlafwandler zur Brücke. Ganz langsam. Schritt für Schritt. Bevor sie springen, sagt Marie leise: »Wenn ich wieder zur Welt komme, werde ich dich suchen, bis ich dich gefunden habe. Dann werden wir mehr Glück haben.«

Eng umschlungen lassen sich François und Marie in die Tiefe fallen.

Soweit der Traum. Oder die Erinnerung an das frühere Leben?

Madeleine erwacht mit einem lauten Schrei. Schweißgebadet, geplagt von heftigen Kopfschmerzen sitzt sie in ihrem Bett. War das alles nur ein Traum. Die Ausgeburt ihrer überreizten Phantasie? Oder durfte sie im Schlaf einen Blick zurück in die eigene Vergangenheit tun? Marie — hatte nicht der Fremde auf dem Flughafen sie so gerufen? François, war der Name nicht spontan über ihre Lippen gekommen?

Madeleine ist entschlossen, der Sache nachzugehen.

Schon am nächsten Tag trifft sie sich mit Henry in einem kleinen Bistro und erzählt ihm ihren Traum. Henry lauscht gespannt bis zu dem Augenblick, als Madeleine von der Flucht durch den Bach erzählt. Da unterbricht er sie, schlägt sich mit der Hand auf die Stirne und fährt selbst fort: »Mensch, mir fällt es wie Schuppen von den Augen. Du und ich, ich meine François und Marie, sind von der Brücke gesprungen. Ich sehe das plötzlich wieder ganz deutlich vor mir. Nach dem Sprung saßen wir, also die beiden, am Fuße des dicken Pfeilers und sahen zu, wie die toten Körper weggetragen wurden. Du hattest eine klaffende Wunde quer über die Stirn. Sie sah genauso aus wie der Pigmentfleck auf deiner Stirne jetzt.«

»Und in deinem Rücken steckte ein abgebrochener Eisenpfahl«, ergänzte Madeleine. Sie schüttelt den Kopf und fragt aufgeregt: »Sag, glaubst du im Ernst, daß wir beide schon einmal gelebt haben und uns begegnet sind? Daß das alles stimmt? Oder gibt es eine andere, vernünftigere Erklärung für das, was wir seit gestern erfahren?« Das »Du« kommt inzwischen ganz selbstverständlich über ihre Lippen.

»Ich weiß es wirklich nicht«, gesteht Henry freimütig. »Vielleicht sollten wir unsere Brücke suchen und uns in dem Ort erkundigen, ob dort tatsächlich einmal zwei Menschen in den Tod gesprungen sind.«

Viele Menschen sind heute, wie Madeleine und Henry, überzeugt davon, schon einmal gelebt zu haben. In Hypnose, im Traum, in besonders aufregenden Situationen werden verschüttete Erinnerungen lebendig. Alle diese Aussagen besitzen aber einen großen Mangel: Sie lassen sich nicht einwandfrei nachweisen. Meistens liegt das, was in der Erinnerung auftaucht, Jahrhunderte zurückt. Es gibt keine zweifelsfreien Zeugen und Zeugnisse mehr.

Henry Mouton und Madeleine Berghier, die sich auf dem Pariser Flughafen so rein zufällig getroffen und »erkannt« hatten, blieben die ersten Wochen nach dieser Begegnung unzertrennlich. Gemeinsam suchten sie »ihr« Dorf und »ihre« Brücke. Sie fanden die Bestätigung für ihre Erinnerungen: Vor 87 Jahren sind zwei junge Menschen, François und Marie, in der Bretagne in den Tod gesprungen.

Henry und Madeleine schwelgten in dem Versuch, ihr früheres Leben noch einmal Wirklichkeit werden zu lassen. Bewegt, ja geradezu erschüttert standen sie miteinander Hand in Hand auf der Brücke und schauten in die Tiefe.

Doch die Vergangenheit war vergangen. Sie ließ sich nicht in die Gegenwart holen. Die Wirklichkeit bleibt stärker. Stärker als alle Erinnerungen. Henry versöhnte sich mit seiner Frau und sah Madeleine immer seltener. Sie heiratete schließlich einen Schauspieler und vergaß die kleine Marie.

Trotzdem kein Beweis

In diesem wie in vielen anderen Fällen ist die »Erinnerung« ohne Hypnose lebendig geworden. Auf Anhieb möchte man sagen: Ist das der unwiderlegbare Beweis dafür, daß es eine Wiedergeburt gibt?

Er ist es nicht. Selbst dann, wenn sich wie hier alle Steinchen lückenlos zu einem wahren, nachprüfbaren Bild zusammenfügen und alle Beweise erbracht werden können, daß die Geschichte wirklich stimmt — es gab François und Marie tatsächlich; es gibt die Brücke, von der die beiden in den Tod sprangen; Henry »erinnerte« sich an viele Details ebenso wie Madeleine; schließlich waren da sogar noch die »Narben« aus dem früheren Leben — selbst in einem solchen Fall bleibt der letzte Beweis offen, daß nämlich Marie und François, die beiden von damals, jetzt wirklich Henry und Madeleine sind.

Bewiesen ist letztlich nur, daß zwei Menschen durch ein zufälliges Zusammentreffen auf eine wahre Geschichte gestoßen sind, daß Hautverfärbungen offenbar an etwas erinnert haben, was tatsächlich passierte.

Die beiden sind also keinem Hirngespinst erlegen. Sie können über den tragischen Doppelselbstmord auch nichts gelesen haben, denn außer einer Zeitungsnotiz einen Tag nach dem Geschehen gibt es keine Beschreibung des Vorfalls.

Es gibt unzählige Fälle sogenannter Reinkarnationen, bei denen die Hypnose keine Rolle spielte. Einige von ihnen sind so berühmt geworden wie Bridey Murphys Geschichte. Wenn man sie hört oder darüber liest, ist man geneigt zu sagen: »Jetzt ist die Wiedergeburt aber bewiesen. Nun kann es keinen Zweifel mehr geben.« Und trotzdem bleibt bei jedem Fall ein allerletztes Fragezeichen.

Die Gesamtschau aller Berichte, Fakten, Hinweise räumt viele Bedenken aus — vor allem dann, wenn man die völlig unbeeinflußten »Spontanäußerungen« mit den Tonbandprotokollen Hypnotisierter vergleicht:

Der Fall Niedhart

Kurz vor seinem Tod im Jahre 1966 kam der Münchner Georg Niedhart zu einem Historiker. Seine Geschichte war mehr als seltsam: »Ich lebte vor 700 Jahren als Raubritter«, erzählte er. Niedhart brachte eine Skizze seiner »Burg Weißenstein« mit genauen Bauplänen mit und einige dichtbeschriebene Seiten mit seinen »Erinnerungen«. Das alles war so peinlich genau und sorgfältig gemacht, daß der Historiker die Burgruine tatsächlich aufgrund der Angaben finden konnte. Eine Ruine, von der bisher keiner etwas gewußt hatte.

Die Erinnerung wurde bei Niedhart durch einen Schock lebendig: Im Jahre 1920 kamen seine Frau und seine Tochter durch einen Unfall ums Leben. Niedhart erlitt einen schweren Nervenschock und »verirrte« sich darin in sein früheres Leben.

Er sah, wie er Kaufleute überfiel und ausplünderte. Er erlebte noch einmal, wie er selbst von Strauchdieben umgebracht wurde. Und das alles hielt den strengen Nachprüfungen des Historikers stand. Für Niedhart gab es keinen Zweifel: »Ich lebte im 12. Jahrhundert.«

Hat er wirklich gelebt?

Der Fall Marta Lorenz

In Rio Grande do Sul, im südlichen Brasilien, lebte 1917 die 27jährige Tochter eines reichen Landwirts, Sinhá de Oliveiro. Die junge Frau verliebte sich zweimal in junge Männer, die ihrem Vater nicht genehm waren. Danach wurde sie schwermütig, wollte nicht mehr leben und tat alles, möglichst bald zu sterben. Sie lief ohne Kleidung in der Kälte spazieren, trank kaltes Wasser und wurde todkrank. Auf dem Krankenlager rief sie ihre beste Freundin Ida Lorenz, die Frau des Lehrers, und sagte ihr: »Ich wollte nicht mehr leben. Ich habe diese Krankheit gesucht, weil ich sterben will. Aber du darfst nicht traurig sein. Ich komme wieder. Und ich werde deine Tochter sein. Wenn ich wiedergeboren bin und sprechen kann, werde ich dir beweisen, daß ich viele Dinge aus meinem jetzigen Leben weiß. Ich werde das tun, damit du die Wahrheit erkennen kannst.«

Sinhá starb im Oktober 1917. Zehn Monate später bekam Ida Lorenz ein Mädchen. Sie gab dem Kind, das am 14. August 1918 geboren wurde, den Namen Marta.

Mit zweieinhalb Jahren begann Marta von ihrem früheren Leben zu berichten. Eines Tages sagte sie zu ihrer Schwester Lola, als sie vom Waschen am Bach heimkehrten: »Lola, trage mich auf deinem Rücken.«

Die Schwester lachte nur und sagte: »Du bist groß genug, allein zu gehen. Ich brauche dich nicht zu tragen.«

»Aber, als ich groß war und du klein, da habe ich dich auch immer getragen«, beharrte Marta.

»Wann warst du groß?« fragte Lola kopfschüttelnd.

Die Antwort kam ohne Zögern: »Damals lebte ich nicht hier. Ich lebte weit weg, wo es viele Kühe und Ochsen und Apfelsinen gegeben hat. Und Ziegen hat es dort gegeben, die aber keine Ziegen waren.« Damit meinte Marta wohl die Schafe ihres früheren Vaters.

Zu Hause erzählte Lola ihren Eltern von dem merkwürdigen Gespräch. »Stellt euch vor, Marta will schon einmal gelebt haben. Weit weg von hier. Bei Kühen und Ochsen.«

Der Vater wollte dem Kind die Vorstellung ausreden. Er sagte: »Aber wir haben immer hier an diesem Ort gelebt. Ich war niemals woanders.«

Marta ließ sich nicht beirren. »Damals habe ich doch andere Eltern gehabt.«

Martas Schwester scherzte: »Und wahrscheinlich sogar ein kleines Negerdienstmädchen?«

Marta blieb ganz ernst: »Nein. Unser Negerdiener und der Koch waren groß. Aber wir hatten auch einen Negerjungen. Einmal hat er vergessen, Wasser zu holen. Da hat ihn mein Vater geschlagen. Der Negerjunge schrie: ‚Sinhá, hilf mir.' Da habe ich meinen Vater gebeten, ihn nicht zu schlagen. Der Junge lief weg und holte Wasser.«

»Wer war denn diese Sinhá«, fragte der Vater.

»Das war ich selbst.«

Bis zum zehnten Lebensjahr erzählte Marta von diesem Zeitpunkt ab immer wieder über ihr früheres Leben. Insgesamt nannte sie 120 Einzelheiten, die ihr Vater sorgfältig notierte und 1946 veröffentlichte. Die Erinnerungen an ein früheres Leben begannen fast immer mit der Einleitung »Als ich Sinhá war«, oder auch »Als ich noch groß war«.

Da war beispielsweise die Geschichte mit den verschenkten Kühen. Als Patin hatte Sinhá ihrem Patenkind Carlos Lorenz zwei Kühe geschenkt. Marta erinnerte sich als kleines Mädchen daran. Sie wußte alle Einzelheiten.

Oder der Sattelkauf: Sinhá und ihre Freundin Ida Lorenz hatten am selben Tag miteinander neue Sättel gekauft. Die kleine Marta erinnerte ihre jetzige Mutter an jenes lustige Unternehmen.

Unter den vielen Erzählungen waren aber auch Einzelheiten aus Gesprächen, die Sinhá und Ida als dicke Freundinnen miteinander geführt hatten — Einzelheiten, die außer den beiden niemand kennen konnte.

Die Leute von Dom Feliciano, dem Geburtsort Martas, der etwa 20 Kilometer von Sinhás Farm entfernt liegt, wunderten sich über die Ähnlichkeit von Marta und Sinhá.

Übrigens: Marta litt als Kind, ebenso wie Sinhá seit ihrer schweren Krankheit, häufig an Halsschmerzen und Heiserkeit.

Alles nur Zufall? Phantasie eines aufgeweckten Mädchens?

Der Fall Jane Evans

Die 40jährige Hausfrau aus Wales behauptet: »Ich habe schon sechsmal gelebt.« Sie ließ sich nicht hypnotisieren. Sie weiß es so. Und das, was sie erzählt, verblüfft die Wissenschaftler: Ihr erstes Leben, an das sie sich erinnern kann, verbrachte Frau Evans angeblich im dritten Jahrhundert nach Christi Geburt. Damals war sie die Frau eines reichen Römers und lebte mit ihm in der Grafschaft York in England.

Frau Evans beschrieb ihr damaliges Heim so genau, daß die Forscher sich an die Arbeit machten, das Haus auszugraben. Zunächst ohne Erfolg. Da war nichts. Als man aber fast 20 Meter tief gegraben hatte, stieß man doch tatsächlich auf den geschilderten Brunnen des Hauses.

Das zweite Leben verbrachte Frau Evans als Marktfrau in Brüssel, etwa vor 700 Jahren.

Das dritte Leben sah sie im späten 15. Jahrhundert in Frankreich. Sie war das arabische Dienstmädchen eines Prinzen.

Das vierte Leben verbrachte Frau Evans als spanische Magd einer Königin namens Catherin.

Im fünften Leben betätigte sie sich als Näherin der Königin Ann.

Im letzten Jahrhundert war sie Nonne in Amerika.

Rund 50 Forscher haben bisher Frau Evans besucht, befragt, getestet, versucht, sie aufs Glatteis zu führen. Die einfache Frau bestand alle Prüfungen, zur großen Verwunderung der Wissenschaftler. Sie beantwortete auch Fragen, die ein Laie, wie sie es ist, niemals wissen konnte. Frau Evans erzählte Einzelheiten aus ihren früheren Leben, die sie auch bei intensivsten Forschungen nicht hätte finden können, die aber jeweils mit der angegebenen Zeit exakt übereinstimmten.

»Von Zeit zu Zeit gerate ich in eine Art Trance«, erklärt Frau Evans. »Darin ist es mir möglich, alle Stationen meines früheren sechsfachen Lebens zu sehen.«

Der Fall Edward Ryall

Der Engländer Edward Ryall, 78 Jahre alt, erzählte, er habe sein früheres Leben vor 331 Jahren durch den Kometen »Halley« entdeckt. Als ihm der Vater im Jahre 1910 den Kometen am Himmel zeigte, sagte der kleine Edward unbeeindruckt:

»Ach, den habe ich schon einmal gesehen. Aber das ist lange her.« Der Vater ärgerte sich maßlos über seinen altklugen Sohn und drohte ihm: »Ich werde dich zum Arzt schicken, wenn du weiterhin solchen Unsinn erzählst. Der Komet war 1682 zum letztenmal zu sehen.«

Aber der kleine Edward war nicht krank und kein Angeber. Der Komet wurde für ihn zum »Stichwort«, auf das hin ein früheres Leben in seiner Erinnerung heraufdämmerte. Es ging ihm anscheinend wie vielen Menschen im Alltag: Man hört oder sieht etwas — und wird dadurch plötzlich an Dinge erinnert, die längst vergessen schienen. Da erklingt beispielsweise ein Schlager im Radio, den man seit Jahren nicht mehr gehört hat. Und wie auf Kommando ist ein dazugehörendes Erlebnis, das einstens während dieser Musik sich ereignete, wieder lebendig. So ungefähr scheint es Edward ergangen zu sein.

Er sah plötzlich die Stelle, an der im 17. Jahrhundert eine alte Windmühle stand, einen kleinen Hügel in Moorlinch in der Grafschaft Somerset.

»Hier«, so sagte Edward, »wurde ich am 24. Juni 1645 in einem Fachwerkhaus geboren.« Und er erinnerte sich auch an den damaligen Pfarrer von Moorlinch, Thomas Perrott.

Edward Ryall wußte plötzlich, daß er damals John Fletcher hieß und mit 31 Jahren die hübsche Cecily Fuller geheiratet hat. Diese Hochzeit sah er ganz deutlich vor sich: »Wir wurden vor allen Leuten entlaust, das war damals so Sitte. Die Hochzeitsgäste zogen uns die Kleider aus — und schickten uns danach ins Bett«, erzählt der Häusermakler.

In seinem früheren Leben, so glaubt er sich zu erinnern, wurde er nur 40 Jahre alt. Er starb durch einen Schwertstreich, als er Soldaten zum Lager des Königs James II. führte.

Und was meint Edward Ryall, welches Leben war schöner? Das kurze, arme Leben vor über 300 Jahren oder das lange, vom Reichtum erfüllte heute?

»Interessanter war es im 17. Jahrhundert«, meint er. »Heute ist es dafür bequemer.«

Prominente »Wiedergeburten«

Viele bedeutende Persönlichkeiten haben sich in ihrem Leben so sehr mit einem Genie ihrer Sparte identifiziert, daß sie schließlich zur Überzeugung gelangten: Ich bin seine Wiedergeburt.

So glaubt Robert (Bobby) Fischer daran, daß er eine Reinkarnation des kubanischen Schachweltmeisters José Raoul Capablanca ist. Und nicht nur er glaubt das. Schachexperten, die beide kannten, den am 8. März 1942 verstorbenen Capablanca und den am 9. März 1943 geborenen Fischer, sind geradezu bestürzt über ihre Ähnlichkeit. Rein äußerlich könnten sie Brüder sein. Ihre Art, ihre Lebensauffassung, etwa ihre Vorliebe für teuere Kleidung und noch kostspieligere Frauen, vor allem aber der Stil und die genialen Einfälle ihres Schachspiels, sind praktisch identisch.

Bobby Fischer kam genau ein Jahr und einen Tag nach Capablancas Tod zur Welt. Schon mit 14 Jahren wurde er Schachmeister der Vereinigten Staaten von Amerika. Capablanca war ebenfalls in frühester Jugend schon ein Schachgenie: Er holte sich die kubanische Meisterschaft mit elf Jahren.

Zufall?

Der große amerikanische Dirigent und Komponist Leonard Bernstein glaubt: »In mir ist Gustav Mahler wiedergeboren worden.«

Bernstein geriet vor Jahren in Wien mehr oder weniger zufällig eine Originalpartitur von der 9. Symphonie des österreichischen Komponisten Gustav Mahler in die Hände. In diesem Augenblick packte ihn eine seltsame Verwirrung, er war zutiefst angerührt, wie er später sagte. Jede Note, jeden Strich, jedes Zeichen glaubte er zu kennen, als hätte er diese Partitur selbst geschrieben. Ihm war gerade, als würde er in diesem Augenblick das Werk erneut schaffen, als wüchse es Takt für Takt vor seinen geistigen Augen.

Je mehr sich Bernstein in die Symphonie Mahlers vertiefte, um so deutlicher stand die Gestalt jenes feinsinnigen, schwermütigen, prophetisch begabten Musikers vor ihm, der an den Schrecken der Zeit zerbrechen mußte. Bernstein wußte plötzlich, wie jede Note gemeint war, was Mahler mit ihr ausdrücken wollte, als wäre das aus der eigenen Seele erwachsen. So etwas war ihm noch nie passiert. Nicht bei Mozart, nicht bei Beethoven. Bei keinem anderen. Und da gab es für Leonard Bernstein keinen Zweifel mehr: Diese Noten habe ich selbst geschrieben. Kein anderer. Ich bin Gustav Mahler.

Gustav Mahler starb am 18. Mai 1911 in Wien.

Leonard Bernstein wurde am 25. August 1918 in Lawrence (Massachusetts) geboren. Beide, der Amerikaner und der Österreicher aus Böhmen, erkannten Wien als ihre eigentliche Heimat.

Wiederum: Alles nur Zufall?

Wunderkinder? Wiedergeburten?

Und wie ist es mit den Wunderkindern? Wieso gibt es kleine Genies, die ohne Lernen, ohne jede Unterrichtung etwas wissen oder können, was andere in ihrem ganzen Leben trotz größter Bemühungen nicht schaffen? Normalerweise nimmt man einfach an, die Natur habe eine Ausnahme geschaffen, etwas Absonderliches. Man vermutet ungewöhnliche Gehirnstrukturen als Voraussetzung für die extrem hohe Begabung.

Solche Erklärungen können natürlich nicht genügen.

- Wolfgang Amadeus Mozart beispielsweise hat schon als Kind Opern und Orchesterwerke komponiert. Körperlich, das heißt von der Entwicklung des Gehirns und des Nervensystems her, war er dazu nicht in der Lage. Gelernt haben konnte er es auch nicht. Wäre bei ihm die Vermutung noch einleuchtend, daß eine besonders reiche erbliche Begünstigung ihn derart talentierte (schließlich war sein Vater Komponist), so fällt das bei vielen anderen Wunderkindern weg. Sie hatten in den meisten Fällen Eltern, die das Wesen ihres Kindes überhaupt nicht begriffen und bestenfalls in falschem Ehrgeiz förderten.

- Ein zweijähriges Kind aus Massachusetts konnte bereits lesen und schreiben. Mit vier Jahren sprach es fließend vier Sprachen. Im Alter, da andere Kinder erst ihre Schulzeit beginnen, war es in der Lage, jede gestellte Geometrieaufgabe zu lösen.

- Von einem Negerjungen, dem »blinden Tom«, wird glaubhaft berichtet, daß er sich, als er zum erstenmal in seinem Leben einem Flügel begegnete, ganz selbstverständlich davorsetzte und zum Erstaunen der Zeugen spielen konnte.

• Ein zwölfjähriger Junge hatte einst die Bauleitung inne, als man in Asien einen Kanal baute.

• Der größte Geigenvirtuose unserer Tage, Yehudi Menuhin, gab bereits mit sieben Jahren Konzerte. Seine Lehrer sahen sich zu diesem Zeitpunkt außerstande, ihm noch etwas beizubringen.

• Das Schachwunder Samuel Reschewsky besiegte mit fünf Jahren gleichzeitig drei der besten europäischen Schachspieler.

• John Stuart Mill, englischer Philosoph und Volkswirtschaftler, übersetzte bereits mit drei Jahren altgriechische Texte.

• Blaise Pascal, der französische Philosoph und Mathematiker, erregte mit elf Jahren die Bewunderung der Wissenschaft, als er eine Forschungsarbeit über Akustik veröffentlichte.

• Ungyong Kim aus Seoul in Südkorea, ein Junge unserer Tage, begann mit dreieinhalb Monaten zu sprechen. Dreijährig löste er Rechenaufgaben, die laut Gutachten des US-Professors Dr. Schneid von der Universität Michigan Atomphysikern Schwierigkeiten bereiten.

• Und Christian Heinrich Heinecken aus Lübeck: Er kam 1721 zur Welt, konnte sich mit zehn Monaten schon gewählt ausdrücken, war an seinem ersten Geburtstag bereits mit der Bibel vertraut. Als Eineinhalbjähriger beschäftigte er sich mit Weltgeschichte. Er war noch nicht drei Jahre alt, als er bereits als Experte für dänische Geschichte galt und ein Buch darüber schrieb. Heinecken starb mit vier Jahren, reif und weise wie ein Greis.

Die Beispiele ließen sich beinahe endlos weiterführen. Zwei

von hundert Kindern sind überdurchschnittlich begabt, meistens wird das leider nicht erkannt und überhaupt nicht gefördert. Wunderkinder hat es immer gegeben. Auch in unseren Tagen leben sie unter uns. Und noch gibt es für ihre Begabung keine ausreichende Erklärung.

Sind die kleinen Genies Wiedergeburten?

Eine Frage, auf die es zumindest im Augenblick keine eindeutige Antwort gibt. Die einfachste und einleuchtendste Deutung wäre allerdings die: Das Wissen Verstorbener offenbart sich ihnen.

Dafür sprechen könnte beispielsweise die Tatsache, daß die genialen Begabungen sich immer in den »alten« Wissenschaften äußern. Die Wunderkinder sind Mathematiker, Musiker, Schachspieler — Sachgebiete, die bereits vor einigen tausend Jahren gepflegt wurden.

Neue Zeugen: alte Sprachen

So ist es auch sehr bemerkenswert, daß alte Sprachen in der Hypnose auftauchen können und manchmal perfekt gesprochen werden:

Eine englische Sprachlehrerin konnte in Hypnose plötzlich einen altägyptischen Dialekt sprechen, den es seit Jahrhunderten nicht mehr gibt. Für die Sprachforscher war das Tonband mit ihrer Stimme eine Offenbarung.

Eine Amerikanerin sprach zur Verblüffung der Philologen eine uralte arabische Sprache.

Ein Italiener beherrschte im Trancezustand nicht weniger als 28 verschiedene Sprachen, obwohl er sich in diesem Leben niemals mit Fremdsprachen befaßt hatte.

Noch deutlichere Zeugen als solche aus der Erinnerung auftauchende Begabungen sind Muttermale — die Narben aus früheren Leben?

Das Muttermal an der Kehle

Im Jahre 1951 kam in Indien der Junge Ravi Shankar zur Welt. Am Hals hatte er ein Muttermal, das aussah wie eine lange Narbe. Mit vier Jahren erzählte der Junge seinen erstaunten Eltern, er habe schon einmal gelebt und sei von zwei Friseuren mit einem Rasiermesser umgebracht worden. Die beiden hätten ihm die Kehle durchgeschnitten.

Ravis Vater wurde so wütend, daß er seinen Sohn verprügelte und ihm aufs schärfste verbot, solche Dinge noch einmal zu erzählen.

Ravi schwieg. Doch dann begegnete er einem der Mörder, begann zu zittern und zu schreien, um fortan doppelte Angst auszustehen: vor den Prügeln des Vaters und vor der Bosheit seiner Mörder, die sich plötzlich einem totgeglaubten Zeugen gegenübersahen. Unter diesem Druck erzählte er erneut Einzelheiten. Und die waren so genau, daß die Mörder überführt werden konnten. Tatsächlich war sechs Monate vor Ravis Geburt in einem Nachbarort ein sechsjähriger Junge umgebracht worden: Man hatte ihm, dem einzigen Sohn und Erben des väterlichen Vermögens, die Kehle durchgeschnitten. Der Junge hieß Munna. Ravi erkannte seinen früheren Vater wieder und viele Einzelheiten aus seinem früheren Leben.

Über einen ähnlichen Fall berichtet Thorwald Dethlefsen: Ein junger Mann erlebte in Hypnose sein früheres Leben als Soldat im Ersten Weltkrieg. Bei einem Sturm auf eine Festung wurde er von einem Bajonett in die linke Hüfte getroffen und starb an dieser Verletzung.

Jetzt erst, nachdem er das wußte, fiel ihm auf, daß er tatsächlich an seiner Hüfte eine Hautveränderung besitzt, die genau wie eine Narbe einer riesigen Schnittwunde aussieht.

Auch solche Beispiele ließen sich in großer Fülle nachweisen. Sind sie Zeugen eines früheren Lebens? Gibt es Fähigkeiten, Fehler, »Narben« — aus einem früheren Leben? Nicht vom Vater oder der Mutter ererbt, sondern mitgenommen von der Seele von einer Verkörperung in die andere?

Und wie ist es mit der oft zitierten »Liebe auf den ersten Blick«?

Liebe auf den ersten Blick oder Wiedererkennen?

»Liebe auf den ersten Blick — gibt es das wirklich? Zwei Menschen entdecken einander in einer Menschenmenge, und plötzlich wissen Sie: Das ist der Mann (die Frau) fürs Leben. Damit haben sie sich zwar oft geirrt, aber das spricht nicht gegen den anfänglichen Coup de foudre. Woher kommt diese heftige Anziehung? Auf die Gefahr hin, viele romantische Träume zu zerstören, vermute ich, daß manche Leute sich bereits in früheren Leben kannten und in diesem Leben unbewußt wiedererkennen. Das mag unwahrscheinlich klingen, aber alle meine Erfahrungen aus der therapeutischen Arbeit mit Ehepaaren deuten darauf hin«, schreibt Dr. Morris Netherton, Psychologe und Gründer des Instituts für ein bewußtes Erfahren der Wiedergeburt in Los Angeles.

Dr. Morris Netherton erzählt ein Beispiel aus seiner Praxis, das diese Annahme bestätigt: Carl und Abigail, beide Anfang Vierzig, liebten einander, doch sie machten sich gleichzeitig das Leben zur Hölle und litten unsagbar unter einem gegenseitigen Haß, den sie sich nicht zu erklären vermochten. »Er spielt mit mir«, beklagte sich Abigail.

In getrennten Sitzungen (ohne Hypnose) erlebten beide ein früheres Leben, in dem sie aufeinandergetroffen waren. Abigail sah vor ihrem geistigen Auge plötzlich eine Straße in einer fremden Stadt. Vor langer Zeit. Sie ist als junges Mädchen zu Hause davongelaufen und weiß nicht wohin. Da kommt ein Wagen hinter ihr her. Ein sehr freundlicher, liebenswerter Mann lädt sie ein, mit ihm zu gehen. Und sie tut es. Sie hat das Gefühl: Mit dem Mann stimmt etwas nicht. Aber er ist gut zu ihr, kleidet sie kostbar und gibt ihr gut zu essen. Alles ist wunderschön — bis zu jener Nacht, da sie aus dem Schlaf gerissen wird. Der Herr wünsche sie zu sehen, sagt man ihr. Sie findet ihn — in einem schwarzen Raum, ausgestattet mit Folterwerkzeugen. Der »Beschützer« erweist sich als perverser Lüstling. Abigail ist so geschockt, daß sie ihn nicht zufriedenstellen kann. Sie wird davongejagt.

Fast genau dieselbe Geschichte erzählt Carl, ohne zu wissen, was seine Frau dem Psychologen gesagt hat.

Er sieht sich in San Francisco als Chef eines zweifelhaften Hauses, in dem »jede Phantasie ausgelebt werden kann«. Er »besitzt« einige Mädchen, die er seine »Sklavinnen« nennt. Er hat sie auf der Straße aufgelesen. Wie die »Neue«, ein dummes Mädchen, das nicht mitspielen will. »Mit diesem Mädchen lohnt es sich nicht. Es ist hartnäckig und langweilig. Ich werfe es hinaus. Es muß auf die Farm.«

Dort bringt er das Mädchen, das er plötzlich als Abigail erkennt, eines Tages auf grausame Weise um. Ein Sexualmord, der ihn mehr als alle bisherigen Spielchen erregt.

»In Fällen, wo die Paare nicht aus Liebe zusammengekommen sind, sondern nur aufgrund einer Bindung aus einem früheren Leben, versuche ich nicht, die Beziehung zu stabilisieren. Ich glaube, es ist dann besser für beide, sich zu trennen und einen geeigneteren Partner zu suchen«, sagt Dr. Netherton.

Bei Carl und Abigail, so berichtet er, hat die Einsicht in die gemeinsame Vergangenheit segensreich gewirkt. Die beiden konnten fortan ohne Haß miteinander auskommen.

9. Kapitel

Ein Talent meldet sich

Manchmal ist es vielleicht nur ein dumpfes Gefühl oder ein vages Ahnen: Irgend etwas Bedeutendes schlummert in mir. Eine Fähigkeit wartet darauf, entdeckt zu werden.

Aber welche?

Ist es möglich, daß ein Mensch schon einmal ein großer Künstler war — und es jetzt wieder werden kann, falls seine »Erinnerung« daran erwacht?

Die Geschichte von Barbara aus Kassel scheint es zu beweisen ...

Es ist ein Abend wie tausend andere. Barbara, die junge Frau des Regierungsrats Raymund von Berghen, sitzt gelangweilt vor dem Fernsehgerät. Sie wartet auf ihren Mann, der jeden Augenblick vom Kegeln heimkehren muß. Barbara fühlt sich irgendwie leer. Unausgefüllt. Der Krimi, der eben zu Ende gegangen ist, enttäuschte. Nun greift Barbara zu einem Buch, legt es aber nach der ersten Seite wieder weg. Sie sucht ihre Lieblingsplatte mit der Leonoren-Ouvertüre von Ludwig van Beethoven heraus, steckt sie aber ungehört wieder in die Hülle zurück.

Nein. Das alles ödet sie an. Sie will nicht zuhören, nicht zuschauen. Nicht lesen, was andere vollbrachten.

»Ich muß selber etwas tun«, sagt sie laut vor sich hin.

Als Raymund nach Hause kommt, findet er seine Frau in einem merkwürdigen Zustand. Mit aufgelösten, verstrubbelten Haaren geht sie im Wohnzimmer auf und ab. Ihre Wangen glühen vor Aufregung. Die hellblauen Augen sprühen.

»Was ist mir dir los?« fragt der Regierungsrat bestürzt. »Fehlt dir etwas? Was hat dich derart aufgewühlt? So habe ich dich noch nie gesehen.«

Barbara schüttelt den Kopf. »Ich weiß überhaupt nichts. Ich spüre eine riesengroße Unrast in mir. Ich bin leer, völlig leer. Und gleichzeitig bis zum Rand gefüllt mit Energie und Tatendrang. Wie ein Milchtopf, der gleich übergeht. Raymund, ich muß etwas tun, aber ich weiß nicht, was es sein könnte. In meinem Kopf überschlagen sich Bilder und Farbsymphonien. In meinen Fingern kribbelt es. Ach, ich weiß auch nicht. Vielleicht kriege ich nur eine Grippe.«

Barbara setzt sich Raymund auf den Schoß und umarmt ihn. Aber der Mann reagiert ausgesprochen sauer. »Ich weiß schon. Du willst wieder arbeiten. Das Leben zu Hause ist dir zu langweilig und zu eintönig. Babsi, bitte seh doch endlich ein, daß es nicht geht. In unserer Behörde schätzt man berufstätige Ehefrauen nicht. Das würde meiner Karriere schaden. Stell dir vor: Meine Frau als Sekretärin! Oder als Verkäuferin in einem Supermarkt. Unvorstellbar. Nein. Schlag dir das aus dem Kopf. Es geht nicht.«

Barbara nickt. »Ich weiß. Aber ich glaube, darum geht es gar nicht. Ich habe mit unserer kleinen Doris genug zu tun. Ich bin auch gar nicht unzufrieden. Nein, das muß etwas anderes sein. Wenn ich nur wüßte was.«

Raymund versucht, die Sache zu überspielen. »Komm, vergiß es. Du hattest einen faden Abend. Gehen wir zu Bett. Und morgen führe ich dich ganz groß aus. Dann ist alles vergessen.«

Barbara hofft es auch. Doch sie vermag nicht einzuschlafen. Sie liegt wach und grübelt. »Es steckt etwas in mir, das heraus will. Aber was könnte es nur sein?« murmelt sie.

Raymund ist schon eingeschlafen, da rüttelt ihn Barbara wach. »Was meinst du, Schatz, ob ich es einmal mit einem Hobby probiere? Vielleicht mit Klavierspielen? Oder nein. Besser noch mit Malen? Du, ich kaufe mir morgen Farben und einen großen Block.«

Raymund ist verärgert über die Störung mitten in der Nacht. Doch jetzt muß er lachen. »Du und malen? Verzeih mir, aber du kriegst ja nicht einmal einen geraden Strich zusammen. Nein, Babsi. Glaub mir, dazu bist du völlig untalentiert. Weißt du noch, wie der alte Küchenstuhl ausgesehen hat, nachdem du ihn rot anmalen wolltest?«

Jetzt ist Barbara beleidigt. Sie dreht sich schwungvoll auf die andere Seite. Doch am nächsten Tag kauft sie sich entschlossen die nötigsten Malutensilien und macht sich daran, ihrem Mann zu beweisen, daß in ihr doch eine Künstlerin steckt.

Da sitzt sie vor dem blütenweißen Papier. Ratlos. Sie versucht, ein paar Farben zu mischen — doch es ergibt nur eine schmutzige Soße. Barbara wird wütend, daß sie das Bild mit dicken Balken durchkreuzt, das Papier zerknüllt und in die Ecke feuert.

Dort findet es Raymund. Er ist besorgt und möchte Barbara helfen. Doch er weiß nicht, wie er es anstellen könnte.

»Vielleicht solltest du erst einmal einen Zeichenkurs belegen und die Technik erlernen«, meinte er vorsichtig. Aber Barbara lehnte ab. »Laß nur, das mit dem Malen war eine fixe Idee. Ich verstehe selbst nicht, wie ich darauf kommen konnte. Vergiß es.«

Farben und Malblock sind weggeräumt. Die Angelegenheit scheint tatsächlich vergessen. Bis zu jenem Tag, an dem Raymund und seine Frau von einem befreundeten Arzt zu einer Party eingeladen sind. Die Gesellschaft ist sehr lustig. Fast übermütig. Zu vorgerückter Stunde bestürmt ein junges Mädchen den Arzt: »Bitte, zeig uns doch eine Kostprobe deiner Hypnose. Bitte!«

Die Gäste stimmen sofort jubelnd ein, stellen bereits die Stühle zu einem Kreis und nehmen erwartungsvoll Platz. »Aber Hypnose ist doch kein Jahrmarkttrick«, wehrt sich der Arzt, ein älterer, ergrauter Herr. Er ist beinahe wütend. Doch das hilft ihm alles nichts. Selbst seine eigene Frau bestürmt ihn und stellt sich als »Medium« zur Verfügung. Widerwillig läßt sich der Arzt breitschlagen.

Er hat mit seiner Demonstration kaum begonnen, da passiert etwas Merkwürdiges: Barbara lehnt sich plötzlich entspannt zurück und schließt die Augen. Sie ist in Tiefschlaf gefallen. Lang, bevor die Frau des Arztes reagiert. Raymund bemerkt es und alarmiert den Arzt.

Der Arzt wendet sich Barbara zu und weckt sie zunächst einmal auf. Als Barbara erstaunt um sich blickt und offenbar Mühe hat, sich in der Umgebung zurechtzufinden, sagt der Arzt: »Sie waren in Hypnose, ohne daß ich es beabsichtigt hatte. Ohne Ihre Zustimmung darf ich Sie aber nicht befragen. Wollen Sie, daß ich Sie in Ihre Jugend, vielleicht sogar in ein früheres Leben zurückführe?«

Klosterschüler in China

Barbara bekommt Herzklopfen bei dem Gedanken, sie könnte vor so vielen Menschen geheimste Regungen und vielleicht sogar intimste Details ausplaudern. Doch sie spürt, daß dies ein ganz wichtiger Augenblick in ihrem Leben ist. Als Raymund ihr noch aufmunternd zunickt, willigt sie ein.

Und dann bekommt sie tatsächlich die Antwort auf ihre innere Unruhe der letzten Wochen. Barbara findet sich wieder in einer völlig fremden, fast unheimlichen Umgebung. Sie ist ein Klosterschüler in China. Vor 400 Jahren. Und sie hat die Aufgabe, Bilder zu malen.

»Ich bin der Jüngste, aber mein Meister verbeugt sich vor mir. In mir wohnt göttliche Kraft, sagt er. Er läßt mir keine Ruhe. Mitten in der Nacht muß ich aufstehen und malen. Der Meister setzt sich neben mich und paßt auf, daß ich nicht einschlafe. Erst wenn das Bild fertig ist, darf ich mich wieder hinlegen — ich male Blumen, Pflanzen, Landschaften — «

»Kannst du uns zeigen, wie du das machst?« fragt der Arzt. Barbara nickt. Man reicht ihr Farben, Pinsel, einen Block. In Windeseile wirft sie ein paar leichte Tupfer auf das Papier. Ein bißchen Rot, ein leuchtendes, helles Grün. Blitzschnell pinselt sie in die linke untere Ecke ein Zeichen. Fertig. Das Bild zeigt eine wunderschöne, feinziselierte Lotosblume. Die Partygesellschaft ist entzückt — und gleichzeitig erschrocken. Hier war etwas Ungeheuerliches vorgefallen. Aber was? Die Zeichen sind eindeutig chinesische Schriftzeichen.

Nach dieser Hypnosesitzung ist es gerade, als wäre ein Damm gebrochen. Barbara sitzt nicht mehr vor einem leeren Blatt zu Hause. Sie malt wie eine Besessene. Und ihr bisher verschüttetes Talent zeigt sich immer deutlicher. Ein Bild wird besser als das andere. Die Thematik aller Bilder ist allerdings immer dieselbe: Chinesische Motive in der typisch leichten, fast durchsichtigen Manier asiatischer Meister. Unfaßbar schnell und sicher pinselt sie Barbara aufs Papier, später auch auf Seide. Blüten, immer wieder Blüten, Tempel mit hochgeschwungenen Dachgiebeln, Zweige, Insekten, Drachen, Fächer, Porzellanteller.

Hat Barbara vor 400 Jahren in China tatsächlich schon einmal gelebt? Oder wie sonst kommt sie von einer Stunde auf die andere zu ihrem nicht alltäglichen Talent? Ohne jedes Studium. Ohne Anleitung. Ohne daß sie sich jemals mit chinesischer Kunst, asiatischer Malerei beschäftigt hat, wenngleich sie sich schon immer davon angezogen fühlte?

Die »künstliche Reinkarnation«

»Alles nur Einbildung«, sagt ein Rechtsanwalt, der bei der Party des Arztes dabeigewesen ist und Barbaras Hypnose miterlebte. Er bewundert Barbaras Bilder, aber er glaubt nicht an die Reinkarnation. »Das läßt sich alles ganz natürlich erklären«, behauptet er und hat auch gleich einen Beweis dafür zur Hand: »In Rußland werden heute junge Talente mit Hilfe der Hypnose gefördert. Man nennt es die ‚künstliche Reinkarnation'.«

Der Rechtsanwalt läßt sich die Übersetzung eines Artikels

aus der *Komsomolskaja Prawda* besorgen und liest den Bericht eines russischen Reporters vor:

In dem hallenartigen, hellen Atelier in Moskau herrscht eine eigenartige Atmosphäre. Gut ein Dutzend Studenten sind beim Aktzeichnen. Es handelt sich um Psychologen, Physiker, Mathematiker, Philologen, Bauingenieure. Nicht einer von ihnen ist Kunststudent. Und keiner hat das Zeichnen und Malen wirklich gelernt. Aber alle beherrschen den Stift erstaunlich gut.

Und sie sind so sehr auf ihre Arbeit konzentriert, daß kein einziger aufblickt, als Dr. Wladimir L. Raikow den Raum betritt und mich durch die Reihen führt.

»Ich möchte Ihnen eine meiner besten Schülerinnen vorstellen«, sagt der Professor. Ein junges Mädchen, vielleicht gerade zwanzig Jahre alt geworden, steht auf und reicht mir die Hand. Recht unwillig, so scheint es. So, als hätte ich einen großen Meister aus der Arbeit gerissen.

Und dann höre ich tatsächlich den Namen eines großen Meisters: »Ich bin Raffael«, sagt das Mädchen und wendet sich schon wieder ihrer Arbeit zu.

Ich bin völlig perplex. Nicht so sehr über den Namen, sondern über die Selbstverständlichkeit, mit der sich dieses anscheinend doch gesunde und normale, hellwache Mädchen als der große Renaissancemaler ausgibt. Wir sind schließlich nicht in einem Irrenhaus, sondern in einer Kunstakademie!

»Können Sie mir sagen, in welchem Jahr wir uns befinden?« frage ich. Die Antwort kommt prompt: »Aber natürlich. 1505.«

Das verschlägt mir die Rede. Ich trete zurück, um die junge Studentin zu fotografieren. Dr. Raikow fragt sie: »Weißt du, was er da macht?«

Die Studentin schüttelt den Kopf.

»Hast du noch so nie etwas gesehen?«

»Nein, so ein Ding habe ich in meinem ganzen Leben nicht gesehen.«

Tut sie nur so, oder weiß sie wirklich nicht, was eine Kamera ist? Ich spreche mit ihr über die Funktion eines Fotoapparates, über Düsenflugzeuge, Sputniks und Dinge, die sich in diesem Jahr ereigneten.

Da wird sie richtig zornig. »Belästigen Sie mich nicht mit solchem Unsinn. Das ist alles Torheit, Trugbilder«, schimpft sie und kehrt uns den Rücken zu. Wir sind für sie nicht mehr zu sprechen.

Dr. Raikow erklärt mir, daß Ira, so heißt die Studentin, sich in Hypnose befindet und in diesem Augenblick wirklich glaubt, Raffael zu sein. Auf diese Weise versuche man, ihr Talent zu wecken, vielleicht sogar ein Genie zu entdecken.

Der Psychiater erzählt mir sodann von seinem Musterbeispiel Alla. Sie ist Physikstudentin und war an Malerei ursprünglich überhaupt nicht interessiert. Sie glaubte, kein Talent zu besitzen. Das ging auch aus den kläglichen Versuchen hervor, die sie uns vorlegte.

Dr. Raikow versetzte sie in Hypnose und suggerierte ihr: »Du bist Ilja Repin. Du denkst wie Repin, du bist Repin.«

Ilja Repin war der bedeutendste russische Maler um die Jahrhundertwende.

Und das Talent in Alla »explodierte«, wie Dr. Raikow das formulierte: Von Hypnose zu Hypnose wurden ihre Bilder besser. Nach drei Monaten mit genau 25 »Lektionen« zeichnete sie wie ein Profi und dachte ernsthaft daran, ihr bisheriges Studium aufzugeben und sich der Kunst zu widmen. Ihr Können war erstaunlich.

Längst vermochte sie nicht mehr ausschließlich in der Hypnose zu zeichnen, wenn sie glaubte, Repin zu sein, sondern genauso gut auch hinterher, dann, wenn sie aufgewacht war, sich an nichts mehr erinnern konnte, aber nun den Drang verspürte, weiterzumalen.

Alla malte nicht im Stil Repins, sondern entwickelte einen eigenen, ihren ganz persönlichen Stil.

»Das Talent des Meisters ist in der Hypnose in ihre Persönlichkeit eingesickert«, sagt der russische Psychiater Dr.

Raikow, der auf diese Weise Wissenschaftler, Künstler und nicht zuletzt Sportler fördert ...

Nachdem der Rechtsanwalt das gelesen hat, herrscht nun doch ein wenig Enttäuschung unter den Zuhörern. »Also doch keine Wiedergeburt? Sondern irgendeine Art Telepathie oder so?« fragt einer der Anwesenden.

Möglich wäre es schon. Und doch gibt es eine ganze Reihe wesentlicher Unterschiede zwischen den Experimenten in Moskau und Barbaras Erfahrungen:

In Moskau wurde suggeriert. Barbara »fand« ihr Talent und die dazugehörende Person in sich selbst. In ihrem eigenen Gedächtnis. Die Russinnen Ira und Alla mußten das Zeichnen und Malen erst lernen — Barbara konnte es auf Anhieb.

Jene malen einen eigenen, selbsterdachten Stil — Barbara kann und konnte nur ihre chinesischen Bilder wiedergeben, so malen, wie das der Mönch im alten China tat.

Schließlich glauben Ira, Alla und die übrigen Studenten, in Hypnose zwar, sie wären die Person, die ihnen suggeriert worden war. Hinterher wußten sie aber ganz sicher, daß das nur ein »Hypnosespiel« gewesen ist. Barbara dagegen ist überzeugt, daß sie nicht nur in Hypnose mit einer gewissen Person irgendeinen Kontakt bekam, sondern daß sie diese Person selbst ist.

Dr. Wladimir Raikow sagt:

Die künstliche Reinkarnation versetzt die Studenten in einen Zustand, der sie neuen Gesetzen unterwirft, die bisher noch wenig erforscht sind. Die Entdeckung dieser unbekannten Gesetze ist das Ziel meiner Arbeit.

In jedem schlummern verborgene Kräfte

Und es könnte sein, daß gerade diese Experimente, die versuchen, für so viele unerklärliche Zusammenhänge eine andere

Erklärung statt die der Wiedergeburt zu finden, letztlich bestätigen: Wir haben alle schon gelebt. Denn auch Raikow bekennt:

> Ich gebe den Menschen durch die künstliche Reinkarnation nicht etwas von außen, das sie nicht schon in sich haben. Nur wenige Menschen werden sich der außergewöhnlichen Kräfte jemals bewußt, die sie besitzen. Ich bin nur dann in der Lage, dieses Phänomen der Reinkarnation hervorzurufen, wenn sich die Versuchsperson in tiefer Trance befindet.

Anders ausgedrückt heißt das doch: Ein Mensch kann nur wirklich entdecken, was in ihm steckt, wenn seine Seele so frei ist, daß sie ganz tief in sich hineinschauen kann. Wenn sie Hemmungen abzulegen vermag — und dabei auf Erfahrungen und auf ein Vermögen stößt, das sie aus diesem Leben nicht kennen kann. In dieser inneren Freiheit mag sie sich auch großen Geistern der Geschichte verwandt oder besonders nahe glauben. So nahe, daß sie in jener längst vergangenen Zeit lebt und nicht mehr weiß, was ein Fotoapparat ist. Doch das widerspricht letztlich der Annahme, es gäbe eine Wiedergeburt, keineswegs. Man kann deshalb festhalten: Dr. Raikows Experimente sind zumindest kein Beweis gegen die Wiedergeburt.

Die Hypnose als Möglichkeit, schlummernde Fähigkeiten »aufzuwecken«, ist längst keine Sensation mehr. Das wird vielerorts erfolgreich praktiziert. Man kann Menschen auch die Angst vor dem Examen nehmen, indem man ihnen in Hypnose einredet, sie seien der Aufgabe gewachsen. Worauf sie gelassen und selbstbewußt auftreten. Durchschnittliche Kaufleute, Vertreter lassen sich zu Spitzenkräften in ihrem Beruf anheben, wenn sie in Hypnose erfahren, wie tüchtig sie wirklich sind.

Speziell Künstler, Musiker, Sportler benutzen heute die Hypnose, um mit ihrer Hilfe »die letzten Reserven« mobil zu machen. Eine Schauspielerin hatte damit riesigen Erfolg. Sie mußte die Rolle einer erkrankten Kollegin übernehmen, hatte aber den Text nie gelernt, den Part niemals geprobt. Trotzdem spielte sie perfekt. Der Hypnotiseur hatte ihr suggeriert, sie könne es. Und sie konnte es.

Der Hypnosearzt Dr. C. Bick berichtet über eigene derartige Erfahrungen:

Die junge Künstlerin, Frau G., Lieblingsschülerin eines namhaften Meisters, hatte durch Krankheit und privaten Kummer den Antrieb verloren. Sie fühlte sich leer, ideenlos und konnte trotz großer Anstrengungen nicht mehr malen. 20 Jahre lang war ihr künstlerisches Schaffen unterbrochen. Per Zufall kam sie zu Dr. Bick. In Hypnose wurde sie systematisch wieder aufgebaut. Sie mußte sogar in Hypnose malen und einen neuen Stil suchen. Damit begann für Frau G. eine neue Karriere. Heute ist sie eine bedeutende Künstlerin.

Ein Speerwerfer, der trotz fleißigsten Trainings nicht über 60 Meter kam, erreichte durch Hypnose eine Wurflänge von 68 Metern. Dr. Bick hat aus dem guten Sportler den »Weltmeister« gemacht.

Mit Suggestion. Durch Entfaltung der Persönlichkeit und des Selbstvertrauens.

Hypnotiseure wie Dr. Raikow in Moskau und Dr. Bick in Dahn in der Pfalz glauben: In der Hypnose bekommt der Mensch Gelegenheit, die ganze Gehirnleistung, wovon er normalerweise einen Großteil verschlummert, auf einmal einzusetzen.

Eine Entfaltungsmöglichkeit, die zweifellos heute noch viel zu wenig und zu selten eingesetzt wird.

Solche Hypnosebehandlungen unter Anwendung von Suggestion haben mit der Hypnoanalyse bei der Rückführung in ein früheres Leben nichts zu tun. Das eine wie das andere bedient sich lediglich der Hypnose, eines Zustands, in dem das Bewußtsein verändert, die Seele »aufgeschlossener« ist.

Bei der Hypnoanalyse haben die Ärzte und Psychotherapeuten zum Teil ganz unterschiedliche Methoden entwickelt.

Dr. C. Bick und Thorwald Dethlefsen wenden in etwa dieselben Hypnoseformen an: Sie bereiten den Patienten in einigen Sitzungen mit Lockerungs- und Atemübungen auf die Hypnose vor, damit alle Verkrampfungen zunächst abgebaut sind.

In der Hypnose führen sie ihn dann Schritt um Schritt in seinem Leben rückwärts, über die Geburt und den Augenblick der Zeugung hinaus bis zu dem Zeitpunkt, da aus dem Dunkel eine Erinnerung an ein früheres Dasein auftaucht.

Kommt der Patient mit einem besonderen Problem oder einem seelischen Leiden, dann verläuft die Rückführung anhand des »roten Fadens« sehr viel präziser: Es werden nur jene Augenblicke in das Gedächtnis gerufen, die mit dem Problem oder dem Leiden in direktem Zusammenhang stehen.

In beiden Fällen findet keinerlei Suggestion statt. Die Rolle des Hypnotiseurs beschränkt sich auf die Herbeiführung der Hypnose und auf die Führung in der Hypnose. Hat der Patient Angst vor einer bestimmten Situation, weil sie so schlimm war, daß er »am liebsten nicht mehr daran erinnert wird«, sie schon gar nicht ein zweites Mal erleben möchte, dann besteht der Hypnotiseur darauf, daß ihr nicht ausgewichen wird. Immer, wenn der Patient auskneifen will, weil etwas unangenehm ist, wird er zurückgeholt. Denn gerade das Aufdecken dieser »schwierigen Punkte« bringt den eigentlichen Konflikt zutage und trägt somit zur Heilung bei.

Wird ein Erlebnis in der Rückerinnerung aber zu belastend für den Patienten, dann löst der Hypnotiseur ihn davon, indem er die Anweisung gibt: »Wir gehen darüber hinweg. Diese Sache bedrückt uns nicht mehr.«

Schließlich gibt der Hypnotiseur den posthypnotischen Befehl: »Sie werden sich nach der Hypnose an alles erinnern können.« Denn ohne diese Hilfe wäre ja im Wachzustand alles vergessen. Wie ein Traum, an den man sich am nächsten Morgen nicht mehr erinnern kann. Diese Befehle und das Führen während der Hypnose sind aber keine Suggestion.

»Ich zähle auf fünf ...«

Zu der kalifornischen Hypnoseärztin Dr. Edith Fiore kommen von vornherein nur Leute, die etwas über ihr früheres Leben erfahren wollen. In Amerika ist dieses »Rückwandern« inzwischen schon so etwas wie eine ganz selbstverständliche Sache geworden. Der eine kommt aus reiner Neugierde, andere haben ganz spezielle Anliegen. Entsprechend bietet Frau Doktor, wie sie selbst sagt, ein »Menue« zur Auswahl an.

- Ein früheres Leben, in dem möglicherweise der jetzige Partner, Eltern oder Kinder ebenfalls sichtbar werden.
- Ein Leben, in dem eine Begabung besonders ausgeprägt war.
- Die erste oder letzte Inkarnation.
- Ein Leben, das aufzeigt, warum man so viel Interesse für Reiten, Fechten, römische Münzen oder irgendein anderes Hobby zeigt.

Nachdem abgesprochen ist, welches Thema erörtert werden soll — normalerweise werden zwei Interessengebiete ausgewählt —, prüft die Ärztin, wie ihr Patient auf die Hypnose anspricht.

Die meisten Leute, so Dr. Fiore, haben eine tiefe Furcht davor, die Kontrolle über die eigenen Regungen und Empfindungen und Gedanken an einen anderen »auszuliefern«. Viele haben auch Angst, Hypnose wäre so etwas wie Bewußtlosigkeit, aus der man möglicherweise nicht mehr aufwacht.

Der Patient wird deshalb darauf hingewiesen, daß er in Hypnose, zumindest in der leichteren Form, alles um sich herum wahrnehmen kann. Tatsächlich behaupten viele Leute hinterher, sie wären überhaupt nicht in Hypnose gewesen, weil sie »nichts spürten und hellwach blieben«.

Sobald sich der Patient in Hypnose befindet, werden besondere »Signale« vereinbart, die vom Unterbewußtsein gesteuert werden sollen. Bei »ja« hebt sich wie von selbst der

Zeigefinger der rechten Hand. Bei »nein« der Daumen der linken Hand. Will der Patient eine Frage nicht beantworten oder lehnt er etwas ab, dann hebt er den kleinen Finger der linken Hand. Danach fragt Dr. Fiore die »befreite Seele«: »Willst du jetzt in ein früheres Leben zurückgehen?« Hebt sich der »Ja-Finger«, dann geht es los. Lehnt das Unterbewußtsein aber ab, versucht Dr. Fiore zunächst herauszufinden, welche Schwierigkeit der Rückwanderung im Weg steht. Sollte der Widerstand sehr groß und im Augenblick unüberwindlich sein, bekommt der Patient ein Tonband mit nach Hause, das er mehrmals täglich anhören soll, um sich auf diese Weise zu entkrampfen und zu entspannen.

Sind alle Hindernisse ausgeräumt, gibt Frau Fiore die Anweisung: »Alle Bilder und Eindrücke sind sehr deutlich und klar.« Und dann zählt sie langsam bis zehn: »Wenn wir bei zehn angelangt sind, befindest du dich in einem früheren Leben. Eins, zwei, drei ...«

Dr. Edith Fiore ist offensichtlich eine recht resolute Person. Sobald eine Tatsache unklar bleibt, sobald der Patient stockt oder sich nur ungenau erinnern kann, beginnt sie zu zählen: »Bei fünf wirst du es wissen: eins, zwei, drei ...«

Dieser »Druck« ist wiederum keine Suggestion, sondern lediglich eine etwas massivere Hilfe. Denn offensichtlich beschleunigt es die Rückerinnerung.

Daß die Hypnoanalyse alles andere als eine Spielerei ist, betont Dr. Fiore aber sehr nachdrücklich:

Ich kann nicht deutlich genug hervorheben: Rückführungen in ein früheres Leben sollten ebenfalls wie Rückführungen in die Kindheit nur von Leuten vorgenommen werden, die sowohl in der Hypnose als auch in der Psychotherapie viel Erfahrung besitzen. Die vielgestaltige Persönlichkeit, starke Depressionen, unbeherrschbare Schuldgefühle, große körperliche Beschwerden — all das und viele andere größere und kleinere Auswirkungen können bei Menschen nach einer Rückführung in ein früheres Leben auftauchen. Diese Symptome müssen mit größtem Geschick behandelt werden.

Solche Belastungen treten vor allem dann auf, wenn der Kern eines Konflikts nicht gefunden, sondern nur seine »Schale« angekratzt wurde.

Hypnoanalyse — ohne Hypnose

Eine Methode, die sogar ganz ohne Hypnose auskommt, hat der Psychologe Dr. Morris Netherton in Los Angeles entwickelt. Er sagt:

Ich finde, daß die Hypnose den Patienten benachteiligt. Er überläßt dem Therapeuten dabei eine notwendige Kontrolle und kann selbst nichts dazu beitragen, das unbewußte Ereignis zu »löschen«. Es sollte aber immer der Patient sein und nicht der Therapeut, der die Arbeit macht. Deshalb muß er sich des rückerinnerten Materials und dessen Wirkung auf die Psyche stets voll bewußt sein. Mein Ziel ist es daher, das Unbewußte zu erreichen, ohne die Präsenz des Bewußtseins zu eliminieren.

Aber wie wäre das möglich? Ganz einfach: Dr. Netherton unterhält sich zunächst mit seinem Patienten über sein Leben, seinen Beruf, seine Situation. Dabei achtet er auf Sätze, die sich mehrfach wiederholen. Er notiert sie und knüpft daran an. Wenn jemand immer wieder sagt: »Ich ersticke in dieser Umgebung« — dann, so meint Dr. Netherton, ist dieser Satz ganz wörtlich gemeint, nicht nur im übertragenen Sinn. Und nun beginnt die Forschung: Was war mit dem Ersticken? Der Patient muß den Satz so lange wiederholen, bis im Zusammenhang damit ein neuer Satz oder ein neues Bild auftaucht.

»Wenn ein neuer Patient schließlich zum erstenmal eine Szene aus seinem früheren Leben ‚sieht', entwickelt sich die ganze vergangene Situation oft so rasch, daß es Patienten entsetzt und schier überwältigt ... Oft besteht meine schwierigste Aufgabe eher darin, mit der Flut der auftauchenden Szenen Schritt zu halten.«

Manchmal, so berichtet Dr. Netherton, ist schon der erste

Satz, der ausgesprochen wurde, der Schlüssel für alle Konflikte. Ein Patient stürzte beispielsweise in die Praxis und sagte als erstes: »Ich habe alles versucht« — damit war seine ganze Not ausgedrückt. In einem früheren Leben hat er als Farmer verzweifelt gegen Wetter und Dürre angekämpft. Er hat alles versucht, um schließlich doch Schiffbruch zu erleiden.

Und noch ein anderes Beispiel aus der Praxis von Dr. Netherton: »Es ist mir, als hätte ich einen Pfahl im Fleisch«, sagte ein Patient, der an entsetzlichen Magenschmerzen litt. Von diesem Satz ausgehend fand sich ein früheres Leben. Als Eingeborener irgendwo in Afrika hat er eine junge Frau verführt, dessen Mann auf der Jagd war. Der Jäger kam früher als erwartet nach Hause, erwischte ihn und spießte ihn mit seinem Speer an einen Pfosten der Hütte: »Er hat mich getroffen. Genau hier in die Eingeweide. Ich bin wie an einen Pfahl genagelt, der die Hütte trägt.«

Dr. Netherton nennt vier Schritte als grundlegende Elemente der Reinkarnationstherapie:

1. Bei vollem Bewußtsein werden Daten aus dem Unbewußten abgerufen. Das geschieht freiwillig, also ohne Hypnose. Der Patient weiß immer, wo er sich befindet.
2. Der erlittene Schmerz, die Schrecken, die Angst von damals werden noch einmal lebendig gemacht. Ein Ereignis kann aus dem Unterbewußtsein nur auf die gleiche Weise entfernt werden, wie es hineinkam. Man kann sich von einem Schmerz nur lösen, wenn man ihn wirklich fühlt.
3. Der Patient löst sich von der Erfahrung, die ihn bisher belastete. Je häufiger ein beherrschender Satz wiederholt wird, um so deutlicher wird sein Inhalt erfahren und erlebt und um so leichter kann man ihn schließlich aussprechen.
4. Die Erlebnisse aus dem früheren Leben werden mit Erfahrungen aus diesem Leben, vor allem aus der Zeit im Mutterleib und bei der Geburt, in Zusammenhang gebracht. Eine solche Sitzung dauert in der Regel zweieinhalb Stunden.

Der hartnäckigste Zweifler wird zugeben: Diese Reinkarnationstherapie hat mit der »künstlichen Reinkarnation« des Dr. Raikow nichts gemeinsam. Es ist etwas völlig anderes.

Ein Wissenschaftler hat versucht, dieser ganzen, schwer zugänglichen Frage auszuweichen. Er wollte die Reinkarnation mit Fällen beweisen, die — über jeden Verdacht einer Manipulation erhaben — von sich aus erinnern.

Und er suchte »Erinnerungen«, die so nahe am jetzigen Leben liegen, daß sie exakt nachgeprüft werden können.

Der Wissenschaftler heißt Professor Dr. Jan Stevenson.

10. Kapitel

Auf den Spuren der Wiedergeburt

Er wollte es genau wissen. Wissenschaftlich genau belegen. Fünf Länder in drei Kontinenten besuchte der amerikanische Psychiater, um Gewißheit über die Frage der Wiedergeburt zu gewinnen. Jahrzehntelang kannte er kaum ein anderes Interesse.

Professor Dr. Jan Stevenson, Carlson-Professor für Psychiatrie und Direktor der parapsychologischen Abteilung an der Universität von Virginia, reiste unermüdlich durch die ganze Welt. Von Indien nach dem Vorderen Orient. Von Brasilien nach Alaska. Von Europa nach Ceylon. Zweimal, dreimal besuchte er dieselben Orte, interviewte Hunderte von Zeugen und sprach mit den Menschen, die von sich behaupten, sie könnten sich an ein früheres Leben erinnern.

Vom dritten Lebensjahr an ein anderer

Meistens waren es Kinder. Wie Jasbir, der Junge aus Indien.

Im Frühjahr 1954 verstarb Jasbir, der dreieinhalbjährige Sohn von Sri Girdhari Lal Jat aus Rasulpur im Staate Uttar Pradesh, an den Pocken. Jasbirs Vater ging, mitten in der Nacht, zu seinem Bruder und zu Nachbarn und bat: »Helft mir, das tote Kind zu bestatten.« Er wollte die Sache schnell hinter sich bringen. Schließlich waren die Pocken eine gefährliche, ansteckende Krankheit. Doch die Leute lehnten die Bitte ab. »Warte bis morgen früh«, sagten sie. »Jetzt in der Nacht kann sowieso nichts mehr passieren.«

Gegen Morgen aber, als sie kamen, um das Kind beizusetzen, lebte es wieder. Und es wurde von Stunde zu Stunde kräftiger und gesünder. Nach einigen Tagen konnte Jasbir wieder sprechen. Doch nun passierte etwas Merkwürdiges: Das Kind gab sehr deutlich und mit allem Nachdruck zu verstehen: »Ich bin nicht Jasbir. Ich bin der Sohn von Shankar aus dem Dorf Vehedi. Und dort will ich auch wieder hin.«

Und noch etwas sagte der Junge: »Ich bin Brahmane. Ich rühre euere Speisen nicht an.«

Die Brahmanen bilden in Indien die oberste Kaste. Diese »Elite« hat unter anderem sehr strenge Essensvorschriften. Manche Speisen sind für Brahmanen streng verboten.

Jasbirs Eltern gehörten als einfache Landarbeiter dagegen einer sehr niedrigen Kaste an, die solche Vorschriften nicht kannte.

Der Junge weigerte sich so nachdrücklich, das vorgesetzte Essen anzurühren, daß er unweigerlich verhungert wäre, hätte sich nicht in der Nachbarschaft seines Elternhauses eine Frau gefunden, die sich bereit erklärte, für Jasbir Kost nach Brahmanenart zu kochen. Zwei Jahre lang mußte sie das tun. Jasbirs Eltern versuchten immer wieder, das Kind zu täuschen und ihm andere Speisen vorzusetzen. Aber Jasbir merkte das jeweils sofort und bestand auf seiner besonderen Kost.

Nach und nach erzählte er dann auch Einzelheiten aus seinem früheren Leben. Ausführlich schilderte er, wie er als Sobha Ram bei einer Hochzeitsprozession vergiftete Pralinen aß, vom Wagen fiel, sich den Kopf aufschlug und an der Verletzung starb. Jasbirs Eltern waren solche Erzählungen äußerst peinlich. Sie versuchten, das Kind davon abzubringen. Doch in einem kleinen Dorf lassen sich solche »Sensationen« natürlich nicht lange verheimlichen. Es sickerte durch, daß Sri Girdhari Lal Jat seinem Sohn Brahmanenkost vorsetzen mußte.

Und dann stellte sich heraus: In Vehedi ist tatsächlich, genau an dem Tag, an dem Jasbir »starb«, ein 22jähriger Mann bei einem Unfall während einer Hochzeitsfeier ums Leben gekommen. Er hieß Sobha Ram und war der Sohn von Sri Shankar. Die Verwandten des verstorbenen Sobha Ram besuchten den Jungen und wurden von ihm ausnahmslos erkannt und mit den richtigen Namen, ja sogar mit Kosenamen angesprochen. Man brachte Jasbir nach Vehedi. Er fand sein früheres Haus und ging, als wäre das ganz selbstverständlich, den Weg vom Bahnhof dorthin. In Vehedi fühlte sich der Junge überaus wohl und mußte beinahe mit Gewalt wieder nach Rasulpur zurückgebracht werden.

Professor Stevenson hörte von Jasbir — und fuhr hin, um den Fall nachzuprüfen. Er war zuerst im Sommer 1961 dort, sprach mit 13 Zeugen und kehrte 1964 noch einmal nach Vehedi und nach Rasulpur zurück, um dieselben Leute erneut zu interviewen und neue Zeugen aufzutreiben.

Unermüdliche Forschung

Und so gründlich arbeitete der Professor:

Zunächst versuchte er an Ort und Stelle herauszufinden, ob es zwischen den beiden Familien in Rasulpur und Vehedi irgendwelche Verbindungen gab. Die zwei Dörfer, 1500 und 2000 Einwohner, liegen etwa 30 Kilometer weit auseinander — für diese Gegend mit schlechten Wegen eine unvorstellbar weite Entfernung. Zwischen den Dörfern, etwa Mitte der Wegstrecke, gibt es eine Stadt, in welche Bauern aus beiden Richtungen gelegentlich zum Einkaufen kamen.

Aber beide Familien versicherten Professor Stevenson, daß sie einander erst kennenlernten, nachdem Jasbir aus seinem früheren Leben zu erzählen begonnen hatte. Zuvor hatten sie nichts voneinander gewußt.

In Vehedi gab es nur zwei Leute, die vor Jasbirs Persönlichkeitsveränderung jemals in Rasulpur gewesen waren, ein Ehepaar. Die Frau stammte aus Rasulpur und hatte nach Vehedi geheiratet. Weil in ihrer Heimat keine Verwandten mehr lebten, kehrte sie nur etwa alle fünf Jahre einmal dorthin zurück. Zum letztenmal zwei Jahre vor Jasbirs »Tod«. Das Kind war zu jenem Zeitpunkt etwa ein Jahr alt. Irgendeine Begegnung hat damals, so wird von beiden Seiten versichert, nicht stattgefunden.

In Rasulpur hatten die meisten Bewohner von dem Dorf Vehedi überhaupt noch nie gehört. Professor Stevenson fand wiederum nur zwei Leute, die selbst schon in Vehedi gewesen waren. Der eine von ihnen hatte auch Sobha Ram gekannt.

War er vielleicht die »Brücke« zu Jasbir? Kaum. Der Zeuge versicherte dem Wissenschaftler, daß er von Sobha Rams Tod erst etwa ein halbes Jahr nach dem Unglück erfahren hat. Also zu einem Zeitpunkt, da Jasbir längst von seinem früheren Leben erzählt hatte.

Nun überprüfte Professor Stevenson Jasbirs Aussagen — insgesamt 40 Punkte. Er verglich die Aussagen der Zeugen miteinander und kam zu dem Schluß:

»Wenn die interviewten Personen die Wahrheit gesagt haben, sehe ich keinen Weg, auf dem Jasbir normal die Tatsachen hätte erfahren können, die er über das Leben von Sobha Ram wußte. Auch habe ich keinen Grund zu bezweifeln, daß die Zeugen, mit denen ich sprach, die Wahrheit gesagt haben.«

Jasbirs Aussagen stimmten. Ausnahmslos. Es gab nicht einen einzigen Fehler. Doch fast noch stärker als diese 40 peinlich genau belegten und als richtig bewiesenen Einzelheiten aus seinem früheren Leben überzeugte den Wissenschaftler aus Amerika die starke Identifizierung Jasbirs mit Sobha Ram.

Da war die große Neigung Jasbirs zu seiner früheren Familie. In Vehedi fühlte sich das Kind wohl und zu Hause. Und wenn es von dort wieder weggeholt wurde, vergoß es schmerzliche Tränen.

»Ich bin der Sohn von Shankar aus Vehedi«, sagte der Junge immer wieder. Nicht etwa: Ich war einmal sein Sohn. Er sprach immer in der Gegenwart.

In Rasulpur, davon konnte sich Professor Stevenson selbst überzeugen, war Jasbir ein Außenseiter. Er verachtete seine jetzige Familie, weil sie ihn zurückhielt an diesem fremden Ort und weil sie einer niederen Kaste angehörte. Er war einsilbig, niedergedrückt, einsam. Die Leute erzählten, das Kind habe nach seiner Krankheit von einem Tag auf den anderen auch seinen Wortschatz verändert. Er benützte für Haus oder Kleider plötzlich Begriffe, die in Rasulpur nicht geläufig waren und dort von keinem gebraucht wurden.

Professor Stevenson vermochte schließlich auch, so gut wie alle Möglichkeiten eines bewußten Betrugs auszuschließen. Jasbirs Familie konnte an der Geschichte der Reinkarnation kein Interesse haben. Sie erfuhr durch Jasbirs Erzählungen keinerlei Vorteile. Im Gegenteil: Sie tat alles, die peinliche Angelegenheit so gut wie möglich herunterzuspielen. Man verbot Jasbir, nach Vehedi zu gehen, seine angebliche frühere Frau zu besuchen und seinen Sohn aus dem früheren Leben zu sehen.

Also: Ist der Fall Jasbir das Zeugnis einer echten Inkarnation? Professor Stevenson selbst nennt solche Beispiele »Beinahe-Beweise«: »Alle Fälle haben Schwächen, dergleichen auch alle ihre Berichte«, bekennt er offen. »Weder kann ein Einzelfall, noch können die Fälle in ihrer Gesamtheit als Beweis für die Wiederverkörperung herangezogen werden ... Einige Fälle legen die Wiedergeburt nahe. Einige gehen darüber hinaus; sie scheinen mir die Wiedergeburt zu beweisen.«

Professor Stevenson hat über 1500 Fälle wie die des Jasbir gesammelt und sie mit großer Sorgfalt und kriminalistischem Spürsinn erforscht. Er unterzog sich dieser mühevollen Arbeit, weil er jede inszenierte Rückführung, sei es mit oder ohne Hypnose, für wissenschaftlich wenig ergiebig hält. In der Regel liegen die früheren Leben, die in einer Hypnosesitzung auftauchen, so weit zurück, daß sie nicht mehr überprüft werden können.

Deshalb schien ihm das vielversprechendste Beweismaterial für die Reinkarnation eben dort zu liegen, wo Menschen sich spontan, ohne jeden Einfluß Dritter, an ein früheres Leben erinnern können. Und dabei boten sich ihm in erster Linie Kinder an. Kinder, die in diesem Leben noch wenig verwurzelt sind, so daß möglicherweise ein früheres Dasein noch eindrucksvoll im Gedächtnis der Seele zugegen ist.

Die Sehnsucht nach der Braut von früher

Professor Stevenson fand solche Kinder nicht nur in Asien, sondern in aller Welt. 35 Kinder interviewte er allein in den USA. Kinder wie Jasbir. Kinder, die von sich behaupten: »Du bist nicht meine richtige Mutter.« Oder: »Ich bin mein Großvater.« Kinder, die ihre Erzählungen mit der Einleitung begannen: »Als ich noch groß war ...«

Bei diesen Forschungsreisen ging es oft recht verrückt zu. Professor Stevenson erlebte eine Überraschung nach der anderen. Wie etwa bei dem ganz berühmt gewordenen Fall des Jungen Imad Elawar. Als der Wissenschaftler von dieser Sache hörte, war sie noch so frisch, daß die Nachforschungen besonderen Erfolg versprachen. Zumal bisher keinerlei Gegenüberstellungen und keine Familienzusammenführungen stattgefunden hatten. Professor Stevenson konnte selbst zum Zeugen der ersten Stunde werden und mußte sich nicht auf andere Zeugen verlassen. Ein Fall, der ihn ganz besonders beschäftigte. Insgesamt sechsmal untersuchte er ihn: im März und August 1964, 1968, 1969, 1972 und 1973:

Imad wurde am 21. Dezember 1958 in dem kleinen Dorf Kornayel im Libanon geboren. Das Kind war nicht einmal zwei Jahre alt, da nannte es zur Verblüffung seiner Eltern eine ganze Reihe fremder, völlig unbekannter Namen und führte mit diesen Leuten Selbstgespräche. Vor allem den Namen »Jamileh« sprach es immer wieder mit großer Verzückung.

Und dann erzählte Imad, er gehöre gar nicht hierher, sondern in das Dorf Khriby. Zu einer anderen Familie. Und das Kind bat: »Bringt mich zurück. Heim nach Khriby.«

Oft schilderte es auch einen Verkehrsunfall, bei dem ein Mann von einem Lastwagen überfahren wurde und beide Beine verlor.

Der Vater schimpfte Imad als Lügner und verbot ihm solche Reden. Aber Imad erzählte weiter. Seiner Mutter und den Großeltern.

Eines Tages aber begegnete Imad auf der Straße einem fremden Mann. Er ging auf ihn zu und umarmte ihn. »Du warst früher mein Nachbar«, sagte er gerührt. Der Mann stammte tatsächlich aus Khriby. Nun wurden Imads Eltern doch stutzig, doch sie unternahmen nichts, der Sache auf den Grund zu gehen.

Eine Frau aus der Nähe von Khriby, die eines Tages bei Imads Eltern zu Besuch war, bestätigte dann: Diese Leute, von denen das Kind spricht, die gibt es in Khriby tatsächlich. Auch den tragischen Autounfall hat es gegeben.

Als kurz darauf ein Onkel zu einer Beerdigung nach Khriby eingeladen wurde, ging Imads Vater mit. Aus reiner Neugierde. Doch er fand dabei keine großen Neuigkeiten.

Zu diesem Zeitpunkt kam Professor Stevenson in den Libanon, um sich mit Imads Fall zu befassen. Nachdem er alle Einzelheiten, die er von Imads Vater erfahren konnte, genau aufgezeichnet hatte, schlug er vor, mit Imad nach Khriby zu fahren, um nachzuprüfen, ob seine Behauptungen richtig sind. Die Familie war einverstanden. Imad war zu diesem Zeitpunkt gerade sechs Jahre alt und plauderte sehr lebhaft über sein früheres Leben.

Die eigentlichen Schwierigkeiten, die sich den Nachforschungen in den Weg stellten: Imad wußte zwar seinen früheren Familiennamen Bouhamzy, aber sein Vorname fiel ihm nicht mehr ein. So wußte man also nicht genau, welchen Platz er einmal in der Familie in Khriby eingenommen hatte.

Schon unterwegs erkannte Imad von weitem ein Dorf und nannte richtig den Namen. In Khriby machte er dann 16 Angaben, von denen 14 richtig waren, zwei etwas vage oder zufällig blieben. Er erkannte seine frühere Familie — mit Ausnahme seiner Mutter, die sehr alt geworden war.

Und nun wußte man auch, wer Imad früher gewesen ist: Ibrahim Bouhamzy, ein junger Mann, der eine wunderschöne Geliebte namens Jamileh hatte, die er auch heiraten wollte, aber nicht durfte, weil die beiden Familien verschiedenen Sekten angehörten. Ibrahim Bouhamzy ist am 18. September 1949 an Tuberkulose gestorben. Jamileh hat dann einen anderen Mann geheiratet.

Insgesamt überprüfte Professor Stevenson über 60 Aussagen Imads. Bis auf drei waren alle richtig.

Und nun begegnete dem Forscher wiederum eine der verwirrenden Merkwürdigkeiten, die ihn immer auf seinen Reisen begleiteten: Plötzlich hatte er nicht nur Imad, der behauptete, schon einmal in Khriby gelebt zu haben und der von einem schweren Autounfall erzählte, sondern noch einen jungen, 20jährigen Mann, der fast genau dieselbe Geschichte von sich gab.

Am 3. Dezember 1943 kam Sleiman in einem syrischen Dorf zur Welt. Sobald er sprechen konnte, behauptete er fest, er sei der wiedergeborene Bruder seiner Mutter, der bei einem Unfall kurz zuvor, im Juni 1943, ums Leben gekommen war. Eben jenem Unfall eines Lastwagens, von dem Imad immer wieder erzählte. Tatsächlich wußte Sleiman so viele Einzelheiten aus seinem früheren Leben, daß ihn seine früheren Kinder, obwohl er ja viel jünger war als sie, als ihren Vater anerkannten und sich bei ihm sogar die Einwilligung zur Hochzeit holten!

Imad und Sleiman — beide stammten in einem früheren Leben aus Khriby. Beide aus derselben Familie. Beide hatten einander gekannt und als Freunde geschätzt.

Beide Fälle hat Professor Stevenson eingehend untersucht. Und er fand bei beiden keine Erklärung, die einleuchtender wäre, als die der Wiedergeburt.

Aus Stevensons Berichten geht eindeutig hervor: Die Erinnerungen der Kinder verblassen ziemlich schnell. Jasbir, der indische Junge, der nach seiner Krankheit ein anderer war, vergaß, daß er eigentlich ein Brahmane ist. Er aß nach und nach normale Speisen und heiratete sogar ein Mädchen niedrigeren Standes.

Imad wollte nach seinem 13. Geburtstag nicht mehr über sein früheres Leben sprechen. Er vergaß auch Jamileh, die er bis dahin immer noch heiraten wollte.

In allen Fällen, die Professor Stevenson aufzeichnete, verdrängte das jetzige Leben die alten Erinnerungen. Die Kinder mußten sich im Heute zurechtfinden. Da blieb kein Platz für das Gestern.

War alles doch nur Phantasie? Alle Eltern wissen: Kinder besitzen unglaubliche Phantasiekräfte. Sie können sich in Wunschbilder und Idealvorstellungen hineinversetzen, daß alle Grenzen zwischen Wirklichkeit und Phantasie vollkommen verschwinden. Kinder erzählen oftmals Geschichten, die sie angeblich »wirklich erlebt« haben, daß einem die Haare zu Berg stehen. Und sie lügen dabei nicht – sie sind von der Wahrheit ihrer Berichte felsenfest überzeugt.

Trotzdem: Mit solchen Phantastereien lassen sich Geschichten wie die von Jasbir und Imad und vielen anderen nicht erklären.

Könnte es aber sein, daß kleine Kinder, mehr als Erwachsene, medial begabt sind? Daß sie hellsehen, in die Zukunft blicken können und Visionen haben? Man weiß: In ihrer Nähe zerplatzen mitunter elektrische Birnen, bewegen sich tonnenschwere Panzerschränke. Man spricht von telekinetischen Fähigkeiten.

Warum sollten sie nicht auch in die Vergangenheit eines Menschen sehen und sein Gedächtnis gewissermaßen »anzapfen« können?

Professor Stevenson ist gerade dieser Frage sehr intensiv nachgegangen. Er kam zu dem Ergebnis: Vielleicht ließe sich der eine oder andere Fall einer Reinkarnation auf diese Weise erklären. Für die vielen bekanntgewordenen Fälle allerdings reicht auch dieser Deutungsversuch nicht aus. Es muß etwas anderes dahinterstecken.

Aber was, wenn nicht doch die Wiedergeburt?

Ein kleines Mädchen findet seinen Sohn

Schon vor Professor Stevenson haben andere Wissenschaftler solche Spontanäußerungen von Reinkarnation nachgeprüft und dokumentiert, so daß es an den Tatsachen an sich kaum einen Zweifel geben kann. Der wohl berühmteste und am besten belegte Fall ist im Jahre 1936 von indischen Wissenschaftlern veröffentlicht worden:

Shanti Devi, die kleine Tochter von Rang Bahadur in Delhi, war bis zu ihrem vierten Lebensjahr sehr einsilbig, in sich gekehrt, still. Als sie dann zu reden begann, traten seltsame unverständliche Dinge zutage. Das Kind erzählte, es habe »früher in der kleinen Stadt Muttra gelebt«. Dort habe man andere, viel schönere Kleider getragen. Sie sei vornehmer gewesen, verheiratet mit einem Stoffhändler, habe zur Choban-Kaste gehört und in einem gelben Haus gewohnt.

Die Eltern waren über das kindliche Geschwätz verärgert und schenkten ihm keine allzugroße Beachtung. Sie taten so, als hörten sie es gar nicht. Doch Shanti fing immer wieder damit an. Und sie drängte immer nachdrücklicher: »Laßt mich endlich nach Muttra gehen.« Kaum ein Tag verging, an dem die Eltern die lästige Bitte nicht zu hören bekamen.

Bis Shanti neun Jahre alt geworden war. Da hörte ihr Großonkel, ein Lehrer in Delhi, von der seltsamen Geschichte. Und er versprach Shanti: »Ich bringe dich nach Muttra. Aber du mußt mir sagen, wie dein früherer Mann, der Stoffhändler, geheißen hat.« Bisher hatte das Kind diesen Namen hartnäckig verschwiegen. Eine wohlerzogene Hindu-Frau sagt nämlich Fremden gegenüber niemals, wie ihr Mann heißt.

Jetzt, in Erwartung der Reise nach Muttra, redete Shanti: »Er heißt Pandit Kedar Nath.«

Das war eine so exakte Angabe, daß der Lehrer der Sache doch nachgehen wollte. Er sprach mit seinem Schuldirektor darüber, und der schrieb an den Tuchhändler und berichtete ihm über die Erzählungen des Kindes in Delhi.

Fast postwendend kam die Antwort: Alle Einzelheiten stimmen. Am 4. Oktober 1925 — genau ein Jahr vor Shantis Geburt — ist Kedar Naths Frau nach der Geburt eines Sohnes im Wochenbett verstorben. Der Tuchhändler wohnte seinerzeit in einem gelben Haus. Er gehört der Choban-Kaste an.

Kedar Nath, der Tuchhändler, wollte nun auch Näheres erfahren und schickte seinen Vetter, der in Delhi wohnte, zu Shantis Eltern. Der Vetter kam mit einigen Zeugen. Shanti wußte nichts von seiner Ankunft. Als sie ihn aber sah, ging sie mit einem lauten Freudenruf auf ihn zu und sagte: »Das ist der jüngere Vetter meines Mannes.« Gleichzeitig nannte sie noch eine ganze Reihe von Einzelheiten, die den Besucher überzeugten: »Das Mädchen kennt sich wahrhaftig gut in unserer Familie aus.«

Nun kam Kedar Nath selbst nach Delhi. Er brachte seinen zehnjährigen Sohn mit. Das war am 13. November 1935.

Shanti stürzte auf ihn zu und begann haltlos zu weinen. »Du bist gekommen. Kedar —«

Auch Kedar brach in Tränen aus. Er unterhielt sich mit dem Kind, als wäre er tatsächlich seiner früheren Frau begegnet. Die beiden, der Mann im besten Alter und das Kind, sprachen über längst vergangene, glückliche Tage, über gemeinsame Erlebnisse, über Augenblicke, die nur sie beide kannten.

Die Zeugen staunten nicht schlecht: Shanti sprach in einem Dialekt, der in Delhi nicht, wohl aber in Muttra gesprochen wurde. Kedar Nath aber war überzeugt: »Ich bin in Shanti meiner früheren Frau wiederbegegnet. Daran kann es keinen Zweifel geben.«

Shanti Devi, das neunjährige Mädchen, aber kümmerte sich so rührend und mütterlich besorgt um den zehnjährigen Sohn von Kedar Nath — ihren Sohn —, daß jeder, der in dem

Augenblick zugegen war, den lebhaften Eindruck hatte: So kann sich nur eine Mutter zum eigenen Kind verhalten.

Shanti wollte unbedingt ihr jetziges Elternhaus verlassen und mit ihrem früheren Mann und ihrem Sohn nach Muttra gehen. Doch ihre Eltern erlaubten es nicht.

Schon wenige Tage später fand sich bei Shantis Eltern eine ganze Reihe namhafter Wissenschaftler ein. Sie brachten einen Fotografen mit, weil sie den Fall genau festhalten wollten.

Mit Shanti fuhren sie nach Muttra. Das geschah am 24. November 1935. Shanti erkannte den Ort schon von weitem und war außer sich vor Freude. Sie beschrieb den Weg zum früheren Wohnhaus und erkannte dieses, obwohl es inzwischen nicht mehr gelb, sondern weiß gestrichen war. Sie fand in der staunenden Menge (über 50 Leute!) ihren früheren Schwager, später an anderer Stelle ihren ehemaligen Schwiegervater und die eigenen Eltern und den Bruder. Sie wußte, daß der Weg vor dem Haus früher nicht geteert war. Sie fand unter einem Stein im Hof die einstige Quelle, im ersten Stockwerk das Zimmer, in dem sie gelebt hatte, und, versteckt in einer Ecke des Zimmers, die Kassette, in der sie eine Geldsumme verborgen hatte. Kedar Nath hatte das Geld gefunden und an sich genommen. Es war zu ihrem Kummer nicht mehr da.

Mit Zufall, mit Täuschung, ja selbst mit hellseherischen Fähigkeiten ist so etwas kaum zu erklären.

Womit aber dann?

Typische Phantasien — oder doch nicht?

Angenommen, man würde heute einige beliebig ausgewählte Leute über ein Leben vor etwa 200 Jahren phantasieren lassen: Was käme dabei heraus? Vermutlich Geschichten, wie wir sie aus Romanen, Film und Fernsehen kennen: Hexenverfolgung, höfische Szenen, Türkenkrieg und vielleicht auch ein bedrückendes Bauernschicksal. Diese Phantasien wären gespickt mit gängigen Vorstellungen, mit den üblichen Klischees.

Unterscheiden sich Rückführungsberichte von solchen Phantastereien?

Die amerikanische Psychologin Dr. Helen Wambach wollte das wissen. Sie hypnotisierte nicht Einzelpersonen, sondern ganze Gruppen von Versuchspersonen, um sie dann über Ereignisse in ganz bestimmten Epochen zu befragen. (12)

»Was passierte um 1850? ... um 1700? ... im Jahre 25 n. Ch.? ... 500 Jahre v. Ch.?«

Diese Epochen wurden speziell deshalb ausgewählt, weil bekanntermaßen jeder Amerikaner über sie festumrissene Vorstellungen besitzt:

1850 — das bedeutet Wilder Westen. »Bonanza.«

1700 — das heißt Eroberung der Neuen Welt. Kampf mit den Indianern.

25 n. Ch. — damit verbindet sich sofort die blutige Christenverfolgung in Rom oder Kleopatra und Cäsar.

500 v. Ch. — das war vielleicht ein Wikingerraubzug oder griechische Kultur.

Würden in der Hypnose diese bekannten Epochen lebendig — oder etwas ganz anderes?

Das Ergebnis war völlig anders, und das widerspricht eindeutig den Experimenten des Wissenschaftlers E. Zolik, der alle Erinnerungen auf Kryptomnesie, also vergessene Erfahrungen aus diesem Leben, zurückführen wollte:

Im Jahre 1850 sah sich nur die Hälfte der Versuchspersonen in Amerika. Die meisten von ihnen lebten nicht im Wilden Westen, sondern in Oststaaten oder an der Südküste. Fast ein Viertel erlebte sich im alten Europa. Der Rest war über die ganze Welt verstreut.

Um 1700 befanden sich lediglich 16 Prozent bereits in Amerika. Ein paar davon waren damals Indianer. Fast die Hälfte erlebte sich in Europa.

Im Jahre 25 n. Ch. gab es keinen einzigen, der etwas über Jesus von Nazareth oder Kleopatra gehört hatte.

500 Jahre v. Ch. lebte die Mehrzahl im Nahen Osten oder in Asien.

Dr. Helen Wambach folgert daraus:

»Sollten diese Leute ‚Geschichten' erzählt haben, dann waren das sicherlich nicht solche, die in unserem Kulturkreis allgemein bekannt sind. Meine Versuchspersonen müßten alle sehr gelehrt und belesen gewesen sein, daß sie es — unabhängig voneinander — fertig brachten, ‚Leben' anzubieten, die geschichtlich ‚stimmen'. Oder aber die Hypnose ist eben doch in der Lage, echte Erinnerungen aus der Vergangenheit abzurufen.«

Die Psychologin bekennt: »In meinen Sitzungen, die der Heilung der Patienten dienen, stoße ich stets auf unerklärliche Ereignisse. Ich habe längst gelernt, sie zu akzeptieren, weil ich der Meinung bin, daß es sehr dumm wäre, etwas zu leugnen — aus dem einfachen Grund, weil man es nicht verstehen kann. In unseren Leben überwiegt das Unbekannte das Wenige, das wir über uns und unsere Welt wissen, bei weitem.«

Auch Dr. Wambach will mit ihren Arbeiten letztlich nicht »beweisen« in der Eindeutigkeit, mit der man beweisen kann, daß Holz brennt. Sie will nur, wie sie sagt: »... einen Eindruck geben von der Dimension des Problems, dem wir uns stellen müssen.«

»Ich habe einige wenige Anhaltspunkte dafür gefunden, daß ein paar von den Kindern, die angaben, schon einmal gelebt zu haben, auch außerhalb des Zusammenhangs mit der früheren Persönlichkeit außersinnliche Wahrnehmungen gemacht haben«, berichtet Professor Stevenson.

An eine solche hellseherische Fähigkeit erinnert unwillkürlich die Geschichte, über die der britische Psychiater Dr. Arthur Guirdham berichtet (13):

Ein 13jähriges Mädchen hatte immer wieder Alpträume, die sehr deutlich, sehr umfangreich waren und sich stets um dieselbe Sache drehten: Das Mädchen sah sich im 13. Jahrhundert. Es gehörte zur Sekte der Katharer, die jahrzehntelang grausam verfolgt wurde.

Das geplagte Mädchen schrieb seine »Träume« auf. Und es wurde ein ganzer Roman daraus, der die Fachleute zutiefst verblüffte: Woher konnte die kleine Engländerin dieses enorme Wissen haben? Da gab es Beschreibungen von Schlachten, zeitgenössischen Bräuchen, Aufzeichnungen von Mundartgedichten und eine Reihe bis dahin völlig unbekannter Fakten, die sich bei Nachforschungen tatsächlich als richtig erwiesen. Aus jeder Zeile der Aufzeichnungen war ein tiefer Haß gegenüber der katholischen Kirche zu spüren.

Kein Zweifel: Hier war etwas »Echtes« zutage getreten. Aber was?

Eigene Erinnerungen? Oder konnte das Mädchen mit außersinnlichen Fähigkeiten in fremde Vergangenheiten zurückblicken?

Dr. Guirdham meint: »Es ist völlig absurd anzunehmen, das englische Schulmädchen im Alter von 13 Jahren könnte zuverlässig Namen im Dialekt des Languedoc zusammenfügen. Auch kann sie die Geschichte des 13. Jahrhunderts nicht erfinden. Vermutlich in einem Stadium der Hellhörigkeit hat das 13jährige Mädchen Informationen einer fremden Sprache so niedergeschrieben, wie es sie hörte.«

Möglich. Professor Stevenson fand bei einigen Kindern, daß sie sich nicht nur an ein früheres Leben erinnerten, sondern auch in die Zukunft blicken oder hellsehen konnten, also außersinnliche Fähigkeiten besaßen. So soll Marta Lorenz bis zu ihrer Hochzeit manche Dinge richtig vorausgesagt haben.

Doch, so berichtet Stevenson: »Wenn wir das Beweismaterial zusammenfassen, können wir feststellen, daß bei den meisten Kindern solche Kräfte nicht nachweisbar sind. Soweit mir bekannt, sind bei keinem Kind — abgesehen vielleicht von Marta Lorenz — Anzeichen dafür vorhanden gewesen, daß es wesentliche Informationen über eine andere lebende oder tote Person erlangt hat, die nicht im Zusammenhang standen mit der Persönlichkeit des früheren Lebens. Kurz, hätten diese Kinder ihre Informationen durch außersinnliche Wahrnehmungen erlangt, dann zeigten sie wirklich eine ganz ungewöhnliche Fähigkeit bei der Auswahl der Zielperson beziehungsweise der Dinge, die sie wahrnehmen oder wahrzunehmen behaupteten.«

Tatsächlich ist bisher kein Medium, kein außersinnlich begabter Mensch bekannt, dessen Fähigkeiten sich immer nur speziell auf eine Sache oder eine einzige Person beschränkt hätten. Eine solche »Auslese« ist der parapsychologischen Forschung nicht begegnet.

»Außersinnliche Wahrnehmung allein kann uns keine Erklärung geben für alle Aspekte der reichhaltigen Fälle, insbesondere nicht für die Verhaltenszüge einschließlich der Aufrechterhaltung der Identifizierung der Hauptperson mit der früheren Persönlichkeit«, schließt Professor Stevenson. Er zieht, wie er sagt, deshalb zwei andere Erklärungen vor: Besessenheit und Wiedergeburt.

Besessenheit oder Reinkarnation?

Stevenson unterscheidet zwischen Besessenheit und Reinkarnation:

Wenn die frühere Persönlichkeit sich mit dem Körper zur Zeit der Empfängnis oder während der embryonalen Entwicklung zu verbinden scheint, sprechen wir von Reinkarnation; wenn die Vereinigung zwischen früherer Persönlichkeit und physischem Organismus erst später stattfindet, sprechen wir von Besessenheit.

Beides, Besessenheit und Reinkarnation, setzt aber notwendigerweise voraus, daß es eine Seele gibt, die auch ohne Körper existieren kann. Bei der Besessenheit würde ein Körper, in dem bereits eine Seele wohnt, zusätzlich von einer zweiten besetzt und zeitweise oder auch immer von ihr bewohnt. Ein

Vorgang, der zumindest im Hinblick auf »Geister« seit jeher von den christlichen Kirchen für möglich gehalten wird.

Stevenson betont, daß für die meisten der von ihm untersuchten Fälle die Besessenheitstheorie nicht in Frage kommt.

Nicht unerwähnt bleiben sollte an dieser Stelle die Überlegung des evangelischen Theologen Adolf Köberle. Er schreibt: »Wenn Gott der Herr ist über Elemente im Himmel und auf Erden, wenn er in seiner Freiheit Verstorbene beauftragen kann, Lebenden in Stunden der Gefahr Wink, Weisung und Warnung zu geben, Vorgänge, die aus der Zeit der beiden großen Kriege glaubwürdig bezeugt sind, dann wollen wir es nicht von vornherein ausschließen, daß der Herr des Alls auch ein verstorbenes Leben zu neuem Auftrag auf die Erde senden kann. Solche Möglichkeiten aber bleiben durchaus im Bereich seiner Freiheit. Daraus die Allgemeingültigkeit der Reinkarnation abzuleiten und darüber das Mysterium der erbarmenden göttlichen Liebe abzubauen oder auch nur zu schmälern, dazu kann sich christliche Verkündigung und Seelsorge nicht bereitfinden.«

Der Theologe hält die Wiedergeburt im Einzelfall also für möglich, lehnt sie für den Normalfall aber ab. Eine interessante Meinung, wenngleich nicht die offizielle Lehre einer christlichen Kirche.

Eine Frage ist bisher umgangen worden: Wenn es möglich ist, in der Hypnose in die Vergangenheit zurückzublicken — und frühere Leben zu entdecken —, müßte dann folgerichtig nicht auch der Weg in die Zukunft zu eröffnen sein?

Eine aufregende Vorstellung! Die Frage ist jedem Arzt und jedem Therapeuten, der sich mit der Rückführung befaßt, immer wieder gestellt worden.

Und die Antworten: Allem Anschein nach ist auch das möglich und mehrfach schon gemacht worden.

Einer, der in Trance recht eindrucksvolle Schilderungen der Vergangenheit und der Zukunft gab, ist der »schlafende Prophet«, Amerikas großer Seher unserer Tage: Edgar Cayce.

11. Kapitel

Ich komme wieder — in 155 Jahren

»Darüber muß ich erst einmal schlafen«, sagen kluge Leute, wenn sie eine schwierige Entscheidung zu treffen haben. Dabei geht es offenbar nicht nur darum, Abstand und Zeit zu gewinnen. Im Schlaf, so glauben viele Menschen, klärt sich manches Problem. Einer ist durch seinen Schlaf weltberühmt geworden. Unfaßbar, was er alles erzählte — über Vergangenheit und Zukunft, über frühere Leben und sogar über zukünftige ...

Der kleine, unauffällige Mann mit der Nickelbrille tritt in das Friseurgeschäft in Virginia Beach, grüßt mit einem Kopfnicken und setzt sich bescheiden auf den letzten Stuhl ganz hinten im Laden. Zwischen ihm und den übrigen Kunden, die hier ebenfalls darauf warten, bedient zu werden, bleiben vier Stühle frei. Obwohl er da hinten im Dämmerlicht sitzt und kaum mehr zu sehen ist, machen ihn die neugierigen Blicke der drei Männer weiter vorne nervös. Linkisch, verlegen streicht er sich über das schüttere Haar. Er rückt die schmale, graue Krawatte zurecht und zupft an den Ohren, die für seinen kleinen Kopf viel zu groß geraten sind. Schließlich lehnt er sich zurück und schließt die Augen.

Der Friseur hat seinen neuen Kunden nicht bemerkt. Zu sehr nimmt ihn seine Arbeit und eine hitzige, laute Debatte mit dem jungen Mann in Anspruch, dem er gerade die Haare schneidet.

»Und ich sage Ihnen, Amerika wird doch in den Krieg eingreifen. Nur wir können diesem Hitler noch Einhalt gebieten«, erklärt er mit erhobener Stimme und fuchtelt dabei wild mit Kamm und Schere in der Luft herum. Der junge Mann richtet sich auf und protestiert ebenso heftig: »Das können wir uns doch gar nicht erlauben. Wissen Sie eigentlich, wie viele Amerikaner deutscher Abstammung sind?« Er dreht sich um und blickt triumphierend in die Runde, als erwarte er Beifall von seinen Zuhörern.

Da sieht er gerade, wie Teddy, sein fünfjähriger Junge, der draußen vor der Tür spielte, das Friseurgeschäft betritt und geradewegs auf den kleinen Mann mit der Nickelbrille, hinten auf dem letzten Stuhl, zugeht. Teddy bleibt vor dem Fremden stehen, die Arme auf dem Rücken verschränkt. Seine Augen strahlen. Schließlich, als wäre es die selbstverständlichste Sache auf der Welt, klettert Teddy dem Fremden auf den Schoß und legt sein Köpfchen an seine Brust.

»Teddy, komm sofort her! Belästige den Herrn nicht. Du kennst ihn doch gar nicht!« ruft der Vater erschrocken. Teddy lacht glockenhell und schlingt seine Arme um den Hals des Fremden.

»Aber Papi! Natürlich kenne ich ihn. Wir waren zusammen auf dem Fluß, als wir schrecklich Hunger hatten.«

Die Männer im Friseursalon schauen auf. Teddys Vater eilt herbei, um sich zu entschuldigen. »Verzeihen Sie, der Kleine phantasiert sich da etwas zusammen. Er war noch nie auf einem Fluß.«

Der Fremde reicht ihm den Sohn mit einem merkwürdigen Ausdruck in den Augen. Er nickt gedankenverloren. »Teddy hat recht. Wir kennen uns tatsächlich. Vom Ohio River. Aber das ist eine seltsame, unfaßbare Geschichte. Und sie liegt viele Jahrzehnte zurück.«

Der kleine Mann mit der Nickelbrille, der im Friseurgeschäft von Virginia Beach mit seinen rätselhaften Andeutungen beinahe einen Tumult ausgelöst hatte, war Edgar Cayce. Die einen hielten ihn für den größten Propheten der neueren Zeit. Andere sahen in ihm einen besonders begabten Hellseher, wieder andere einen Geistheiler.

Seine Gegner allerdings bezeichneten ihn schlichtweg als

»seltsamen Vogel«, als Spinner, ja als Verrückten. Edgar Cayce, am 18. März 1877 in Hopkinsville in Kentucky geboren, am 3. Januar 1945 in Virginia Beach gestorben, war tatsächlich ein mehr als ungewöhnlicher Mensch. Er gab in seinem Leben über 30 000 sogenannter »Readings«, das sind Krankheitsdeutungen: Cayce versetzte sich selbst in Trance und sagte hinterher den Leuten, was ihnen fehlt und wie sie wieder gesund werden können.

Nur ein Buch — die Bibel

Nicht nur das: Cayce, der angeblich fehlerfrei medizinische Diagnosen stellte und mit alten, teilweise längst vergessenen Arzneimitteln heilte, sah in der Hypnose auch die Vergangenheit und die Zukunft seiner Patienten.

Er war in der Tat ein seltsamer Vogel. Einmal stand er wegen unberechtigter Ausübung des Arztberufs vor Gericht, einmal wegen unerlaubter Wahrsagerei.

Mit 15 Jahren mußte er in der sechsten Klasse die Schule verlassen. Mehr schaffte er einfach nicht, obwohl er aus guter Familie stammte. Danach arbeitete er auf einer Farm, dann als Verkäufer in einem Schuhgeschäft. Mit 21 Jahren verlor er plötzlich seine Stimme. Eine Kehlkopferkrankung war schuld daran, daß er von einem Tag auf den anderen nicht mehr sprechen konnte.

Mit dieser Krankheit aber begann seine eigentliche »Karriere«. Ein Heilpraktiker, der etwas von Hypnose verstand, wolle Cayce helfen. Er versetzte ihn in Trance — und Cayce sprach tatsächlich deutlich und klar. Mehr noch: Er beschrieb den staunenden Zuhörern in allen Einzelheiten seine Krankheit: »Die unteren Muskeln des Stimmbandes sind teilweise gelähmt. Diese Lähmung ist nervösen Ursprungs. Man kann sie heilen, indem man dem Kreislauf hypnotisch den Befehl erteilt, diesen kranken Teil des Körpers besser zu durchbluten.«

Cayce heilte sich selbst. Seine Diagnose war ebenso richtig wie die Behandlungsmethode.

Das brachte den Heilpraktiker Al Layne auf die Idee, mit Edgar Cayce das ganz große Geschäft zu machen: Er wollte ihn als Gehilfen anstellen. Cayce tat das vorübergehend auch — aber nur widerwillig. Sein einfaches Gemüt fürchtete, etwas Verbotenes, Frevelhaftes zu tun.

Kurze Zeit später konnte ihn der Arzt Dr. Wesley H. Ketchum dann aber doch davon überzeugen, daß er seine außergewöhnliche Fähigkeit zum Wohl der Menschheit einsetzen müsse. Der Arzt richtete Cayce ein eigenes Sprechzimmer in seiner Praxis ein — und wurde weit über das Land hinaus berühmt. Cayce blieb im Hintergrund. Folgsam und brav legte er sich auf das Sofa, um zu »schlafen«, wenn man ihn darum bat. In Hypnose beherrschte er alle medizinischen Fachkenntnisse und Begriffe. Er brauchte nur einen Namen und die genaue Adresse eines Patienten zu erfahren, dann kam auch schon prompt die Antwort: »Ich sehe diesen Körper.« Und dann gab er seine Anweisungen, wie dem Patienten geholfen werden kann. Präzis, sicher, selbstverständlich. Manchmal redete er perfekt griechisch oder französisch.

Sobald Cayce erwachte, war er wieder der ungebildete Mann, der in seinem Leben nur ein einziges Buch gelesen hat: die Bibel. Sie allerdings über 60mal von vorne bis hinten.

Er war ein frommer, streng religiös erzogener Mann. Um so mehr erschütterte es ihn, als man ihm eines Tages vorlas, was er in Hypnose über »Schulden aus einem früheren Leben« erzählt hatte: »Sie werden nur gesund, wenn Sie sich Mühe geben, das wiedergutzumachen, was Sie in Ihrem letzten Leben gefehlt haben. Sie waren hartherzig, egoistisch und herrschsüchtig Ihrem Mann gegenüber. Nun ist es Ihr Schicksal, doppelt und dreifach zu geben. Wenn Sie das tun, finden Sie Ihr Glück und werden gesund.«

Früheres Leben! Sollte es wirklich eine Wiedergeburt geben? Edgar Cayce war so verstört, daß er überhaupt keine »Readings« mehr geben wollte. Die ganze Sache war ihm unheimlich geworden. Irgendwie Teufelswerk, so dachte er. Doch die Leute bedrängten ihn. Sie brauchten seine Hilfe. Und Cayce machte weiter.

Und er stieß immer häufiger auf frühere Leben. Manchmal bei einem Patienten auf ein halbes Dutzend oder mehr.

Nun wollte er auch über seine eigenen Vergangenheit Bescheid wissen.

»Wir sind auf einem Floß ...«

So legt er sich eines Tages wieder auf sein Sofa. Er zieht die Jacke aus, löst die Krawatte, öffnet den Hemdkragen, die Knöpfe an den Ärmeln und den Gürtel. Schließlich zieht er auch noch die Schuhe aus. Er tut das, damit nirgendwo der Blutfluß ins Stocken gerät.

Dann streckt er sich aus und legt die Hände auf die Stirn. Seine Frau beugt sich über ihn, berührt seine Wangen und gibt ihm den Befehl einzuschlafen. Cayce schließt die Augen, faltet die Hände über der Brust und beginnt auch schon, ruhig und gleichmäßig zu atmen. Es sieht aus, als würde er fest schlafen. Aber er schläft nicht. Er ist in Hypnose.

Während die blondhaarige, junge Sekretärin Gladis Davis mit Block und Bleistift bereit sitzt, jedes Wort mitzuschreiben, stellt Frau Cayce ihre Fragen:

»Wir möchten wissen, ob Edgar Cayce, der hier vor uns liegt, schon einmal gelebt hat. Kannst du uns darüber etwas sagen?«

Cayce antwortet mit leiser, gedehnter Stimme: »Wir sind auf einem Floß. Nur ein paar zusammengebundene Bäume. Es ist fürchterlich heiß. Der Ohio treibt uns langsam stromabwärts. Wir sind noch zehn. Die anderen sind schon alle umgekommen. Siedler. Seit Tagen haben wir nichts gegessen. Aber wir können nicht an Land gehen. Indianer. Sie verfolgen uns. Manchmal sehen wir sie. Jetzt kommen sie mit Kanus. Das ist das Ende — Wir können uns nicht mehr wehren.

Sie werfen Speere. Ich bin getroffen. Der Speer steckt in meiner Brust — Es ist gut — Ich bin befreit. Die Indianer haben uns geholfen, sonst wären wir verhungert —«

War das die Szene, an die Edgar Cayce beim Friseur erinnert wurde, als der Junge in umarmte und sagte: »Wir kennen uns. Wir waren zusammen auf dem Fluß, als wir schrecklich Hunger hatten«?

»Im Trancezustand«, so sagte der Arzt Dr. Ketchum, bei dem Cayce angestellt war, »ist das Unterbewußtsein von Cayce mit jedem anderen Unterbewußtsein verbunden. Auf diese Weise sammelt sich in ihm das unbewußte Wissen von Millionen Menschen.«

Auch das Wissen und die Erinnerung an frühere Existenzen?

Edgar Cayce sträubte sich lange gegen den Glauben an eine Reinkarnation. Da er aber an dem, was er in Hypnose sagte, niemals zweifelte, war er schließlich doch davon überzeugt, daß die Seele des Menschen ewig und unvergänglich ist, von Zeit zu Zeit aber in einem neuen Körper wieder erscheint, um so immer vollkommener zu werden. Sogar in der Bibel glaubte er, Beweise für die Wiedergeburt zu finden.

Bei seinen Krankheitsdeutungen hieß es immer häufiger: »Die Ursache seines Leidens liegt im Verhalten während seines letzten Lebens.«

Es kam schließlich, wie es kommen mußte: Da Cayce in Trance alle Fragen beantwortete, die man an ihn stellte, wurden diese Fragen immer verwegener, neugieriger. Bald kamen Börsenmakler, Spieler, Glücksritter, um sich beim »schlafenden Propheten« den sicheren Tip zu einem plötzlichen Reichtum zu holen. Mancher von ihnen soll tatsächlich damit sein Glück gemacht haben.

San Francisco und New York werden untergehen

Immer mehr Menschen kamen zu Cayce — nicht weil sie krank waren, sondern weil sie über ihre Vergangenheit und ihre Zukunft Bescheid wissen wollten. Viele Eltern fragten Cayce, was einmal aus ihrem Kind werden würde, bevor es noch geboren war.

Cayce gab solchen Ansinnen — vor allem in den schweren Zeiten des Zweiten Weltkriegs — immer wieder nach. Heute leben in den USA einige tausend sogenannter »Cayce-Babys«: Leute, denen in der Wiege ihr Schicksal von Edgar Cayce vorausgesagt wurde.

Manchmal wurde der »schlafende Prophet« auch richtiggehend übertölpelt. Man fragte ihn, ohne daß er hinterher überprüfen konnte, was man von ihm wissen wollte und was er geantwortet hatte.

Ja, es gab damals sogar Menschen, die sich mit Hilfe von Cayce nach dem Tod selbst beerben wollten. Sie wollten wissen, wann und wo sie wiedergeboren würden, um ihr Testament entsprechend abzufassen.

Cayce selbst blickte bei seinen Krankheitsdeutungen immer häufiger in die Zukunft und sah seine Patienten oft schon bereits im nächsten Leben. Er warnte sie vor Katastrophen und prophezeite dabei so ganz nebenbei und ungewollt den Untergang von San Francisco noch vor dem Jahr 1998, die Zerstörung von New York ebenfalls noch in diesem Jahrhundert. In einigen »Readings« sprach Cayce von einer unvorstellbaren kosmischen Katastrophe, die dadurch entstehe, daß die Erdachse kippt und sich somit die Pole verlagern. Cayce meinte, auch Nordeuropa würde sich dann »im Handumdrehen« verändern, das Meer sich in Deutschland bis zu den Mittelgebirgen erstrecken. Und das alles noch vor dem Jahre 2000.

Richtig ist, das Cayce die Börsenkatastrophe von 1929 fast auf den Tag genau, die Ermordung von Präsident Kennedy und viele andere, inzwischen eingetroffene Ereignisse vorausgesagt hat. Die meisten Prophezeiungen sind allerdings so vage und verschlüsselt, daß man sie vielfach deuten kann, so daß der »Prophet« letztlich wie das Orakel von Delphi immer recht behält.

»Die Häuser sind alle aus Glas ...«

In den letzten Jahren seines Lebens wollten Freunde von Cayce wissen, ob er selbst eines Tages wiedergeboren werde. Ohne daß es mit ihm abgesprochen war, fragten sie den Hypnotisierten: »Wann wird Edgar Cayce wiedergeboren? Und wo? Wenn es möglich ist, würden wir gerne erfahren, ob er sich dann erinnern kann, Edgar Cayce gewesen zu sein, und ob sich eine solche Erinnerung beweisen läßt. Kann man vielleicht Dokumente an einem bestimmten Ort deponieren und in kommenden Leben zurückfordern? Vielleicht sogar Geld?«

Die Antwort war eine einzige Enttäuschung. Edgar Cayce gab nur ein paar nichtssagende Sätze von sich, zitierte die Bibel und schwieg dann hartnäckig.

Das Experiment war mißlungen, die Neugierde blieb ungestillt. Allerdings nur für kurze Zeit, dann kam die gewünschte Antwort doch.

Edgar Cayce war unterwegs mit dem Zug. Er fühlte sich elend, enttäuscht, verlassen. In dieser traurigen Stimmung schlief er ein. Oder befand er sich in Hypnose?

Stockend, mit dünner Stimme, begann er zu sprechen:

»Ich bin wieder da. Ich bin geboren worden, im Jahre 2100. In Nebraska. Seltsam, die Stadt, in der ich jetzt lebe, liegt an der Küste, dort wo früher der Westen der Vereinigten Staaten war, ist nur noch Meer. Alles ist im Meer ertrunken — Schon mit zwei Jahren weiß ich, daß ich Edgar Cayce gewesen bin und vor 200 Jahren gelebt habe. Ich erzähle das meinen Eltern. Jetzt kommen gelehrte Männer. Sie haben lange Bärte, Glatzen und dicke Brillen und stellen mir viele Fragen. Sie nehmen mich mit. Ich soll ihnen zeigen, wo ich als Edgar Cayce gelebt habe. Wir fliegen. Aber nicht in einem Flugzeug, sondern in einer Art Zeppelin aus Metall. Aber sehr schnell. Wir kommen nach Hopkinsville und nach Virginia Beach. Und dann zu einer riesengroßen Stadt. Die Häuser sind fast alle gänzlich aus Glas. Ich frage, wie die Stadt heißt. Und sie sagen: ‚Das ist das neue New York. Die alte Stadt ist zerstört worden und wieder aufgebaut.' Dann fliegen wir zurück nach Nebraska. Die haben eine ganze Menge über Edgar Cayce gefunden. Jetzt wollen sie es studieren ...«

So eindrucksvoll die Fähigkeiten und Aussagen von Edgar Cayce auch gewesen sein mögen: Ein Beweis für die Wiedergeburt sind auch sie nicht. Es gibt heute in den USA eine Stiftung, die das Erbe des »schlafenden Propheten« pflegt, seine Aussagen ordnet und auswertet, in einem Krankenhaus seine Behandlungsmethoden anwendet. Es gibt eine Fülle medizinischer Literatur, die seine Rezepte zugänglich macht. Manches von dem, was er sagte, ist sogar weltweit allgemein bekannt geworden. Etwa der Rat, man könne Krebs vorbeugen, wenn man täglich drei Mandeln ißt.

»Lassen Sie mich in die Zukunft blicken«

Selbstverständlich haben auch Hypnotiseure wie der Arzt Dr. C. Bick, der Arzt aus Verona und viele andere ihre Patienten nicht nur von früheren Leben, sondern auch von zukünftigen erzählen lassen.

Schon der Amateur Morey Bernstein, der den »Fall Bridey Murphy« fand und berühmt machte, beschäftigte sich mit dem Problem.

»Aus verständlichen Gründen«, so schreibt er, »habe ich niemals den Versuch gemacht, ein hypnotisches Medium in die Zukunft zu führen. Selbst wenn sich die Vorausschau der Versuchsperson als vollkommener Unsinn herausgestellt hätte, wären Angst und Beunruhigung in der Zeit, in der sie das Eintreten der vorhergesagten Ereignisse abgewartet hätten, kaum zu vermeiden gewesen. Sofern sie zum Beispiel zu einem bestimmten Zeitpunkt ihrer Zukunft ein Krankenhaus, eine Krankheit, einen Unfall oder gar Schlimmeres sähe, würde sie — und mancher Freund oder Verwandte, der davon erfährt — wahrscheinlich schwere Angstzustände durchmachen, bis der vorhergesagte Zeitpunkt ohne ein entsprechendes Ereignis verstrichen wäre. Immerhin gibt es Zeitschriften für wissenschaftliche Hypnose, die auch über Experimente der ‚Lebensvorausführung' berichten. Zweifellos haben wir es mit einem weiteren erregenden Bereich der Hypnose zu tun, von dem interessante Entwicklungen zu erwarten sind.«

Die Hamburger Schauspielerin Katharina, die in Hypnose fünf frühere Leben entdeckte, bat ihren Arzt in Verona ebenfalls spontan: »Lassen Sie mich auch in die Zukunft blicken.«

Der Arzt in Verona weigert sich zunächst hartnäckig, das Experiment zu versuchen. Schon einige Male führte er Menschen in die Zukunft — nicht, um deren Neugierde zu befriedigen, sondern damit der Patient die Gewißheit findet, daß seine Ängste vor der Zukunft unbegründet sind. Manchmal gelang dieses Vorhaben — häufiger ging es gründlich daneben.

Ein junger Mann beispielsweise erlebte seinen eigenen Tod nach einer qualvollen Krebserkrankung. Seither versucht er krampfhaft und verbohrt, dieses Schicksal abzuwenden.

Katharina gelingt es, den Arzt zu überreden. Im hypnotischen Tiefschlaf sieht sie sich 30 Jahre älter. Sie schildert die Szene: »Ich sitze auf einer Insel. Einer winzigen Insel. Sie ist nur wie ein kleiner Hügel, der aus dem Wasser ragt. Überall ist Wasser. Draußen schwimmt ein Mann. Ich kenne ihn nicht. Aber ich mag ihn. Er ruft um Hilfe. Aber ich kann ihn nicht retten. Er geht unter. Das ist mein Mann. Er ertrinkt. Wo sind meine Kinder? Ich habe zwei Kinder. Wo sind sie?«

Wird Katharina heiraten, zwei Kinder haben und ihren Mann bei einem Badeunfall oder bei einer Flutkatastrophe verlieren?«

»Wir gehen weiter«, sagt der Arzt. »Sie sind längst tot.

Den eigenen Tod wollen wir nicht sehen. Wir gehen einfach darüber hinweg. Und weiter. Weiter, bis wir wieder etwas sehen können. Was sehen Sie?«

»Ich bin wieder da. In — einer Kugel. Sie ist aus Glas. Nein. Das ist kein Glas. Eher Metall. Aber durchsichtig. Ich bin erst ein paar Tage alt. Wo ist meine Mutter? Ich habe sie noch nicht gesehen! Warum läßt sie mich so allein? Ich sehe keinen Menschen. Alle sind fort. Überall nur Maschinen, Automaten. Es summt. Es ist furchtbar hell. So bläulich hell. Ich mag hier nicht leben.«

Wird Katharina wiedergeboren? In einer vollautomatisierten Welt der Zukunft?

Zurück — bis vor die Sintflut

Edgar Cayce — für ihn waren die Vergangenheit und die Zukunft eins. Er machte nicht halt bei den Dingen, die wir wissen und kennen — ging über alle Zeitschranken hinweg vor und zurück in Welten, von denen wir nur noch aus Sagen und vagen Andeutungen Bruchstücke besitzen.

Atlantis — vor 2500 Jahren schrieb der Grieche Plato über ein mächtiges Inselreich, einen ganzen Kontinent, der »jenseits der Säulen des Herakles«, also vor Gibraltar, versunken ist. Hat es diese rätselhafte Welt, einst vielleicht Verbindungsstück zwischen Afrika und Amerika, vermutlich hochzivilisiert — hat es sie wirklich gegeben?

Edgar Cayce, der einfache, ungebildete Amerikaner, hatte den Namen Atlantis mit Sicherheit noch nicht gehört und hätte sich auch nichts darunter vorstellen können. Er wußte auch nicht, was der griechische Philosoph darüber geschrieben hat. Trotzdem sprach Cayce eines Tages von Atlantis. Ganz selbstverständlich. Patienten, deren Leben er in Trance überblickte, tummelten sich in dem Land, das vor der großen Sintflut in einer gewaltigen Katastrophe im Meer versank.

Im November 1923 tauchte diese Welt zum erstenmal bei

einer Diagnosestellung auf. Edgar Cayce, in Trance, sagte: »Früher war das Wesen (der Mann nämlich, der seinen Rat einholte) in dem schönen Land Alta oder eigentlich Poseidia. Dann war er in jener Macht, welche die höchste Kultur brachte und das höchste Wissen besaß, das je auf der Erde bekannt war. Dies, so stellen wir fest, war fast zehntausend Jahre vor der Ankunft des Friedensfürsten (Christus).«

Der Kontinent Atlantis, das geht aus verschiedenen »Readings« von Cayce hervor, war so groß wie »Europa einschließlich Asien in Europa«. Also Europa bis zum Ural. Im Jahre 15 600 v. Ch. soll er die erste große Katastrophe erlitten haben, indem er in mehrere Inseln auseinanderbrach, um dann 10 000 v. Ch. endgültig im Meer zu versinken.

Sonnenenergie aus dem »Rubin«

Die Völker auf Atlantis waren nach Angaben von Edgar Cayce hochgebildet und technisch in vieler Hinsicht unserer heutigen Zeit weit voraus. Sie sollen etwa die Fähigkeit besessen haben, das Sonnenlicht in großen Kristallen zu bündeln und die gewonnene Energie als Antriebskraft, als Heizkraft und als Waffe zu nutzen. Es könnte sich dabei um eine Art Laserstrahlen gehandelt haben, die in unseren Tagen erst nach dem Tod von Edgar Cayce erfunden wurden. Er konnte also auch davon nichts wissen.

Cayce schilderte den »Kristall«: »Der Stein wurde durch die Sonnenstrahlen aktiviert. Er bündelt das Licht — und das Glas wirkte auf Instrumente, die mit den verschiedenen Verkehrsmitteln in Verbindung standen, wie es heute bei der Fernsteuerung mit Funk der Fall ist.«

Der Rubin, so nennt Cayce den Kristall gelegentlich, war in großen Gebäuden unter Kuppeln mit Schiebedach untergebracht. Seine Strahlen gingen durch Stein und Stahl: »Die Strahlen waren für das Auge unsichtbar, wirkten aber auf Kristalle in den Motoren.« Und was für Fahrzeuge gab es damals?

Cayce schildert Flugzeuge, »die von Gas gehoben wurden«, er bezeichnet »Vergnügungsfahrzeuge, die knapp über der Erde dahinglitten«, und er spricht von »Unterwasserfahrzeugen«.

Sollte es auf unserer Erde vor vielen tausend Jahren tatsächlich schon eine derart hochentwickelte Zivilisation gegeben haben? Cayce berichtet von einem großen Gipfeltreffen vieler Nationen auf Atlantis vor rund 50 000 Jahren. Man beriet damals angeblich über Abwehrmaßnahmen gegen die Herden riesiger Tiere, die die Erde überrannten. Atlantis soll sie mit seinen »Todesstrahlen« vernichtet haben.

Doch dann kam der Zusammenbruch des Kontinents, offensichtlich durch Naturkatastrophen, von menschlichem Leichtsinn ausgelöst.

Cayce: »Weil immer größere Städte gebaut wurden, schwanden die Möglichkeiten immer mehr, die Kräfte der Natur zur Ernährung zu nutzen. Der Raubbau in den Bergen und Tälern und dann im Meer führte zum raschen Verfall der Länder und der Menschen.«

In ihrer Not stellten die Leute auf Atlantis die Energiekristalle immer höher ein, bis sie zuletzt, zu mächtig geworden, Naturgewalten entfesselten. Der Kontinent wurde zuerst zerrissen, in die Luft gejagt, danach versank er gänzlich im Meer.

Basken, Ägypter, Inkas ...

Einige tausend Menschen konnten, so Cayce, der Katastrophe entkommen:

»Es erfolgte der erste Weggang von Menschen in das Gebiet der Pyrenäen.« Damit könnte sich die Existenz der Basken erklären, ein Volk zwischen Frankreich und Spanien, das mit seinen Nachbarn wenig gemeinsam hat. Die baskische Sprache ist in Europa völlig fremd. Das Volk vermochte sich niemals einzugliedern und anzupassen.

»Später folgten die Völker, die in die schwarzen oder gemischten Völker eintraten, welche dann die ägyptische Dynastie wurden, und auch jene Völker, aus denen die Inkas hervorgingen ...«

Also: Die Pharaonen — waren ursprünglich Flüchtlinge von Atlantis? Die Herrscher der Inkas ebenfalls? Das würde erklären, wieso es in Ägypten, Mexiko und Peru Pyramiden gibt. Wieso sich diese Völker dunkel an Invasionen in grauer Vorzeit erinnern.

In Mexiko ist eine Überlieferung sogar sehr lebendig, derzufolge »ein begabtes Volk aus dem Osten« mehrmals das Land aufsuchte. Nicht zuletzt deshalb wurden die spanischen Eroberer bei ihrer Ankunft in Amerika so freundlich begrüßt: Das alles hatte ja schon einmal stattgefunden und war segensreich für das Land ausgegangen. Die Mexikaner erzählen, daß lange vor aller Zeit Menschen aus einem Land »Aztlan« gekommen sind. Die Indianerstämme der Delawaren, der Sioux und Irokesen wissen genau wie die Bibel, wie ägyptische und griechische Berichte von einer großen Flut und von einem großen »Kriegskanu«, auf dem die Vorfahren während der Flut von Osten gekommen sind.

Das alles, so prophezeite Edgar Cayce, wird in Kürze bewiesen werden, wenn die alten Archive der Menschen von Atlantis in den ägyptischen Pyramiden entdeckt werden.

Gleichzeitig sagt der »schlafende Prophet« voraus, daß der versunkene Kontinent in unseren Tagen wieder auftauchen wird.

Ob er recht behalten wird?

Der »Fernheiler« Cayce

Sehr oft und in vielen Dingen behielt der kleine Mann aus Hopkinsville in Kentucky recht. Sobald er in Trance versunken war, blieb ihm offenbar nichts verborgen. In diesem Zustand konnte er alles sehen, alles wahrnehmen. Auch das, was auf der anderen Seite der Erde gerade passierte. Das, was seit hunderttausend Jahren vergangen war — und das, was erst die Zukunft bringen wird. Zeit und Raum waren für seine »Seele« keinerlei Hindernisse.

Um seinen Patienten sagen zu können, was ihnen fehlt, mußte er diese nicht zu sich kommen lassen. Sie schrieben ihm einfach. Und dann legte er sich hin, ließ den Körper »schlafen«, damit die Seele sich unbehindert bewegen konnte.

»Wir möchten von dir wissen, was dem Major Gerald Thomsen im fünften Stock der 5. Avenue in New York, Appartement 517, fehlt«, bat Frau Cayce ihren schlafenden Mann.

Und alsbald sagte er: »Ich sehe ihn. Er ist da. Er sitzt in der Küche und liest Zeitung. Aber gegen seine Magenschmerzen muß er bald etwas tun. Er hat große Geschwüre ...« Und dann gab er exakte Anweisungen, wie der Major wieder gesund werden kann, welche Medikamente oder Heilmittel er einnehmen soll und welche Zeit die Genesung in Anspruch nehmen wird. Alles.

Manchmal kam es vor, daß Cayce voller Bedauern erklärte: »Es tut mir leid, der Gesuchte ist nicht da. Ich kann ihn nicht finden. Seine Wohnung ist leer.«

Solche Fälle wurden regelmäßig überprüft. Und jedesmal stellte sich heraus: Tatsächlich, der Mann oder die Frau, die über ihren Gesundheitszustand Auskunft haben wollte, war schnell mal ausgegangen. Die betreffende Person befand sich gerade im Supermarkt oder bei einem Nachbarn.

In den Tagen des Zweiten Weltkriegs schrieben viele junge Menschen an den »schlafenden Propheten«: »Kann man es in dieser schweren Zeit noch wagen, Kinder in die Welt zu setzen? Werden sie nicht der Hölle entgegengehen?«

In seinem letzten Leben war er ein Farmer

Andere hatten gerade ein Baby bekommen und wollten wissen: »Was wird einmal aus ihm werden? Was müssen wir tun, damit es ein rechtschaffener Mensch wird?«

Bei solchen »Readings« zeigte sich Cayce in seiner einmaligen Art. Er sah nicht nur das Baby, das eben geboren wurde, sondern sämtliche Inkarnationen dieses Menschen. Und aus der Fülle seiner Eindrücke gab er seinen Rat. So im Oktober 1942:

Frank Norman, Sohn eines kleinen Industriellen aus Chicago, war gerade vier Stunden alt, als die besorgten Eltern bei Cayce anriefen und ihn um Rat und Hilfe baten. Der »schlafende Prophet« legte sich hin, schloß die Augen. Seine Frau bat ihn:

»Du wirst uns sagen, wer dieser eben geborene Mensch ist, welche Charaktereigenschaften er besitzt. Du wirst die früheren Erscheinungsformen auf Erden beschreiben und alles aus ihrem Leben, was die Entwicklung dieses Wesens in seiner Gegenwart fördert oder verzögert. Du wirst sagen, was es erreichen kann und wie ...«

Ein volles Programm. Cayce sprach: »Der Junge ist ein sehr entschlossenes, doch nicht leidenschaftliches Individuum, das seinen Willen durchsetzt — In diesem Leben sollte er Arzt sein. Er hat eine ungewöhnliche Laufbahn vor sich — Er wird viel reisen — Er wird besonders begabt sein im Beobachten kleiner Dinge, er wird reich werden durch Zuhören, durch Ausnützen der Gelegenheiten — Auch eine Lehrtätigkeit ist angezeigt — Er wird einen kräftigen Körper haben, man sollte ihm erlauben, alle Arten Sport zu treiben — Schwache Punkte sind nur Hals und Verdauung — Er hüte sich vor Politik, obwohl es Gelegenheiten dazu geben wird — Erziehen Sie ihn, bringen Sie ihm jene Dinge bei, die in irgendeiner Form mit Aktivitäten zu tun haben, seelischen, geistigen, körperlichen, die Leidenden den Mut zum Leben geben — In seinem letzten Leben war er ein Farmer, ein hellwacher, hochherziger Mensch —«

So sprudelte das heraus. Cayce erzählte von weiteren Inkarnationen Franks. Er soll Arzt zur Zeit Christi gewesen sein, einmal in Schweden, in China und in Ägypten »Erfahrungen gesammelt haben«.

Keine »Sensationen«. Da steht nicht etwa: Mit 30 wird er vom Pferd fallen — am 27. Oktober 1952 darf er kein Flugzeug besteigen. Solche »Horoskope« hätte Edgar Cayce strikt abgelehnt.

Seine »Lebensvorausschau« aufgrund einer Lebensgesamtschau war eine Charakteranalyse mit psychologischer Beratung. Und da stimmte nun wirklich alles.

Franks Eltern hielten die Voraussagen vor ihm bis zu seinem 21. Lebensjahr verborgen. Sie wollten verhüten, daß er beeinflußt wird — und gleichzeitig kontrollieren, ob der »Prophet« recht behalten würde.

Frank selbst versichert, seine Eltern hätten ihm in der Berufswahl völlig freie Hand gelassen und ihm nicht einmal einen Rat gegeben. Er selbst glaubt auch heute nicht an Reinkarnation. Aber:

Als 16jähriger wollte er unbedingt Farmer werden, so wie er es, ohne darum bewußt zu wissen — in seinem letzten Leben war. Mit 20 wandte er sich der Medizin zu — wie vorausgesagt.

Er war ein kräftiger, gesunder, sportlich gut durchtrainierter junger Mann, der der Ringermannschaft seiner Universität angehörte. Reisen war sein eigentliches »Hobby«. Schon mit 18 Jahren hielt er sich in Europa auf.

Mit Politik hatte er — wie ebenfalls angekündigt — immer nur Ärger. Schon als Studentenvertreter mußte er viel Feindschaften und massive Behinderungen hinnehmen. Eine Wahlpropaganda mit Demonstrationen hätte ihn beinahe den Studienplatz gekostet.

Und mehr als geschickt im Umgang mit Geld war er schließlich auch. Er verstand es einmalig gut, kleinste Chancen zu nützen. So besaß er bereits als Student ein ansehnliches Vermögen, obwohl er sein Studium selbst finanziert hatte, dank glücklicher Börsenspekulationen.

Alles nur Zufall?

Einem zweijährigen Mädchen hat Cayce eine große Karriere als Tänzerin und Gesangsstar vorausgesagt. Sie ist es ebenfalls geworden.

Jeder Mensch, das war Edgar Cayces Überzeugung, wird in diesem Leben um so glücklicher, je besser er das, was er in früheren Leben gelernt und erfahren hat, verwerten kann. Deshalb heißt es in seinen »Lebens-Readings« immer wieder: »Er sollte Anwalt, Handwerker, Arzt, Farmer, Lehrer ... werden.« Einfach deshalb, weil er sah, daß der Betreffende diesen Beruf früher erfolgreich ausübte, in anderen dagegen weniger gut zurechtkam.

Cayce betont stets: Jede Begabung, jedes Talent, jede Inspiration eines Künstlers ist das Ergebnis der Bemühungen in einem früheren Leben. Unbewußt lebt alles, was einmal war, in uns. Wenn es uns gelingt, die verborgenen Schätze aus der Tiefe der Seele zu heben, dann haben wir Erfolg, Glück, menschliche Größe.

Entsprechend waren für ihn Behinderungen, Krankheiten, unglückliche Zufälle und selbst Pech die notwendige Folge eines Fehlverhaltens während einer früheren Inkarnation. Fehler, die diesmal korrigiert werden müssen. Das Leben ist demnach kein fatales Schicksal, das einem mehr oder weniger zufällig zugeworfen wird, sondern der stets neue Versuch der Selbstverwirklichung mit immer neuen Erfahrungen, neuen Schätzen, neuen Chancen.

Das nächstemal als Spinne?

Viele Menschen, die sich ernsthaft mit der Vorstellung der Wiedergeburt auseinandersetzen und selbst frühere Leben erfahren haben, stellen die besorgte Frage: »Kann es sein, daß ich in meinem nächsten Leben als Tier geboren werde? Muß ich, wenn ich in diesem Leben versagt habe, das nächstemal als Ameise oder gar als Spinne wiedergeboren werden?«

Manche Hypnotiseure berichten, daß bei der Rückwanderung in frühere Leben manchmal tatsächlich ein Tier auftaucht. So wie bei Axel Prédin, einem Finanzmakler aus Bremen.

Er begann während der Hypnose plötzlich hektisch zu atmen und schnüffelte erregt. Seine Zunge schnellte zwischen den Lippen hervor: »Es ist heiß. Fürchterlich heiß. Der Boden klebt wie zäher Leim an meinen Füßen. Ich kann mich kaum noch bewegen. Die Schuppen glühen. Ich habe seit Tagen nichts gefressen. Alles ist tot um mich herum. Wie ausgestorben. Ich muß hier weg, sonst gehe ich auch zugrunde —«

Axel Prédin hat sich als Reptil erlebt.

Ist er wirklich einmal ein Tier gewesen?

Dr. Netherton sagt dazu:

Die Tatsache, daß meine Patienten tierisches Leben als die früheste Existenzebene beschreiben, die sie durchlaufen haben, wirft ein interessantes Licht auf die Frage der Evolution. Ich habe nie gehört, daß jemand von einem menschlichen Leben zurück zu einem tierischen gegangen wäre. Die Leben werden selten in chronologischer Reihenfolge, sondern vielmehr nach traumatischen Ähnlichkeiten beschrieben. Wenn wir die Leben jedoch »ordnen«, stellen wir stets fest, daß das tierischen Leben vor dem ersten menschlichen lag.

Dann wären wir alle vielleicht sogar einmal Tiere gewesen? Und trügen Erinnerungen an jenes Leben noch in uns?

Welchen Sinn hat unser Leben?

Die Leute, die von Edgar Cayce Auskunft über ihre Vergangenheit und Zukunft haben wollten, kamen in der Regel, nachdem er sie geheilt hatte. Sie sagten sich: Wenn er das eine kann, muß er folgerichtig auch das andere fehlerfrei beherrschen. Schließlich schöpft er beides aus derselben Quelle.

»Während zwanzigjähriger helfender Tätigkeit erwiesen sich Edgar Cayces hellseherische Fähigkeiten in buchstäblich Tausenden von Fällen als zuverlässig. An die Tatsache muß man sich erinnern, will man den Verlauf seiner seltsamen Entwicklung verfolgen«, schreibt die Reinkarnationsforscherin Dr. Gina Cerminara (14).

Cayce hat seine ganze Aufmerksamkeit in Trance zunächst auf die einzelne Persönlichkeit gerichtet. Nur sie, nur ihre Beschwerden, ihre Not interessiert ihn. Und er versuchte zu helfen, indem er den letzten Schlupfwinkel des kranken Körpers durchforschte. Das ging über Jahre so.

Erst danach kam einer plötzlich auf die Idee: Mit dieser durchdringenden Kraft, die Zeit und Raum ausschalten kann, müßte man doch auch die großen Zusammenhänge zwischen Leben, Schöpfung, Universum erhellen können.

Ein reicher Drucker aus Dayton, Ohio, fuhr zu Cayce. Er beobachtete den »schlafenden Propheten« und war bald überzeugt: Hier bekomme ich endlich Antwort auf meine drängenden Fragen: Welchen Sinn hat das Leben? Gibt es die Unsterblichkeit? Ist unser Leben vorherbestimmt? Sind wir an unserem Schicksal selbst schuld – oder können wir unser Glück steuern?

Der Drucker Arthur Lammers befragte Edgar Cayce. Doch der einfache Mann, der im Wachzustand so hilflos, im Schlaf so groß war, konnte ohne Trance keine Antwort geben. Er war ein sehr gläubiger, religiöser Mensch, glaubte an die Auferstehung nach dem Tod und an die Erlösung. Eben an das, was er in der Kirche hörte und in der Bibel las.

Lammers ließ ihm keine Ruhe. Er bat Cayce um ein »Reading«, das ihm sagen sollte, ob sein Horoskop recht behalten wird. Und Cayce tat dem reichen Mann den Gefallen. In dieser Stunde tauchte für ihn zum erstenmal das Wort vom »früheren Leben« auf.

»Ihre Neigungen und Vorlieben, Ihre Eigenschaften haben nichts mit Astrologie zu tun«, murmelte Cayce im Schlaf. »Vielmehr sind diese Faktoren beeinflußt von einem früheren Leben auf der Erde, in dem Sie ein Mönch waren.«

Als Cayce aufwachte und seine eigene Aussage vernahm, begann sein erbittertes Ringen mit dem Begriff Wiedergeburt. Dieses Wort flößte ihm Abscheu und Ablehnung ein. Er sah sich bereits im nächsten Leben als winzige Maus oder als Schwein durchs Leben hüpfen.

Bis er in immer neuen »Readings« Stück um Stück erfuhr, was Wiedergeburt ist. Eine Wiedergeburt, die auch er als Christ akzeptieren konnte.

Eines Tages sagte er zu einer Patientin, die er gerade geheilt hatte: »Ich kenne Sie von früher.«

Die ungläubige Frau war bestürzt. »Auch ich habe stets den Eindruck, Sie irgendwie zu kennen. Aber ich vermag nicht, an die Wiedergeburt zu glauben. Ich will auf keinen Fall als Käfer oder Heuschrecke wiedergeboren werden.«

Cayce lachte. »Das müssen Sie auch nicht. Ganz bestimmt nicht. Wiedergeburt ist eine Seelenwanderung. Die Seele ist ewig, und Gottes Arm ist nicht kurz.«

Der Mensch wird, was er denkt

Cayce betonte mehrfach: Die Wiedergeburt bedeutet nicht die Wiederkehr des Menschen als Tier. Die Sekten im Orient und in Asien, die so etwas lehren, haben das ursprünglich auch nicht geglaubt. Erst im Laufe der Geschichte ist der Irrglaube aufgekommen. Vielleicht deshalb, weil der eine oder andere sich tatsächlich dunkel an seine frühere Existenz als Tier erinnern konnte.

»Der Mensch wird, was er denkt«, sagte Cayce einmal und folgert daraus: »Schon deshalb kann er nicht in die Vorstellungswelt des Tieres zurückkehren. Jedes Einzelwesen folgt im gegenwärtigen Erdendasein jener Entwicklungsrichtung, die ihm von vorhergehenden Zuständen gewiesen wurde. Jedes Körnchen eines Gedankens oder Befindens ist die Folge anderer, vom eigenen Selbst geschaffenen Gedanken oder Regungen.«

Warum, so fragte man Cayce, muß eine Seele überhaupt wiedergeboren werden?

Die Antwort: »Nichts lebt wieder, wenn es nicht stirbt. Der Mensch wiederholt seine Lektionen wie in der Schule immer wieder und notwendigerweise in verschiedener Umgebung, die ihm das bringt, was ihm fehlt. Was ihn daran hindert, seine Beziehung zu seinem Schöpfer zu begreifen. Jeder Mensch hat eine Seele, die ihn Gott ähnlich macht und die ihm gegeben wird, damit er ein Partner des Schöpfers werde. Wie wir in den Kräften um uns sehen, wünscht sich sogar die Natur Gesellschaft. Ebenso Gott. Er gibt uns die Möglichkeit, sein Gefährte und Partner zu sein, indem er uns eine Seele gibt, die wir zu seinem Gefährten und Partner entfalten können. Aber tun müssen wir das selbst.«

Jeder will geboren werden

Weiß die Seele denn bei der neuen Geburt, in was für eine Umgebung sie kommt und welche Bedingungen sie vorfindet? Kommt sie freiwillig oder wird sie geschickt?

Auch darauf gab der »schlafende Prophet« eine Antwort:

Die Seele weiß, daß sie in eine Umgebung eintritt, die für ihre Entwicklung nötig ist. Sie weiß auch, daß das ihre Chance ist, eine Erfahrung durchzumachen, die sie für ihre Entwicklung benötigt. Und sie kommt aus eigenem Wunsch. Denn Wünsche bestehen während der ganzen Entwicklung des Menschen oder der Seele, ob wir vom

Körperlichen, Geistigen oder Seelischen sprechen. Wünsche ziehen sich durch alles und sind auch die Triebkraft der Seele. Denn ohne Wünsche kommen wir nicht sehr weit.

Damit wendet er sich ganz entschieden gegen den schon seinerzeit verbreiteten Vorwurf vieler junger Menschen ihren Eltern gegenüber: »Ich wurde nicht gefragt, als ihr mich gezeugt habt. Ich wollte nicht euer Kind werden. Also, mit welchem Recht erwartet ihr von mir Dankbarkeit?«

Cayce sagte: »Jeder Mensch, der zur Welt kommt, wollte zurückkehren, um eine neue Chance wahrzunehmen.«

Aber: Warum ist das nur für so wenig Menschen einsichtig? »In Gottes Buch der Erinnerungen«, so sagt Cayce, »können nur jene lesen, die im Schatten seiner Liebe sind. Wer tief lebt und sich geistig entwickelt, der wird auch seine Erinnerungsfähigkeit entwickeln. Wenn die Ziele eines Wesens mit dem im Einklang stehen, dessentwegen er gekommen ist, kann das Seelenwesen erreichen, daß es sich erinnert, was es wo, wann und wie gewesen ist. Glaubt ihr, daß das Getreidekorn vergessen hat, welche Ausdrucksform es besaß? Meint ihr, irgendwelche Dinge in der Natur, die ihr um euch seht — die Eichel, die Eiche, die Ulme, der Wein oder irgend etwas —, hätten ihre Ausdrucksform vergessen? Nur der Mensch vergißt.«

Ein Psychologe unserer Tage drückt das in seiner Sprache so aus: »Die ständige, unmerkliche ‚Gehirnwäsche', die wir im Alltag besonders in den hochzivilisierten und stark manipulierten Ländern fast widerstandslos über uns ergehen lassen, löscht jede Spur von Erinnerung an ein früheres Leben aus. Die permanente Überflutung mit Eindrücken und Sinnesreizen hat ja auch das normale Gedächtnis verändert und kaputtgemacht.«

Alles ist eins

Cayce hat in vielen »Readings« fürchterliche Visionen von unvorstellbaren Katastrophen in naher Zukunft gezeichnet. Demnach dreht sich der flüssige Kern unserer Erde seit 1936 ganz langsam in anderer Richtung als die dünne Hülle. Diese Bewegung wird immer schneller werden und die Erdkruste, auf der wir leben, schließlich zerreißen. Innerhalb der nächsten 20 Jahre könnte das passieren. Die Erde würde an ihren dünnsten Stellen aufbrechen. Halbe Kontinente würden im Ozean versinken und andere aus den Fluten auftauchen. Blühende, fruchtbare Gebiete unserer Erde wären plötzlich unter ewigem Eis, weil die Pole sich verlagert hätten. Die Menschheit würde radikal dezimiert.

»Hoffentlich ist das nicht wahr«, stöhnte der erwachte Cayce, wenn ihm vorgelesen wurde, was er in Trance von sich gegeben hatte.

In Trance selbst strahlte der »schlafende Prophet« nur Ruhe und Zuversicht aus. Denn er wußte und sah: Alles ist eins. Die längst vergangene, vergessene Vergangenheit, das, was uns heute bedrückt und bedroht, und die Dinge, die morgen auf uns zukommen werden — alles ist eins.

Atlantis, der Anfang aller Erinnerungen, wird auftauchen. Damit ist die Zukunft Vergangenheit geworden. Nichts kann mehr schrecken oder erschüttern.

Wenn besorgte Leute Edgar Cayce fragten: »Was meinen Sie, sollen wir wegziehen von New York? Müssen wir San Francisco verlassen und einen Ort suchen, der sicher ist?«, dann lachte Cayce nur: »Wenn euer Herz rein ist, seid ihr überall sicher. Sogar in San Francisco.«

Er selbst sah sich jenseits der riesigen Katastrophe. Wiedergeboren im Jahre 2100. Eine neue Zeit ist angebrochen. Alles ist neu. Geblieben sind Geist und Seele. Und sie haben auch wieder Körper gefunden. Cayce schwebt über einer Welt, die wieder aufgebaut ist. Moderner, vielleicht auch besser als bisher.

Das spiegelt mehr Hoffnung wider, als momentan jeder andere der Menschheit geben könnte.

Die Summe der Vergangenheiten

Gibt es eine Wiedergeburt? Einige hundert Zeugen und Zeugnisse sind hier zu Wort gekommen. Stimmen und Fakten, die normalerweise nicht zur Kenntnis genommen oder leichtfertig, ungeprüft als Schwindel und Hirngespinste abgetan werden.

Die Frage berührt jedoch unser innerstes Wesen: Wer sind wir?

Ärzte und Psychologen berichten immer wieder dasselbe: Hat ein Mensch in diesem Leben Schwierigkeiten in seiner Ehe, dann darf man davon ausgehen, daß in einem früheren Leben eine Schuld oder ein Versagen in der Partnerschaft auftaucht. Ein Problem, das diesmal bewältigt werden muß.

Und umgekehrt: Verstehen sich zwei Menschen besonders gut, dann haben beide in einer letzten Inkarnation die Schwierigkeit bereits gelöst.

Und so — das ist die Ansicht vieler Reinkarnationstherapeuten — lassen sich nicht nur seelische Erkrankungen, sondern alle Empfindungen, Haß, Liebe, Fähigkeiten und Begabungen letztlich erklären, blickt man zurück in ein früheres Leben. Nur wer sein ganzes Wesen kennt — und nicht nur die gegenwärtige Existenz —, weiß wirklich, wer er ist.

Und das ist eine ungeheuere Aussicht für die Menschheit: Angenommen, das, was wir heute in ersten Anfängen erleben, erweist sich als richtig und setzt sich durch. Es stellt sich heraus: Es ist möglich, daß jeder Mensch in frühere Leben zurückblickt und das abgestumpfte, eingeschlafene Gedächtnis seiner Seele »aufweckt«. Dann würden etwa unsere Kinder, bevor sie noch in die Schule kommen, mit ihrer Vergangenheit vertraut gemacht. Mit oder ohne Hypnose könnten sie zurückblicken und alle Erfahrungen »reaktivieren«. Damit wären sie möglicherweise dann frei von allen psychischen

Erkrankungen — und sicherlich auch von einem Großteil der körperlichen. Sie wüßten sehr genau, worauf es in diesem Leben ankommt und könnten sich entsprechend darauf einrichten. Die Menschheit wäre tatsächlich von Stunde an eine andere. Eine wesentlichere.

Kein Haß mehr, dessen Wurzel man nicht kennt.

Keine Kriege mehr, die auf uralten, unverstandenen Mißverständnissen beruhen.

Keine dumpfe Angst vor zukünftigen Ereignissen.

Keine Ablehnung des Lebens, keine Verzweiflung, keine Resignation, sondern ein uneingeschränktes, frohes »Ja« zum eigenen Schicksal. Ein Leben hin zur immer größeren Vollkommenheit. Das wäre in der Tat ein neues Leben, mit dem heutigen nicht mehr zu vergleichen.

»Unter dem Eindruck meiner Arbeit der Rückführung zu früheren Leben habe ich in den vergangenen Jahren meinen Glauben und meine ganze Einstellung zum Leben gründlich verändert. Und diese Veränderung geht immer weiter. Ich kann mich in meiner Unwissenheit nicht mehr wohl fühlen. Ich sehe die Dinge heute ganz anders und glaube, daß dieses Leben nicht alles sein kann — eines Tages nicht alles gewesen sein wird. Ich fühle mich jetzt sehr viel enger in Übereinstimmung mit den großen Weltreligionen. Ich weiß: Wir sind die Summe all dessen, was wir jemals waren.« Das bekennt Frau Dr. Edith Fiore.

Edgar Cayce ist oft gefragt worden: »Wie sollen wir uns verhalten, damit wir immer mehr zu uns selber finden?«

Er sagte kurz und bündig: »Wichtig ist nur eines: Das Leben heute will gelebt sein. Heute!«

Quellenangaben

(1) Thorwald Dethlefsen: Das Erlebnis der Wiedergeburt. Heilung durch Reinkarnation. München 1976

(2) Dr. Morris Netherton/Dr. Nancy Shiffrin: Bericht vom Leben vor dem Leben. Reinkarnationstherapie, ein neuer Weg in die Tiefe der Seele. Bern—München 1979

(3) Morey Bernstein: Protokoll einer Wiedergeburt. Der Fall Bridey Murphy. Bern—München 1973

(4) Thorwald Dethlefsen: Das Leben nach dem Leben, Gespräche mit Wiedergeborenen. München 1974

(5) Dr. Edith Fiore: You have been here before. Los Angeles 1979

(6) Jan Stevenson: Reinkarnation. Der Mensch im Wandel von Tod und Wiedergeburt. 20 überzeugende und wissenschaftlich bewiesene Fälle. Freiburg 1976

(7) E. Zolik: An Experimental Investigation of the Psychodynamic Implications of the Hypnotic ‚Previous Existence' Fantasy. Journal of Clinical Psychology 14/1958

(8) Jean Baptiste Delacour: Aus dem Jenseits zurück. Düsseldorf 1976

(9) Raymond A. Moody: Leben nach dem Tod. Reinbek 1977

Nachgedanken über das Leben nach dem Tod. Reinbek 1978

(10) Karlis Osis/Erlendur Haraldson: Der Tod, ein neuer Anfang. Visionen und Erfahrungen an der Schwelle des Seins. Freiburg 1978

(11) Jess Stearn: Der schlafende Prophet. Prophezeiungen in Trance 1911 - 1998. Genf 1971

(12) Helen Wambach: Past Life Recall. Psychic Magazine 5/1976

(13) Arthur Guirdham: The Cathars & Reinkarnation. London 1970
(14) Gina Cerminara: Erregende Zeugnisse von Karma und Wiedergeburt. Freiburg 1963

Literaturhinweise

Gerhard Adler: Wiedergeboren nach dem Tode? Die Idee der Reinkarnation. Frankfurt 1977

H. N. Banerjee/Will Oursler: Lives Unlimited, Reincarnation
East and West. New York 1974

Ludwig Deinhard: Das Mysterium des Menschen im Lichte der psychischen Forschung. Eine Einführung in den Okkultismus. Berlin 1910

H. E. Douval: Beweise der Wiedergeburt. Der Schlüssel zum Weltverständnis und Leben überhaupt. Freiburg 1959

Jean Baptiste Delacour: Vom ewigen Leben. Berichte und Thesen über die Wiedergeburt des Menschen. Düsseldorf 1974

Georg Neidhart: Werden wir wiedergeboren? München 1963

Albert des Rochas: Die aufeinanderfolgenden Leben, Dokumente zum Studium dieser Frage. Leipzig 1914

K. O. Schmidt: Wir leben nicht nur einmal. Rückerinnerungen an frühere Leben im Lichte der Schicksalforschung. Berichte und Tatsachen. Büdingen-Gettenbach o. J.